香　　樟　　树　　文　　库

Xiangzhangshu wenku

苏州市委党校重点资助项目

苏州社会化
养老模式新探索

卜泳生 著

苏州大学出版社

图书在版编目(CIP)数据

苏州社会化养老模式新探索 / 卜泳生著. 苏州：苏州大学出版社，2013.10
苏州市委党校重点资助项目
ISBN 978-7-5672-0692-2

Ⅰ. 苏… Ⅱ. ①卜… Ⅲ. ①养老－社会服务－研究－苏州市 Ⅳ. ①D669.6

中国版本图书馆 CIP 数据核字(2013)第 243128 号

苏州社会化养老模式新探索
卜泳生 著
责任编辑 施 放

苏州大学出版社出版发行
(地址：苏州市十梓街 1 号 邮编：215006)
扬中市印刷有限公司印装
(地址：江苏省扬中市科技园区东进大道 6 号 邮编：212212)

开本 700 mm×1 000 mm 1/16 印张 15 字数 246 千
2013 年 10 月第 1 版 2013 年 10 月第 1 次印刷
ISBN 978-7-5672-0692-2 定价：38.00 元

苏州大学版图书若有印装错误，本社负责调换
苏州大学出版社营销部 电话：0512-65225020
苏州大学出版社网址 http://www.sudapress.com

前言

自有人类以来，拥有多久远的人类史，就拥有了多久远的人类养老历程。

新世纪什么最贵？人才；新时代什么最真？情感；新形势什么最难？养老！每当人们来到世界，走出家庭，走入学校，走进单位，走向社会，个人经历丰富了，人生内容精彩了，而最终如何有一个美满的晚年，却是值得我们提前思考的。人这一生到底要获取什么，留下什么，又带走什么，换来什么，很有反思的必要。万物皆有联系，又都很独特。人人都是历史的“过客”，又都是自然的“搬运工”，有的人搬掉历史车轮的障碍物，有的人搬来人类认知的新见解，他们个个发扬愚公移山的精神，排除万难，共同传承着人类的基因，合力推动着人类历史前进的巨轮。善待老人，责无旁贷。

本书以人口老龄化及其带来的社会挑战为研究背景，以苏州市探索社会化养老新模式为研究对象，从社会支持理论的观察视角，通过社会调查定量研究方法，阐释社会化养老服务的发展思路。全书共三部分。第一部分：社会化养老理论和实践综述；第二部分：社会化养老的“苏州模式”；第三部分：现代化背景下的社会化养老体系构建。

从总体来看，养老问题研究特点如下：社会化养老呈现多样化态势，居家养老研究进入精细化阶段；研究内容回应人口老龄化重点难点问题，研究方法呈现多样化；养老观念研究有了新的“增长点”。苏州“虚拟养老”模式是全国较有影响的探索成果，得到了国家民政部、全国老龄委的充分肯定并在全国推广。本书科学提炼总结了苏州养老经验，试图为我国“社会养老服务体系建设应用型科研项目”提供地方蓝本，为国家出台的《社会养老服务促进条例》提供实践基础。研究发现，苏州居家“虚拟养老”模式发展潜力巨大，商业可复制强，规模效应较好。它优化整合养老服务社会资源，率先形成以家庭为基础、社区为依托、信息化技术为辅助的城乡一体化社会养老服务体系，对其他城市搞好养老服务、创新社会管理有示范借鉴价值。

与其他研究相比，本书除集中讨论养老理论、养老模式等热点问题和养老难题解决方案外，主要在生态养老、宗教养老及文化养老、心态养老等方面体现新的“增长点”。它具体把生态问题、宗教问题引入养老研究的视域，并把积极文化、健康心态引入养老研究的视域。

值得一提的是，专业化、职业化的社会养老发展道路，除市场力量外，政府主导作用不可忽视。我们既要培育养老市场化机制，又要通过加大政府投入，不断提升社区服务能力。

本书在介绍国内外养老实践经验，探索现代化语境下养老模式及其具体运用的基础上，进而预测养老市场供需在中国未来的发展前景，具有重要的理论价值和现实意义。

作　者

2013 年 9 月

目录

第二部分　社会化养老的"苏州模式"

第三部分　现代化背景下的社会化养老体系构建

第一部分

社会化养老的理论与实践

我们正处在一场无声的革命中，它远远超出了人口统计数据的范围，产生了重要的经济、社会、文化、心理及精神影响。

——联合国秘书长科菲 · 安南在1998年10月1日宣布展开国际老年人年之时

第一章

社会化养老的理论综述

老龄化是世界各国发展的普遍现象，构成了新世纪人类社会发展的主要特征之一，原本不是问题。问题的本身是人口老龄化的加快所带来的一系列经济社会问题，给未来养老提出了严峻的挑战。当今中国，“家庭养老”正逐渐转向“社会养老”，对老年人的赡养经历着由家庭方式向社会方式的转化。我们应重视对社会福利社会化理论、政府服务资源转移工具理论、健康老龄化和积极老龄化理论、社会情绪选择理论的研究，为应对今后进一步老龄化做好理论准备。

第一节　“社会化养老”≠“社会养老”

社会化理论广泛应用于社会学、心理学、人类学、政治学和教育学。在社会学视野下，社会化需要政府、市场和社会协同合作的发展。社会化的实质是破除主体单一的一元化格局，明确政府、市场和社会三者各自在社会化进程中所起的作用以及三者的合作模式。从国际经验来看，在社会化的初创期，社会组织的发展离不开政府的资助性投入或资助性购买来扶植和培育。目前，政府仍是我国社会保障制度的主导，它在凸显国家道义和政府责任的同时，也制约了社会保障水平的提升、受益面的扩大和社会力量的参与。政府职能的转变成为社会化发展的核心问题。随着社会经济的不断发展，社会更加公平与公正的发展成为大势所趋。

一、社会化养老的概念界定

社会化养老主要区别于政府养老或机构养老，与居家养老完全不同。

所谓社会化养老，是指对老年人的赡养方式由家庭向社会的转化过程及所产生的结果。内容包括：劳动就业和收入保障，医疗保健和生活服务，以及社会参与和生存意义创造等多个侧面。[1]社会化养老是社会发展到一定阶段的历史产物。它以社会生产力的高度发展和雇佣劳动制的出现为其经济基础。在以小生产为主的传统农业社会，老年人的赡养主要靠家庭承担。尽管当时也有一些救济孤寡老人的机构和措施，但远未形成制度化。随着工业化、都市化和雇佣劳动制度的出现，生产的职能逐渐集中于现代化企业，家庭已不再是独立的生产单位，因而老年人在家庭中也就不再具有生产的领导者或指导者的地位。同时，原有家庭教育的部分功能也被大规模、普及化的文化教育机构所取代，加之其他社会性服务机构（如托幼机构）的出现，使老年人在家庭中照管和教育晚辈的作用减弱。随着老年人在家庭中的地位和作用的下降，家庭结构必然会随之而发生相应的变化，家庭的养老功能也随之降低。雇佣劳动制度的出现，生产者的劳动首先直接地体现为社会劳动，所创造的价值也成为社会价值，赡养老年人的责任自然就由家庭逐渐转移到社会。生产力的高速发展，促使经济日益繁荣，物产日趋丰富，服务性行业和部门日渐增多，这些变化也为老年人的赡养由家庭转向社会创造了条件。

二、社会养老的概念界定

社会养老区别于家庭养老，以社会保险和养老保险为主要特征，或者称之为公共养老。

所谓社会保险，是指国家通过立法强制实行的，由劳动者、企业（雇主）或社区以及国家三方共同筹资，建立保险基金，对劳动者因年老、工伤、疾病、生育、残废、失业、死亡等原因丧失劳动能力或暂时失去工作时，给予劳动者本人或供养直系亲属物质帮助的一种社会保障制度。它具有保障劳动者基本生活、维护社会安定和促进经济发展的作用。社会保险包括养老保险、医疗保险、失业保险、工伤保险和生育保险五个项目。所谓养老保险，是指社会统筹与个人账户相结合的基本养老保险制度，它是我国在世界上首创的一种新型的基本养老保险制度。这个制度在基本养老保险基金的筹集上采用传统型的基本养老保险费用的筹集模式，即由国家、单位和个人共同负担；基本养老保险基金实行社会互济；在基本养老金的计发上采用结构式的计发办法，强调个人账户养老金的激励因素和劳动贡献差别。因此，该制度既吸收了传统型的养老保险制度的优点，又借鉴了个人账户模式的长处；

〔1〕 百度百科，http://baike.baidu.com/view/2557294.htm.

既体现了传统意义上的社会保险的社会互济、分散风险、保障性强的特点，又强调了职工的自我保障意识和激励机制。随着该制度在中国实践中的不断完善，必将对世界养老保险发展史产生深远的影响。[1]

三、社会化养老与社会养老的联系与区别

社会化养老与社会养老，从两者概念的词素来看，都是由“社会”和“养老”两个词素组成，有着一定的共性和相似之处。社会化养老与社会养老最明显的区别是，前者是后者的“化”，显示动态性特征，表明的是一个过程；前者“社会化”强调的是对后者“社会”的追求历程，或者说，前者是“手段”即社会化养老，后者是“目标”即社会养老。有关问题下文将另行继续阐述。

第二节　政府服务资源转移工具理论

一、政府间财政转移支付

1. 政府间财政转移支付与基本公共服务均等化

政府间财政转移支付是财政体制中不可或缺的组成部分，其重要作用在于加强国家宏观调控，均衡地区财力，促进经济薄弱地区发展，实现公共服务水平均等化等。[2]财政转移支付制度是一种财政资金和财政平衡制度，是各国财政体制的重要组成部分。通过转移支付，将富裕地区的财政收入转移一部分给相对贫困的地区，以此平衡各级政府间的财政水平，完善的财政转移支付制度可以增强中央财政宏观调控能力，缩小地方差距，合理调节和引导地方财政活动，促进区域经济和社会事业协调平衡发展。[3]

虽然近年来中央财政对地方转移支付的绝对额随着经济发展水平的提高而不断增长，但实证分析的结果表明，中国地区间财政能力差距却日益扩大。为了缩小地区间财政差异，有必要对作为财政均等化主要手段的转移支付制度加以改进，逐步弱化目前以税收返还加专项资金配套为主的转移支付模式，构建以均等化为目标的转移支付体系。为使改革方案在政治上具有更高的可接受性，可以设定中央对地方资金返还的最小数额，并根据不

---

〔1〕 百度知道，http://zhidao.baidu.com/question/29297594.html.

〔2〕 李由甲.我国政府间财政转移支付制度的缺陷分析及优化策略[J].东方企业文化，2011(8).

〔3〕 白力威.优化政府间转移支付制度的理论与对策建议[D].天津：南开大学，2009.

同地区的财政能力加以适当调整。[1]

自1994年我国实行分税制以来，政府间转移支付规模不断增大，所占财政支出的百分比也较高。然而，我国地区间公共服务差距却不断扩大，尤其体现在教育和卫生公共服务上。其原因从转移支付制度方面来分析，主要有：政府间转移支付资金使用不规范，缺乏有效监督与制约机制；按来源规则设计的"税收返还"的均等化作用不大；现行专项转移支付资金在一些地区的作用未得到发挥；用于均等化目的的转移支付所占比重不高等，并从政府间事权的划分、完善分税制、合理划分各级政府的收入、强化地方政府财力及转移支付制度自身等方面提出优化对策。[2]

2. 优化财政间转移支付制度体现公平与效率的经济政策

公平与效率的关系问题是经济理论和政策永恒的研究话题。经过改革开放30年，我国经济社会获得长足的发展。发展的背后是差距的拉大。这种拉大在一定程度上是以效率为导向的经济政策的必然结果，同时，还是各种形式的机会不均导致的结果。这种拉大既体现在居民的收入分配上，还体现在公共资源的分配上。基本公共服务均等化是经济社会发展到一定程度必然要解决的问题，也是近几年来经济社会政策研究的热点。2005年10月11日中共十六届五中全会通过的《中共中央关于制定国民经济和社会发展第十一个五年规划的建议》要求，要"按照公共服务均等化原则，加大国家对欠发达地区的支持力度，加快革命老区、民族地区、边疆地区和贫困地区经济社会发展"。公共服务均等化是公共财政的基本目标之一，即政府要为社会公众提供基本的、在不同阶段具有不同标准的、最终大致均等的公共物品和公共服务。公共服务均等化的主要实现手段是政府间转移支付制度。2006年10月11日中共十六届六中全会通过的《中共中央关于构建社会主义和谐社会若干重大问题的决定》进一步提出："完善公共财政制度，逐步实现基本公共服务均等化。"[3]

3. 我国政府间转移支付运行机制的改革思路和路径完善

谢克华在《政府间财政转移支付制度研究（区域发展与服务贸易丛

---

〔1〕 谷成，周大鹏．基于财政均等的中国政府间财政支付制度优化[J]．预测，2011(3)．

〔2〕 朱方，秦玲．优化政府间转移支付制度与缩小公共服务差距研究[J]．山东省农业管理干部学院学报，2007(4)．

〔3〕 安体富，任强．政府间财政转移支付与基本公共服务均等化[J]．经济研究参考，2010(47)．

书)》一书中,根据对我国政府间财政转移支付制度运行中存在问题的深入分析,并结合我国财政体制以及经济体制改革过程中的经验、教训和新的问题,提出了我国政府间财政转移支付制度改革的总体思路,即在公共财政的框架下,建立以财政均等化为目标的、实现社会公平的政府间财政转移支付运行机制;在科学发展观和构建和谐社会思想的指导下,运用科学的方法和技术性手段,不断提高政府间财政转移支付制度本身的合理性。[1]

二、政府信息资源的管理

1. 政府信息资源生命周期管理

政府信息资源具有生命周期,是因为政府信息资源从产生到消亡是一个完整的过程,符合生命周期思想的内涵。政府信息生命周期是指政府信息资源经历的产生、处理、应用、衰退的4个阶段,这是政府信息资源运动的自然规律。政府信息资源生命周期涉及若干环节,如它的采集、创造、存储、传播、交流、销毁、再生、休眠等。因此,政府信息资源从产生到消亡是一个完整的过程,符合生命周期思想的内涵。我们应加强政府信息资源管理,构建政府信息资源生命周期管理模型,以初步构筑起政府信息资源生命周期理论体系。[2]需要进一步深入研究的是:政府信息资源生命周期管理和其他政府信息管理模式之间的比较研究;政府信息资源生命周期管理各个环节的深入研究;政府信息资源生命周期管理与政府知识管理的比较研究;政府信息资源生命周期管理与政府决策的衔接。

2. 政府信息资源的开发利用与公共获取

政府信息资源内容的开发,是政府信息资源开发的重中之重。一方面,在种种信息爆炸、知识经济社会中,谁掌握了内容、掌握了运用内容的手段,谁就是时代潮流的引领者,谁就拥有核心竞争力。越来越多的信息机构开始重新审视自已所掌握的内容(信息资源),并视手中的信息为资产,内容管理变得日益重要。对于掌握大量信息资源的政府,也应该重视内容管理,重视政府信息资源的开发和利用,重视政府网上信息的发布与更新维护,争取在内容管理和内容服务上取得突破。[3]另一方面,推进政府信息资源公共

---

〔1〕 谢克华.政府间财政转移支付制度研究(区域发展与服务贸易丛书)[M].杭州:浙江大学出版社,2011.

〔2〕 朱晓峰.论政府信息资源生命周期管理[J].中国图书馆学报,2006(3).

〔3〕 曾海莲.基于内容管理的政府信息资源的开发与利用[J].图书馆学研究,2008(7):75-77.

获取是发挥政府信息化效益的需要。所谓政府信息资源，是指一切产生于政府内部或虽然产生于政府外部，但对政府活动有影响的信息和用来处理信息的信息设备、信息人员和信息技术的统称。[1]所谓政府信息资源公共获取，是指某类社会全体成员对于政府信息资源便捷地、免费或通过合理付费方式无障碍获取。[2]

3. 信息公开制度对政府信息资源管理的影响

当今世界，信息资源作为知识经济社会的重要战略资源，其有效开发和充分利用已成为现代社会经济发展的重要推动力和取得经济成就的关键因素。由于政府是社会中最大的信息生产者、收集者、消费者和传播者，政府对信息资源的管理能力直接决定了政府工作效能及威信，并将对政府业务流程和组织结构的运行机制产生深远影响。为此，许多国家都把加强政府信息资源管理作为发展经济和推动社会进步的重大举措。同时，政府信息公开制度是该举措得以顺利实现的有力的法律保障，它打破了各个政府机构间和机构内部信息流动的障碍，充分开发、利用了政府信息，规范了政府信息资源管理行为，使社会各界能够有效监督政府工作，充分享受政府信息资源。从作用机制来看，"信息公开制度的建立将有助于进一步开发利用政府信息资源，规范政府信息资源管理行为，实现政府信息资源的社会共享，也将为政府信息资源管理工作适应 WTO 的要求提供制度保障"[3]。

三、政府服务平台与网络

1. 面向政府决策的竞争情报服务平台的构建

机制的创新性、合理性、高效性既是政府科技公共服务平台的灵魂，也是平台可持续发展的核心。然而，由于平台的共享性与开放性等特点，使得平台项目扶持中的风险控制问题没能得到很好的规约与重视。系统地研究政府科技公共服务平台项目扶持机制及其风险管控，促进平台项目扶持资源的高效配置与综合利用，有利于提高平台的效益与社会效能。[4]科技信息（情报）研究机构作为我国科技管理体系中的一部分，政府科技管理部门

---

〔1〕 刘强，吴江. 政府信息资源分类共享方式的研究[J]. 中国行政管理，2004(10)：77－83.

〔2〕 邓灵斌. 基于知识管理的我国政府信息资源公共获取研究[J]. 情报杂志，2008(3)：102－104、108.

〔3〕 朱庆华，杜佳. 信息公开制度对政府信息资源管理工作的影响[J]. 情报理论与实践，2006，29(2).

〔4〕 郑国忠，贾雅琴. 政府科技公共服务平台项目扶持中的风险机制[J]. 福州行政学院学报，2011(3)：19－24.

的下属机构，长期以来一直把为政府提供科技信息服务放在首要位置，但随着时代的变迁，尤其是随着国家和地区之间科技、经济竞争的日益加剧，传统的科技文献信息、科技情报和科技政策研究服务已经不能满足政府决策部门的需求，政府决策部门需要更多的能够为提高城市核心竞争力服务的竞争情报和战略决策支持。因此，建立面向政府决策的竞争情报服务平台，为政府决策部门不断提供高效优质的竞争情报决策咨询服务，是我们科技信息（情报）研究机构面临的新课题、新挑战。〔1〕

2. 创新社会管理网络中公共服务平台的构建

在构建公共服务平台，创新社会管理体制的地方探索中，浙江省宁波市海曙区在构建公共服务型政府的制度安排上组建了管理体系，强化了组织保障，立足区域实际，优化五大平台，一是大力拓展81890服务平台功能，二是稳步推行服务中心建设，三是积极搭建司法行政法律服务中心，四是不断强化基层劳动保障服务平台，五是着力完善区—街道—社区三级公共服务网络。围绕机制建设，推进志愿服务；加强管理培训，强化社工队伍；积极探索创新，完善政府购买服务。在构建公共服务型政府的模式创新上，创建了81890公共服务平台，解决了为什么创建、如何运作、如何取得成效、如何创新等问题，81890被称为“中国公共服务的创新模式”。在构建公共服务型政府的路径选择上，该区以81890为平台，以社区为基础，构建特色公共服务网络体系；大力培育社会组织，不断提升公共服务社会化、市场化水平；以公众需求为导向，以公民参与为动力，大力培育发展社工与志愿者队伍。〔2〕

3. 推动服务型政府建设的综合型服务平台

“努力建设服务型政府”是党的十七大确立的行政管理体制改革的基本目标和方向。关键是政府要转变职能，破解“办事难”的有效载体问题。以杭州市行政服务中心为例，在市委、市政府的领导下，紧紧围绕“三个率先”的根本要求，打造集“行政审批、资源配置、公共服务、效能监察”四位一体的综合性政府服务平台和统一、高效、便民的行政服务体系。坚持改革创新，大胆探索实践，优化审批流程，提高行政效率，使服务型政府创建工作取得了新进展、新突破。推动第四轮审批制度改革，推行投资项目审批代办制，

---

〔1〕 谭思明，王淑琴，王春琴. 面向政府决策的竞争情报服务平台的构建[J]. 现代情报，2007(11)：6－9.

〔2〕 毕华东，许韬. 构建公共服务平台 创新社会管理体制——宁波市海曙区构建公共服务型政府的制度安排、模式创新与路径选择[J]. 公安学刊——浙江警察学院学报，2011(6)：40－48.

完善固定资产投资项目审批"一条龙"服务体系，推行并联审批，提高了行政审批效率；组织公共资源交易中心，拓展交易范围，注重科技促进，规范公共资源交易。此外，在服务重点项目建设，创新实时监督机制，建设三级服务体系，加强管理提高素质等方面，都为提高政府服务品质和打造"生活品质之城"、"廉洁城市"作出新的贡献。[1]

第三节　社会情绪选择理论

一、理论概述

社会情绪选择理论是由斯坦福大学心理学家劳拉·卡斯滕森（Laura Carstensen）提出的动机毕生发展理论。其理论预设，一是认为社会交往对于人的生存来说至关重要，人的社交兴趣和社会依恋一直都在演化；二是认为人本质上是动机性的动物，期待实现的目标指导着人的行为；三是认为人有着多重甚至相反的目标，目标的选择先于活动。该理论宣称，随着人的生命历程时间范围的缩短（通常如人的衰老），不同目标的优先性就会发生变化。个体会变得愈加挑剔，将更多的资源投入到在情绪上有意义的目标和活动。该理论还认为，动机的转移也会影响到人们的认知加工。老年人的认知加工表现出积极效应，对情绪信息尤其是积极信息的注意和记忆得较好，偏好积极信息。[2]

二、时间知觉与社会狭窄

人对生存时间的知觉，是充足的还是有限的，影响着对目标进行选择的评估过程。时间知觉是人动机的组成部分，影响着人对社交目标的选择与追求。"目标总是存在于时间背景中，目标选择从根本上来讲依赖于时间的知觉。"因为老年人高度重视情绪和情感的满足，他们经常会花费更多的时间和有价值的、熟悉的社交伙伴相处。这种对社会交往有选择性的狭窄化，在个体衰老时能最大限度地提高积极情绪体验、把情绪风险降至最小。社会情绪选择理论认为，随着有生之年前景的缩短，人们会"系统地完善他们的社交网络，以便使可得到的社交伙伴满足其情感需要"。

---

〔1〕 推动服务型政府建设打造综合型服务平台[J]. 今日浙江，2008(12).

〔2〕 http://baike.baidu.com/view/3729465.htm.

三、社会目的与情绪选择

不同个体在不同动机指引下会产生多种社交目标。社交目标按其功能分为两种：一种是与知识相关的社交目标，目的是获取知识、规划职业、建立新的社交关系以及其他在将来会有所回报的努力付出。另一种是与情绪相关的社交目标，目的是调控情绪、追求与社交伙伴交往情绪上的满足以及其他当前就能获益的目标。如果人们认为他们的未来没有限制，往往会关注指向未来且与知识有关的目标，但如果他们觉得时间将要耗尽，他们的关注一般会转向现在且与情绪有关的目标。年轻人的人生道路还很漫长，所以他们会追求旨在获取信息的、指向未来的目标，这有利于他们今后的生活。年轻人持有这样的社交目标，会追求包括各种各样社交伙伴的、相对更大的社交网络。

然而，当人们变老，未来的时间显得越来越有限时，他们的目标大概更多地指向现在而不是未来，也更注重最大限度地获取情绪满足。这就是老年人放弃一般的人际关系的原因所在；他们的目标指向社会交往的质量而非数量。的确，该理论预测任何人只要认为自己的未来不长远，就会花更多的时间与少数几个亲密好友相处，而不是把时间用来和各种各样的普通朋友交往，如同年轻人感染艾滋病病毒后所剩时日不多时人际交往的情形。该理论的研究通常会比较不同年龄组（即年轻人与老年人），但社交目标优先性的转变是个逐渐的过程，早在成年早期就开始了。更重要的是，该理论声称社交目标的转移并非由衰老所引起，而是由与衰老有关的时间观念的变化所引起。

第四节　健康老龄化和积极老龄化理论

一、国际老龄联合会

国际老龄联合会（The International Federation on Ageing，简称 IFA）是老龄领域的一个非政府组织，于 1973 年成立，总部位于加拿大蒙特利尔。参加 1973 年成立大会的共有 17 个国家的老龄组织的代表。目前，联合会的团体会员已经发展到 41 个国家的 77 个老龄组织。国际老龄联合会旨在维护老年人的尊严、独立和权利，促进各国老龄组织之间的信息与工作经验交流。联合会是一个非官方、非营利性的团体，联合会敦促各国政府和各界人士以及科研机构重视老年人的福利问题，通过会务活动把各国的老年人和为老年人服务的协会或类似机构组织在一起，并通过支持和赞助有关活动，扩大联合会的影响，努力为提高老年人的福利服务，为全世界讨论老龄问题提供讲坛。联合会提供助老服务的个人和机构组织搭建了一个信息、经验交流的平台，建立了一个全世界老龄问题领域的部长级信息网络，以交流信息并召开周期性的会议，并与51个国家的约151个老龄机构组织保持着密切联系，这些机构组织包括联合国经济和社会委员会、世界劳工组织、世界卫生组织、联合国教科文组织等。国际老龄联合会拟定的《老年人权利和义务宣言》成为联合国老年人原则的参考依据。1999年国际老龄联合会全球老龄大会出台的《蒙特利尔宣言》对于加强联合国及其成员国的老龄工作提供了重要建议。在信息交流渠道方面，国际老龄联合会除了采用季刊、出版物、学术研讨会和培训项目等形式外，每两年还举办一次全球老龄大会。联合会协助一切希望建立与扩大老年人服务项目的国家或地区设立和制定技术交流项目，组织安排国际性或地区性的特别会议，及时解决需要处理的问题。联合会定期出版《国际老龄问题》杂志，并组织出版了《老年妇女》《亚太地区老年人概况》《国际性老年医学期刊调查》以及《老年人健康情况自我检定》的图书。[1]

今后50年，世界老年人数大概会翻两番，从6亿人增加到将近20亿人。今天，每十个人中就有一个花甲老人。预计到2050年，每五个人中就有一个年纪较大的人，世界人口的三分之一会步入花甲之年。在一些发达国家和转型期经济国家，生育率降至更低水平以下，老年人比儿童还多。未来几十年间，发展中国家老年人数的增长最快；今后50年，预计这些国家的老年人口会翻两番。发达国家和发展中国家，人人关注世界人口老龄化问题。这种人口组成的变化将对经济社会生活的每一方面产生深刻影响，对个人、对社会的影响更大。发展中国家将面临最严峻的资源挑战，因为它们将不得不同时处理发展和人口老龄化问题。随着人的寿命延长，身体更加健康、人生更加活跃，人口的老龄化也带来了机遇，必须善加利用。为迎接这一重大的人口变化所带来的挑战，联合国大会决定于2002年4月8日至12日在西班牙马德里召开第二次老龄问题世界大会。[2]

〔1〕 http://baike.baidu.com/view/5571400.htm.

〔2〕 http://www.un.org/chinese/esa/ageing/2ndageing.htm.

二、第一次老龄问题世界大会以来的进展

国际社会关注和审议人口老龄化所带来的挑战。1982 年在维也纳举行了第一次老龄问题世界大会，与会国通过的《老龄问题国际行动计划》，20 年来成为有关老龄问题的思维和行动指南。行动计划在诸如就业和收入保障、保健、住房、教育和社会福利等方面提出了若干倡议。2000 年 5 月，大会决定召开第二次老龄问题世界大会，指出世界大会要集中讨论：各国社会为回应人口老龄化进程而要采取的注重行动的措施；老龄问题与发展的关系，尤其是就发展中国家而言；将老龄问题纳入当前种种全球发展议程主流的措施；为建设不分年龄人人共享的社会，建立公共和私营部门之间、包括同非政府组织的伙伴关系的形式；使代与代之间更加和衷共济的措施；大会邀请非政府组织、研究机构和私营部门参加世界大会及其筹备进程；指定联合国社会发展委员会担任第二次世界大会筹备委员会，并委托委员会负责引导关于《老龄问题国际行动战略》的谈判。2002 年召开了第二次老龄问题世界大会，大会帮助各国政府和社会进行政策规划，确保老年人继续各尽其能，为社会作出有益贡献。这次大会除回顾维也纳大会之外，还通过订正的行动计划，把新世纪的社会、文化、经济和人口方面的实情考虑进去。订正行动计划的草案题为《老龄问题国际行动战略》。这是一个实用工具，可协助决策者研拟应付其社会人口变化的对策。战略强调，必须确保国际及国内的所有政策议程，以及促进社会权利、经济权利和人权发展的其他重要文件，都要把老龄问题摆在主要的位置上。

第一次老龄问题世界大会以来，各国取得的进展既不均衡，也不相同，这反映了可用资源、优先事项及其他因素的不同。取得进展的数个领域有：建立关于老龄问题的国家基础设施、改善老年人的保健服务和住房供应以及收入保障、老年人对社会生活的参与。1982 年老龄问题国际行动计划载有七个领域的行动建议：保健和营养、保护老年消费者、住房和生活环境、家庭、社会福利、收入保障和就业以及教育。下列领域看来十分难以处理：住房和生活环境、收入保障和就业以及保护老年消费者。国际非政府组织和联合国确定下列领域为今后在发展中国家开展活动的优先领域：保健和照顾、保护人权、社会保障制度、老年妇女关切的问题、移徙以及慢性非传播疾病和艾滋病毒流行病的影响。

三、健康老龄化和积极老龄化

世界卫生组织（WHO）1990 年提出实现健康老龄化的目标。世界卫生

组织 1946 年章程中就健康的定义是:“健康是身体、心理和社会功能的完美状态。”所以,“健康老龄化”应该是老年人群的健康长寿,群体达到身体、心理和社会功能的完美状态。健康包括两个方面:身体健康和精神健康。只有具有了健康的体魄和健康的心理状态,才能充分安享晚年生活。[1]

积极老龄化是指在老年时为了提高生活质量,使健康、参与和保障的机会尽可能获得最佳机会的过程,适用于个体和人群。1999 年是国际老年人年,该年的世界卫生日,世界卫生组织提出“积极老龄化”口号,“积极老龄化”在含义表达上比“健康老龄化”更为广泛,不仅是指身体活动能力或参加体力劳动,而且指不断参与社会、经济、文化、精神和公民事务。积极老龄化具有三个维度,分别是健康、参与和保障。下文将就苏州积极老龄化情况进行详细阐述。

老年人正在积极参与社会,为社会作出贡献,改变了老年人仅仅是依靠者的看法。例如,在大多数非洲国家,照顾艾滋病毒、艾滋病受害者遗孤的工作大多由老年人承担。老年人还担当慈善组织或其他组织的义工。他们既是培训者,又是教育者,还是社区或国家发展计划的顾问。在大多数农业国家,老年人在农事中十分活跃或担当决策参谋;他们还是老有所为、老而不休的榜样,而且是家庭中财政转移的来源。[2]

〔1〕 谢杨. 积极老龄化理论下的城市社区养老——以苏州市金阊区石路街道乐龄之家为例[J]. 环球市场信息导报,2012(14):16-19.

〔2〕 http://www.cctv.com/news/bjzl/20020412/100064.html.

第二章

社会化养老态势及困境

我国社会化养老保障体系的建立依赖于“三大支柱”，第一支柱是以政府为主导的强制性社会保险，第二支柱是企业和职工自愿建立的雇主年金和团体养老金计划，第三支柱是自愿性的个人养老金（商业养老保险）。据预测，我国“银发人群”（60岁以上人群）的占比由2012年的14.3%将增至2030年的24%，我国基本养老保险的资金缺口也将不断放大，而自愿性养老保险发展却相对滞后。有效的社会保障制度尚未建立健全，迫切需要健全适度普惠型社会福利制度，健全多元化社会福利服务供给机制，加快城乡社会福利事业统筹发展。

第一节 社会福利改革

一、社会福利制度存在的现实问题

社会福利使国民生活普遍提高，与此同时也给政府带来了巨大负担。随着全球经济一体化进程的加快，各国失业人数逐年增加。倘若人们在无工作的情况下，仍然有着良好的生活保障，会使得人们的生产积极性下降，不利于国民经济的发展，这是社会福利最大的问题！具体改革措施有：第二次世界大战后以德国、英国为首的资本主义国家大幅度削减了社会福利开支，并制定法律加以规范；社会主义国家如中国等看到社会福利制度的优越性，纷纷加以完善和强化。毕竟，它已不再是资本主义的专利。

社会福利制度改革中存在很多问题：第一，政策实施后难以在地方贯彻执行，存在执行力的问题；第二，社会福利的改革必会涉及公平性的问题，到底是对城市社会福利进行改革还是对农村社会福利进行改革；第三，社会福利实行过程中监管缺失，很多福利资金被违规挪用，存在资金监管等问题；第四，法律保障体系不完善的问题；第五，社会福利改革有地域限制等现实问题。

二、我国社会福利制度改革与发展

与世界上一些发达国家普惠型的社会福利政策不同，长期以来，我国的社会福利政策主要是通过举办社会福利机构，为“无劳动能力、无法定抚养人、无生活来源”的老年人、残疾人和未成年人等“三无”对象提供基本的生活保障和服务保障，实行的是一种“补缺型”的社会福利。改革开放以来，随着我国的经济发展和社会进步，社会福利事业获得了较快的发展，并且已初步形成了以国家、集体兴办的社会福利机构为骨干，以社会力量兴办的社会福利机构为新的增长点，以社区福利服务为依托，以居家供养为基础的社会福利服务体系。

当前，我国正处在全面建成小康社会，推进社会主义现代化建设，构建社会主义和谐社会的新的发展阶段。据《国家应对人口老龄化战略研究》课题组预测，2012 年我国的老年人口数量达到 1.94 亿，占人口总数的14.3%。大力发展社会福利事业，建立完善社会福利制度，保障社会特殊群体基本生活权益显得日益重要和迫切，同时也得到了党和政府的高度重视以及社会的广泛关注。我国已明确提出要建立社会保险、社会救助、社会福利和慈善事业相衔接的社会保障体系。《国民经济和社会发展第十二个五年规划纲要》已对发展社会福利事业，保障老年人、残疾人和孤残儿童的基本生活权益提出了具体的要求。一方面，随着我国综合国力的不断增强，发展社会福利事业面临着良好的机遇；另一方面，我国还处于社会主义初级阶段，地区之间、城乡之间经济发展不平衡。

1. 逐步拓展社会福利的保障范围，推进社会福利制度由补缺型向适度普惠型转变

为应对人口老龄化快速发展的挑战，民政部启动了养老服务社会化示范活动，旨在通过政府努力、社会参与，建立适合中国国情、面向全社会老人的养老服务体系。根据老年人群的不同情况和经济状况实行相应的保障方式和福利救济。一是对“三无”老人，政府优先做好资金保障和服务保障，采取集中供养和分散供养相结合的方式，保障他们的基本生活不低于当地平均生活水平，使他们得到无偿的照顾和服务。二是对贫困老人，尽管他们有家庭，也有一定收入，但其基本生活处于贫困线以下，是急需帮助的困难群体，重视对这部分老年人的资金保障和服务保障，提供无偿或低偿的养老服务项目。三是对社会老人（一般都有固定的生活来源和支付能力）提供有偿

或低偿的养老服务保障。

2. 坚持家庭、社区和福利机构相结合,进一步健全社会福利服务体系

从我国国情出发,构建一个以家庭为基础,社区为依托,社会福利机构为补充的社会福利服务体系,是比较现实的选择。

(1) 强化家庭的基础地位。坚持家庭在社会福利服务体系中的基础地位,是符合我国国情的养老方式。我国老年人、残疾人、孤儿基数大,特别是我国已进入人口老龄化社会,具有老年人口增速快、高龄化趋势明显以及未富先老等特征。通过单纯建立福利机构解决供养问题是不现实的,必须发挥家庭的重要功能。我国具有家庭养老、助残、扶孤的传统,家庭最具亲情,易享天伦之乐,有利于老年人、残疾人和孤儿的身心健康。因此,必须强化家庭在社会福利服务体系中的基础性地位,特别是要大力推行以居家养老为重点的福利服务社会化。国务院已经作出了这方面的政策安排,民政部也启动了这项计划,必将推动居家养老福利服务的发展。

(2) 充分发挥社区的依托作用。在强调家庭为基础的同时,必须看到,随着家庭小型化和家庭照料功能的减弱,强化家庭基础地位必须充分发挥社区的依托作用,为家庭提供有效的支持。民政部于 2001 年至 2004 年实施了"社区老年福利服务星光计划",共建成各种类型的"星光老年之家"32 000多个,基本覆盖了入户服务、紧急援助、日间照料、保健康复、文体娱乐等多种服务功能,为发挥社区在福利服务中的依托作用奠定了基础。同时,积极推进残疾人社区福利服务和社区照顾,发动各级社区服务中心(站)为残疾人提供生活服务,开展残疾人的社区康复、特殊教育及文化体育等活动。创造条件在孤儿较多的社区建立相应的保障机制,在社区青少年活动场所、社区医疗等方面,为孤残儿童提供优惠和便利,促进他们的社区融合。今后将按照国家社区建设的总体部署,大力发展社区福利服务。依托各类社区服务设施,充分发挥社区服务组织作用,积极培育社区中介组织,建立社区信息服务平台,为家庭提供更加便捷和上门入户的福利服务。

(3) 加强社会福利机构建设。在建立社会福利体系的过程中,福利机构在养老、助残、救孤方面是不可或缺的,发挥着重要补充作用。由于受身心状况的制约,高龄老人、生活不能自理老人、残疾人需要机构供养康复。一些健康老人、独居老人、空巢家庭的老人、残疾人更有机构照料的需求。孤儿、弃婴不可能完全被收养和家庭寄养,需要福利机构供养教育。因此,必须大力加强社会福利机构建设。今后一个时期,我国社会福利机构建设

的重点：一是启动“儿童福利机构建设蓝天计划”，民政部每年从部本级福利金中拿出2亿，加上地方福利金、财政投入、社会力量的捐助，在地级以上城市新建、改建、扩建一批儿童福利机构，为孤残儿童提供较好的养育、医疗、康复、特殊教育、心理辅导、职业培训和社区支持等服务，充分发挥示范、指导、辐射等方面的作用。二是实施“爱心护理工程”，在全国大中城市建设一批示范性的老年护理服务中心，推动老年长期照料服务的发展。三是继续以社会服务需求为导向，大力动员社会力量，整合社会资源，发展为老年人、残疾人服务的机构设施。四是启动农村敬老院的建设计划，加大投入，建设改造一大批农村老年服务设施，逐步实现城乡服务福利事业协调发展。

3. 坚持政府主导与社会参与相结合，推进中国社会福利事业的发展

改革开放以来，特别是在推进社会福利社会化的进程中，我国逐步改变了单纯由政府举办社会福利机构的模式，广泛调动社会力量参与兴办福利事业，促进了社会福利事业的发展。但也出现了对社会福利社会化的一些误解，有人认为倡导社会福利社会化就意味着政府可以不管或少管了，政府可以“甩包袱”了，甚至淡化了政府的责任，实行“民进国退”。因此，推进社会福利社会化需要正确处理政府责任与社会参与两者之间的关系。

(1) 发展社会福利事业必须坚持以政府为主导。推动各项社会福利事业的发展，是各级政府应尽的职责。随着我国经济社会的发展，特别是在落实科学发展观、构建和谐社会和加强政府公共服务的背景下，政府的责任非但不能减轻，反而应当进一步强化，资金投入和政策扶持力度应当随着国力的增强不断加大，这是衡量政府是否履行职责，社会是否文明进步的重要尺度。坚持政府主导，充分行使政府在制定政策、出台规划、资金投入等方面的职责，这是推动社会福利事业健康、顺利发展的基础，也是充分发动社会力量参与社会福利服务体系建设的前提和保证。一是应加大社会力量举办社会福利服务机构的扶持、优惠政策的制定和实施力度，尤其是加大与相关部门、相关单位的协作，争取全面落实国务院办公厅转发的《关于加快实现社会福利社会化的意见》和民政部《关于支持社会力量兴办社会福利机构的意见》，在规划、建设、税费减免、用地、用水、用电等方面予以优惠，鼓励和支持社会力量兴办社会福利机构。二是要加大财政投入的力度。随着政府职能的转变，特别是公共财政体制框架的逐步建立，政府对社会福利的投入必将逐步得到加强。社会福利包括生活保障和服务保障两个组成部分，对于“三无”的老人、残疾人和未成年人，政府必须按照不低于当地平均生活水平

的标准给予生活保障，同时要切实保障对社会福利机构设立、社区养老设施兴办和居家养老的投入，并采取民办公助、购买服务等方式支持、鼓励社会力量参与。三是要加大对社会参与社会福利服务的指导和规范力度，尤其是要规范各类养老福利机构，努力创造公平竞争的环境，尤其是预防侵害服务对象权益现象的发生，维护老年人、残疾人和孤儿的合法权益，促进政府主导和社会参与的良性互动。

(2) 发展社会福利事业必须以动员社会资源为着力点。一是建立中国特色的社会福利服务制度，离开政府的主导不行，完全由政府包揽不现实。实践证明，调动社会力量参与，推进社会福利服务社会化是发展我国福利事业的必由之路，有利于缓解政府财力不足同全社会日益增长的福利服务巨大需求之间的突出矛盾，为建立中国特色的社会福利服务体系开辟了广阔的发展道路。要坚持以市场为导向，以优惠扶持政策为动力，进一步调动社会力量的积极性，引导社会力量参与社会福利事业。二是推动福利事业和慈善事业的良性互动，是社会福利事业发展的有效途径。老年人、残疾人、孤儿等社会福利服务对象历来是慈善事业帮助的主要对象，最容易激发社会慈善资源。社会福利事业的发展需要大力弘扬全社会的慈善意识，为包括慈善资金在内的社会力量参与社会福利事业营造良好的舆论氛围和投资环境。同时，社会福利事业也是慈善事业发挥作用的重要载体之一，社会力量参与社会福利事业既是慈善事业的有效实现形式，又可以充分体现慈善事业由政府倡导、社会参与、民间组织运作的特点。三是继续扩大福利彩票发行。我国福利彩票从发行之日起，就高举“扶老、助残、救孤、济困”的旗帜，自 1987 年面市到 2005 年，全国共销售福利彩票 1 600 多亿元，筹集福利彩票公益金 500 亿元；2012 年全国福利彩票销售量首次突破 1 500 亿元，筹集福利彩票公益金 464 亿元，为福利事业发展提供了强有力的支撑。实践证明，发行福利彩票是动员社会资源和力量，促进社会福利事业和社会公益事业发展的有效形式。

4. 坚持法制化、标准化、专业化相结合，提升社会福利事业发展水平

推行社会福利事业法制化、标准化、专业化是提升社会福利服务水平的客观要求，也是社会福利事业持续、稳定发展的重要保证。社会福利事业法制建设的方向是建立一个目标明确、体系完整、覆盖面广的法律法规体系。目前，我国已经形成了一个以《宪法》为依据，由《老年人权益保障法》《残疾人保障法》《未成年人保护法》《收养法》等多部相关法律及法规组成的保护

老年人、残疾人、孤儿、弃婴等特殊困难群体合法权益的制度体系。国家正着手制定《慈善法》，修订《残疾人保障法》，争取适时启动《老年人权益保障法》修订工作。同时正在制定《残疾人就业条例》《养老机构管理条例》等行政法规，以更好地保障老年人、孤儿、弃婴和残疾人的权益。标准化管理是现代化社会福利服务和管理的必要条件，是实现社会福利事业规范化管理的基础。民政部已于2001年发布了《老年人社会福利机构基本规范》《儿童社会福利机构基本规范》《残疾人社会福利机构基本规范》。我们将进一步研究制定针对老年人、残疾人、孤残儿童福利的服务质量、服务资质、服务设施、服务信息、服务安全卫生、服务环境监测、消费权益保护等方面的具体规范，进一步建立和完善社会福利领域的标准体系。建设一支高素质专业化的服务队伍，是提升福利服务水平，为老年人、残疾人、孤儿提供优质服务的重要条件。我们将进一步加强服务队伍专业化建设，在已建立了养老护理员的职业资格制度基础上，我们将积极争取尽快在全国建立起儿童养育员职业资格制度，使服务队伍的专业化水平得到切实提高。民政部与人社部出台文件，在我国建立社会工作者制度，通过培养、使用、评价、激励等措施，建立结构合理、素质优良的社会工作专业化队伍，抓紧开发福利机构中的社工岗位，鼓励和吸引专业社会工作者和社工专业的高等院校毕业生到社会福利机构工作，并为他们创造良好的工作和发展环境，提升福利机构专业化服务管理水平。同时大力倡导志愿者服务，加强志愿者服务队伍建设，使志愿者服务制度化、规范化。[1]

三、和谐社会构建与福利制度转型

1. 社会福利改革是和谐社会构建的必然要求[2]

社会福利水平是一个社会和谐程度的重要标志，完善的社会福利体系彰显了国家的文明和进步。党的十八大报告中提出要加快推进以改善民生和创新社会管理为重点的社会建设，并对此作了明确部署。党的十七大提出“要以社会保险、社会救助、社会福利为基础，以基本养老、基本医疗、最低生活保障制度为重点，以慈善事业、商业保险为补充，加快完善社会保障体系”，党的十八大进一步提出“要坚持全覆盖、保基本、多层次、可持续方针，以增强公平性、适应流动性、保证可持续性为重点，全面建成覆盖城乡居民

〔1〕 http://www.110.com/falv/shehuibaozhangfa/shehuifulifalvzhidu/wgshfltx/2010/0811/244052_6.html.

〔2〕 叶开华. 社会福利改革：构建和谐社会的必然要求[N]. 台州日报，2007-12-18.

的社会保障体系”。在我国社会保障体系中,社会福利占有重要的位置。民政部门主管的社会福利,其内涵是扶老、助残、救孤、济困。进一步改革民政福利事业,是构建社会主义和谐社会的必然要求,也是落实科学发展观的重要环节。

其一,转变政府职能,倡导运营机制市场化。目前,民政系统机构数量少,政府职能定位不准,社会管理尚不到位,公共服务水平低,难以满足福利对象的需要。需进一步转变政府职能,形成民政福利的专业化管理。民政部门主办的综合性社会福利院、老年福利院、农村敬老院、儿童福利院等福利机构,应该在专业机构的统一管理下,采取改组、改造、改制等办法,逐步社会化,市场化,为政府和社会提供优质服务。社会福利机构应有用人的自主权,人员应该经过严格的专业训练并拥有一定的服务素质。政府主管部门应改变过去直接经营社会福利事业的模式,将精力集中于制定相关政策和发展规划,从具体事务管理转向政策法规供给,从行政隶属管理转向行业监督管理,进行统筹规划、政策引导、宏观调控和检查监督。

其二,着力机制创新,促进投资主体多元化。应广开门路,改革社会福利事业的管理体制和政策模式,多渠道筹集社会福利资金,确立公共财政支持福利建设的多种平台。公共投入机制创新的核心在于激发政府和社会的两个积极性,要在福利院建设中引入“民办公助”和“公办民营”等多种实现模式。“民办公助”就是引导民间力量服务于福利公益事业,公共财政予以补贴奖励。“公办民营”即通过政府搭建基础平台,吸收社会力量参与,政府和社会两种力量通过整合,形成合力,有利于加快改变当前福利建设滞后的现状。在当前的福利制度建设中,“民办公助”或“公办民营”在一定程度上可以解决投入责任主体不明、效率不高的问题。一些零星分散的福利院,均可借助于政府购买渠道逐步纳入“民办公助”或“公办民营”等公共经费的支持范围。通过扶持福利市场的主体,形成政府主导下的综合型服务体系,满足市场多种需求。

其三,注重机构完善,确保运作管理法制化。我国社会福利事业管理的主要职能部门虽然是民政部门,但在机构设置方面,仍部门众多、比较松散,涉及财政、劳动、组织、人事、卫生、工会、残联、妇联等。例如社会救助,目前是由民政部门主管城乡社会救助,劳动部门则管理企业职工救助,卫生部门负责医疗救助。社会福利事业的发展也受到了诸多限制和制约。民政部门是我国现行主要的社会福利行政部门,但它远未承担起社会福利行政工作的全部。社会福利的社会化、制度化需要立法保障。无论是对享受社会福利的群体而言，还是对社会福利的管理机制而言，需要专门的法律规范以保障各方权益，确保机构的顺利运行。

2. 社会福利改革的指导思想[1]

(1) 福利多元化还是国家在市场中的退位。

由于国家总体作用的逐渐减弱，以及倡导的国家福利保障政策发展不平衡，此时的国家福利出现了总体覆盖面减小、保障水平低的倒退现象。农村合作医疗保险从覆盖90%退到5%。在城市，改革开放初期，几乎全体城镇居民都享受某种形式的医疗保险，直到1993年，还有近3/4的城镇人口拥有医疗保险。而到2003年，只有一小半城镇居民被社会性医疗保险所覆盖。据2005年12月中国社会科学院发布的社会蓝皮书显示，全国有65.7%的人没有任何形式的医疗保险。而在1996年底，全国城镇的养老保险还覆盖城镇劳动力的78.4%，到了2005年末，全国参保的人数为1.6亿多人，其中包括4 000多万退休人员在内，仅占城镇人口的30%左右，不及劳动力人口的15%，覆盖率不到世界水平的一半。

国家为什么从计划经济时期的越位，演变到市场经济时期的缺位？最主要的原因在于：包括政府和学术界，对国家福利的功能和作用的认识出现了偏差。在介绍与评价西方福利思想与实践时，过多地强调了扩大福利必然会制约经济发展；强调福利体制是对个人自由和创造性的挫伤与束缚，助长了依赖思想与懒汉行为等。特别是一提到国家福利，立即被认为是福利国的同义语，被认为是“大锅饭”体制下的国家大包大揽，甚至被当作官僚主义的代名词。

应当看到，福利改革的趋势是，逐渐倾向于市场的作用与个人的责任，国家不再像过去一样承担对教育、医疗和养老的责任。西方福利学界把福利体制区分为两种主要模式，即蒂特姆斯提出的体制福利和剩余福利两种模式。如果以这种区分审视分析我国的国家福利体制，就会发现，改革以后的国家福利既没有承担起普遍的结构福利体制的功能，也没有很好地承担起剩余型或者是安全网式福利的功能。如果倾向于前者，需要国家对其全体公民在医疗、教育和养老等方面的社会福利体制做出整体的长远规划；如果是倾向于后者，即仅仅帮助最贫困的人群，其重点应该是保障最需要的人

---

[1] http://china.findlaw.cn/info/baozhangfa/shfl/fltx/93921_2.html.

的基本福利需求。但是,目前设计的福利改革方案多数是具有商业保险性质的计划,在具有风险的市场经济竞争中,恰恰是最困难的人,即社会的困难群体没有被组织进入或因买不起医疗保险和养老保险,而被排除在福利体制之外。此时,在改革的实践中,国家逐步削弱了在市场经济中的政府干涉作用。

(2) 国家福利是对市场经济的补偿并成为国家管理的重要组成部分。

福利事业由国家政府和企业包揽,转向政府、社会和个人分头负责的福利多元化、社会化。伴随着市场经济体制的导入,原有福利体制的弊端暴露出来:单位福利限制了单位和企业作为独立的经济实体在经济运行中的作用,影响了经济效率;"大锅饭"机制压抑了个体的生产积极性;最重要的是,国家财政负担过重。与此同时,刚刚对外开放的中国对福利体制的改革,恰逢西方国家因为经济危机引发对福利国家的质疑,其政府大幅削减国家福利开支和项目。于是,内外综合因素决定了我国国家福利体制改革的方向。毋庸置疑,改革势在必行。

或许,回顾福利国的发展轨迹,能够帮助我们理解国家福利的作用。国家福利作为国家管理社会的一种形式,是经济发展的产物。新古典经济学认为,资本主义发展需要一个自由的无拘束的市场的力量。亚当·斯密曾说,市场是消灭阶级、不平等和特权的最高级的工具。但是,在西方资本主义国家,由于工业化导致的环境恶化,市场经济不能保障人们得到基本的医疗、教育和住房条件的满足。于是凯恩斯认为:市场在保障人类再生产上失败了。为了创造健康和积极的生产力,人们要组织起来,以集体的形式来共同分担风险与不幸,而这个集体的分担经常由国家来规划、提供或者调整,有时候通过投资的形式来完成。这就是所谓的福利国。

国家福利还是社会矛盾发展的高度政治化的结果。福利国的发展是一个政治重新矫正的过程。现代化发展导致了经济的不平等、社会排斥和两极分化,不同社会群体之间产生了矛盾甚至斗争。不同社会阶层都认识到了工业化已经创造了经济的不平等和社会排斥,这些阶层对处理这些问题有不同的观点,特别是对社会政策的理想不一致。为了避免阶级斗争的激化和体系的危机,形成了代表各自利益的政党。社会政策的形成是根据各党派的力量的强弱而形成的。这个体系最初是建立在国家、有组织的资本(企业集团)和有组织的劳工(工会)根据各自利益进行谈判与和解的基础上,各自的利益通过劳资和国家的三方谈判或者是议会的讨论等渠道解决,由此制定国家政策。社会政策因此在一定意义上成为福利国的同义语。

国家福利政策正在成为宏观经济发展的一部分。税收被用于建立教育设施、医疗保障和有效的社会保障网,并用于培养高技能和有创新意识的劳动力时,国家竞争力将得到增强,而非制约。实践证明了它对经济的增长有促进作用。《2005 年至 2006 年全球竞争力报告》的结果是,北欧五国全部进入前十位。第一芬兰,第三瑞典,第四丹麦,第六冰岛,第九挪威。而芬兰,则连续三年排名居首。北欧国家的建设已经超越了以下的设计:把国家福利当成保障个人和家庭的最低收入,减少不安全的程度;减少社会意外事故(例如疾病、失业)导致的个人和家庭的风险,升华到保障全体公民(不分阶层和阶级)在一定程度上享受相当标准的社会服务。这种由经济发展带来的福利服务把全体人民团结在一起,促进了社会的进步,成为一种社会政治理想。北欧国家福利是社会平等和公民权利的理想体现。由此可见,国家福利是社会、政治、经济发展的产物,它已经成为现代国家社会管理必要的一部分。

(3) 在福利多元化中强化国家福利主导的作用:重构国家福利。

由于是共同的利益群,家庭的互助互利扩大到了亲戚、邻里、社区,再形成社团、协会。在发达国家,这部分的福利还表现在慈善组织、教堂、职业协会和工会之中,甚至工业和商业的公司,都宣称对福利负责。但是,这种福利不能排除团会中的长者要求更多的服务,不能避免公司为利益驱使而逃避责任,不能保障社团能涵盖全部社会上的弱者。由于各种社区社团的存在,福利的范围标准不一,还会出现金融的问题。根据福利国家发展的经验,社团只是解决应急、个体的困难和小范围的问题,是国家福利的补充,而不是国家福利的主导。例如,帮助农村失学儿童重返校园,这样大面积的工作应该是政府的计划而不是单个社团的任务。同时,我国已经出现各种社团重叠交叉、资金浪费的现象。一个国家普遍性的福利需要由国家制定标准规范并建立福利体系,比如教育、医疗和养老等。

所以,国家负责承担收入和服务的转移,这种收入和服务的转移是通过税收完成的。国家对保障福利提供起到强制有效的干涉作用。例如,强制雇主提供工人带病工资、工伤保险或者养老金。国家把这些福利项目写入协议和规章中,并且国家本身还直接提供服务。发展下来,国家福利已经和宏观经济发展结合成为一种宏观经济福利政策,和公民权结合成为理想社会的一种模式,和国家管理结合成为现代国家要素的一个构成。这里,应该特别区分福利国和国家福利这两个术语的涵义,福利国特指那些由国家负责提供综合的、普遍的、福利的国家，而国家福利指国家负责制订指导实施全面福利计划，并协调非营利组织、就业机构、非正式的和私人的福利。

基于我国经济改革的发展成果，政府提出了构建和谐社会、全面建设小康社会的方针，以及以人为本的治国原则等，这表明我国的治国方略从注重经济的优先发展转向经济和社会的协调发展，这种方向的转变在理论上给国家福利的重构提供了思想认识的基础。我国经济的长期高速发展和综合国力的增强，为国家福利的重构提供了物质基础。人民群众对福利需求的多样化和对基本保障需求的日益迫切，为国家福利的重构提供了社会基础。所有这些，在实践上给重新设计和发展国家福利提供了可能性。

但是，国家福利的重构，并不是重走计划经济时期福利体制的老路，而是在市场经济体制下和新的社会发展基础上的国家福利体制的创新。在国家福利中，国家基于科学的方法和法律的保障，负责制定整体的规划，这个规划包括国家、集体（社团、企业、社区等）和个人多方的责任与义务。在这种福利体制架构中，包括福利立法、政策制定、制度建设、资源配置（财政投入）和协调国家、市场、社会三大力量的均衡发展，以及公共服务产品的提供、运行监督等方面，国家应发挥主体作用。

事实证明，国家的组织、规划和法规是市场不可代替的，突出表现在总体规划、组织机构、资源调配三方面。比如，计划经济体制下的农村合作医疗制度，只花很少的钱，由国家规划，集体组织，曾经覆盖了90%以上的农村生产机构。同时，要求国家规范市场，市场对福利事业的进入要有规范门槛。市场是给具有相对高收入的人提供的又一种可以选择的福利，但是不能取代国家福利。重温发达国家和先进地区的发展轨迹，中国应该明确国家福利在市场经济中的主导地位与作用，整体重构国家福利。国家要进行收入和服务的转移，也就是所说的二次分配，就要加强国家的再分配能力。

综上所述，在市场经济改革成功后，福利的多元化并不意味着市场取代国家的作用，国家应该成为福利体制的主导。探索国家福利的重构是构建和谐社会的重要步骤。

3. 我国社会福利的转型[1]

（1）社会福利改革的经验和成就。

其一，社会福利法制化初步形成，依法保障社会福利提上日程，行政命

[1] http://www.21ccom.net/articles/zgyj/ggzhc/article_2011033132597.html.

令式管理社会福利的局面得以改变。30 多年来，在国家逐步走向法制化的大背景下，社会福利也开始向法制化方向迈进。随着经济和社会的发展，社会福利内容不断增加，将原来已有的社会福利项目纳入法制化轨道，制定相应的法律法规。

其二，社会福利从狭义的“民政福利”向广义的“社会福利”转变，从补缺型向适度普惠型转变。经过“社会福利社会化”改革、社区服务的推进、职业福利的分解等，我国社会福利的提供主体、受益人群、福利目标、供给手段等都发生了深刻的变化。通过投资主体多元化、服务对象公开化、服务方式多样化、服务队伍专业化和志愿者相结合等措施，社会福利模式开始由补缺型向适度普惠型方向发展。

其三，“政府”与“社会”在社会福利中的地位、作用及其关系得到初步界定。30 多年的改革和转型，我们明确了政府在社会福利中的地位和作用。政府是社会福利的主导力量，市场经济条件下推动社会福利事业的发展是各级政府应尽的职责。政府在社会福利领域的责任非但不能减轻，而且应当进一步强化。政府责任不再是简单的“直管、直属、直办”，而是强化公共服务能力，制定社会福利法律法规和发展规划，提供资金保障和加强监管等。“社会”力量参与是社会福利发展的有效途径和必然趋势。一是有利于缓解政府财力不足同社会日益增长的福利服务需求之间的突出矛盾，为建立中国特色的社会福利服务体系开辟了广阔的发展道路。二是有利于推动社会福利事业和慈善事业的良性互动，是社会福利事业发展的有效途径。三是扩大福利彩票发行，促进福利事业发展。

其四，家庭、社区、福利机构相结合的社会福利服务体系基本建立。30 多年来，我国基本上建成了一个“以家庭为基础、以社区为依托、以机构为补充”的社会福利服务体系。这个服务体系的主要特点是，从我国社会福利服务现状出发，充分调动“正式的”和“非正式的”社会福利服务资源，将家庭、社区、机构紧密相连，具有转型时期的中国特色。基本内容：首先是强化家庭的基础地位；其次是充分发挥社区的依托作用；再次是加强社会福利机构建设。

（2）社会福利改革的局限和不足。

其一，社会福利改革作为经济体制改革的配套措施作用明显，作为社会福利独立领域的改革尚不充分。无论是 20 世纪 80 年代的制度调整，还是 20 世纪 90 年代以后的制度转型，社会福利改革总是作为经济体制改革的配套措施和应急手段出现,解决经济体制改革所带来的社会福利制度与经济制度不协调的问题,缺乏对社会福利目标本身的准确定位。

其二,作为经济体制改革的补救措施较明显,未雨绸缪地构建预防性社会福利体系尚显不足。如果总是在经济体制改革出现问题后才启动社会福利制度相关政策的改革,这种改革的效果显然是滞后的,也必将出现经济体制改革与社会福利制度改革的“断层”时期和“断层”地带。这种涉及社会成员衣食住行等基本生活需求的“断层”,势必会引起社会的不稳定,影响改革的深化。

其三,本土化改革思路占据主导地位,吸取国外经验教训尚不够充分。西方国家与我国处于同一时代的福利体制的横向参照物是“福利国家”。经过多年的发展、调整,福利国家已经形成了比较健全的体系和思路,许多积极因素值得我们借鉴。如把“公民权利”作为核心概念,通过社会政策和社会服务使社会成员都能真正享有。我国以往的福利改革对公民权利重视不够,既有理论上的忽视,更有实践中的偏颇。

其四,社会福利改革制度性调整多,制度的根本转型尚不够深入。2000年以来,尽管“社会福利社会化”的政策理论呼声很高,但投资主体多元化、服务对象公众化、服务方式多样化、服务队伍专业化等具体实践都还不到位。一段时间以来,由于强调多元,国家投资不足,而集体和个人的参与又不够。在“多元化”的模式下,社会福利机构不但没有获得发展,还成了国家、集体、个人都不承担主体责任的“游离地带”。一些机构打着社区服务招牌,完全按市场机制运行收费,缺少对老人提供的特殊服务项目。社区服务点为追求经济效益,对老弱病残的重视和照顾明显不足,冲淡了社区服务的本质效用。

其五,社会福利改革对于效率相对推崇,对于公平的倡导尚显不足。如果说20世纪80年代社会福利改革主要强调制度配套,其目标是为了抵消经济体制改革所导致的不平等效应的话,20世纪90年代以后社会保障和福利制度的改革则逐步走向了相反的方向,即社会保障及社会福利再分配和公平方面的作用越来越弱,在关于社会福利政策的基本目标上,已不再是维护社会公平,而主要是维持社会稳定。

(3) 未来社会福利的发展趋势。

其一,经济持续高速发展和社会加速转型为社会福利重建奠定了坚实的物质基础。我国GDP已经从1978年的3 645亿元增加到2012年的

519 322亿元，财政收入从 1 132 亿元增加到 117 210 亿元，人均 GDP 达 6 199美元。按世界银行划分标准，我国已属中等发达国家。构建一个合理的、平等的社会福利体系在经济上是可以承受的。

其二，改革开放推动经济和社会加速转型，并由此造成了社会结构的断裂和利益格局的失衡，迫切需要社会福利做出相应的制度安排。由于贫富差距拉大，我国的基尼系数已经突破了合理的限度。这使得我国必须从改革开放初期的单纯强调经济增长向经济社会全面协调、健康、持续发展为特征的科学发展时代转变，从不同群体或阶层利益分割向城乡居民普遍受惠的时代转变，从共同贫困和鼓励部分人先富起来向全体国民共建共享、共同富裕的时代转变，从解决低层次温饱问题为目标向民生问题全面升级并要求获得全面改善的时代转变。这样的时代背景与改革开放前、改革初期相比，显然有了翻天覆地的变化。

其三，从福利本意和国际经验看，社会福利制度的核心是处理好发展与公平的关系，一是经济发展有充分的实力来解决社会福利问题，二是社会发展客观需要必须解决社会福利。发展与构建的平衡需要一个“度”，而合适的“度”取决于各国的具体国情。事实上，我国今天的国情与改革开放前和改革开放初期已经完全不同。因此，建立健全社会福利制度是时代和社会的客观要求。未来在构建社会福利的目标选择上应注重经济与社会之间、城乡之间、地区之间的平衡发展，注重社会公平；在受益人群上以社会困难群体为重点，逐步让全体国民共享改革发展成果；在福利体系建设上从城乡分割走向城乡一体化；在福利服务管理和提供手段上实现法制化、专业化、标准化和信息化；在福利模式的选择上构建适度普惠型社会福利。

（4）以社会化为主旋律的转型目标。

其一，企业改革分解职工福利。企业职工福利改革的核心，是使“企业办社会”的状况得以改变，把企业作为市场经济的独立法人解放出来，自主经营，把福利的问题交给“社会”来承接，使企业回归其原本地位。改革包括三个方面：一是厘清企业工资与职工福利的关系，解决企业办福利的问题；二是单位福利设施、企业后勤服务社会化、产业化；三是企业住房福利制度改革。这些改革大大减轻了企业负担，企业不再为职工的生活福利所累，把分解后的职工福利放到社会和社区去承担。

其二，社会福利社会化成为社会福利改革的先声。“社会福利社会化”是我国社会福利改革的突破口，其发展经历了三个阶段：第一阶段（20 世纪

80年代），实现从封闭型向开放型、从救济型向福利型、从供养型向供养康复型转变；第二阶段（20世纪90年代），国务院颁布了《社会福利业发展规划》，社会福利改革由制度调整进入制度转型；第三阶段（2000年至今），国务院办公厅《转发民政部等部门〈关于加快实现社会福利社会化意见〉的通知》，提出投资主体多元化、服务对象公众化、服务方式多样化、服务队伍专业化，与志愿者队伍相结合等指导意见，“社会福利社会化”从政策探索走向制度安排。

其三，社区服务成为社会福利改革的新视角。社区服务业是在政府倡导下，为满足社会成员多种需求，以街道、城镇居委会社区组织为依托，具有社会福利性质的居民服务业，是我国社会福利体系和服务体系中一个重要行业。20世纪80年代后的企业改革使单位的各种社会职能被剥离，“单位人”转为“社会人”，企业剥离的服务职能须由社区来承接。人口老龄化和家庭小型化对社区服务的需求日益凸显。建立一个独立于企事业单位之外的社会福利体系和社会化服务网络，需要社区发挥作用。“社区服务”应运而生，成为中国社会福利社会化的一个重要载体。1987年，“城市社区服务工作座谈会”启动了社区服务。1993年，《关于加快发展社区服务业的意见》指出，社区服务业作为新时期探索社会福利社会办和职工福利向社会开放的一条新路子，具有福利性、群众性、服务性、区域性等特点；鼓励国有企事业单位、城镇集体经济、民办企业及个人以资金、房产、设备、技术、信息、劳务等形式投入社区服务业；鼓励港澳台同胞、海外侨胞和国外人士、团体、企业在中国兴办社区服务设施；对敬老院、托老所、弱智儿童启智站免征固定资产投资调节税。20世纪90年代中期，“社区服务”向“社区建设”转型。2000年，中央办公厅、国务院办公厅转发民政部《关于在全国推进城市社区建设的意见》，提出社区建设的指导思想、基本原则和主要目标，涉及社区服务、社区卫生、社区文化、社区环境、社区治安等内容。社区服务成为我国社会福利改革的一个重要领域。据《2012年社会服务发展统计公报》显示，截至2012年底，全国共有各类社区服务机构20万个，社区服务机构覆盖率为29.5%。其中：社区服务指导中心809个，社区服务中心15 497个，社区服务站87 931个，其他社区专项服务设施9.6万个。城市社区服务中心（站）覆盖率为72.5%。城镇便民、利民服务网点39.7万个。社区志愿服务组织9.3万个。在社会福利转型中，社区承接了原来由单位承担的大部分社会职能，因地制宜地为特殊困难群体和有需求的社会成员提供各种福利服务，成为具有中国特色的社会福利社会化的最有效的实现途径。

其四,农村社会福利改革的新突破。30 多年来,社会福利改革触动了农村传统的二元福利体制,在推进城乡一体化、共同享有社会福利资源方面做了许多探索。农村在制度上逐步建立起与市场经济体制相匹配的社会福利制度,实现了改革开放以来我国农村社会福利制度的重大变化和政策调整。在保障困难群众生活方面,2006 年国务院修订《农村五保供养工作条例》,将五保供养经费纳入公共财政保障范围,五保福利制度实现了历史性变革和转型。2006 年民政部启动"霞光计划",用 5 年时间投入 50 亿元,建设和改造农村五保供养服务设施。2007 年国务院颁布《关于在全国建立农村最低生活保障制度的通知》,建立农村最低生活保障制度。截至 2010 年 7 月,有 5 046.8 万人享受农村低保福利。在医疗保障方面,2003 年民政部等发布《关于实施农村医疗救助的意见》,对农村五保户、贫困户实行医疗救助。2003 年国务院发布《关于建立新型农村合作医疗制度的意见》,确立以大病统筹为主的农民医疗互助共济制度。据《2012 年我国卫生和计划生育事业发展统计公报》显示,截至 2012 年底,全国有 2 566 个县(市、区)开展了新型农村合作医疗,参合人口数达 8.05 亿人,参合率为 98.3%。2012 年度新农合筹资总额达 2 484.7 亿元,人均筹资 308.5 元。全国新农合基金支出 2 408.0 亿元;补偿支出受益 17.45 亿人次。在养老保障方面,2009 年国务院发布《关于开展新型农村社会养老保险试点的指导意见》,将个人缴费、集体补助和政府补贴相结合,与家庭养老、土地保障、社会救助等政策措施相配套,保障农民 60 岁以后能够享受到国家普惠式的养老金。在社会福利的提供手段方面,2008 年民政部推出了以"农村社会工作为重点,立足民政福利事业单位,辐射广大城乡社区"的"万载模式",为满足农民的社会福利需求树立了典型。

其五,对适度普惠型社会福利的探索。针对我国经济转轨和社会转型出现的新情况和新问题,社会福利突破了原有体制和工作范围的局限,在人民群众最关心、最现实、最迫切的养老、医疗、失业、保险、社会救助等方面采取了一系列新举措,向适度普惠型方向做出了积极探索。2010 年民政部下发《关于建立高龄津(补)贴制度先行地区的通报》,对 80 岁以上老年人发放高龄津贴。2009 年民政部相继发出《关于制定福利机构儿童最低养育标准的指导意见》《关于制定孤儿最低养育标准的通知》,对福利机构和社会散居孤儿每人每月发放 1 000 元和 600 元最低养育津贴。1999 年实施《城市居民最低生活保障条例》,使低保纳入法制化轨道。20 世纪 90 年代以来对企业改革下岗、失业人员实行“两个确保”(确保国有企业下岗职工基本生活费和离退休人员基本养老金按时足额发放)和“三条保障线”(国有企业下岗职工基本生活保障、失业保险、城市居民最低生活保障制度)。在医疗救助方面,1998 年国务院发出《关于建立城镇职工基本医疗保险制度的决定》,建立城镇职工基本医疗保险制度;2005 年国务院转发《关于建立城市医疗救助制度试点工作意见的通知》,对城市低保对象和特殊困难群众实行医疗救助;2007 年发布《关于开展城镇居民基本医疗保险试点的指导意见》;2009 年民政部等发出《关于进一步完善城乡医疗救助制度的意见》,建立城乡一体化的医疗救助制度。在养老保险方面,1997 年国务院颁布《关于建立统一的企业职工基本养老保险制度的决定》,2005 年发布《关于完善企业职工基本养老保险制度的决定》,确立了独立于企事业单位之外的社会统筹与个人账户相结合的社会养老保险制度。在社会保险方面,1995 年建立生育保险,1996 年建立工伤保险,2010 年颁布并于 2011 年施行《社会保险法》。

第二节　计划生育政策

一、现行计划生育政策下对农村养老的选择

实行计划生育政策 30 多年后,我国以“未富先老”的方式进入老龄化国家。随着农村流动人口增多,农村老龄化形势比城镇更严重,农村养老成了迫切需要解决的问题。[1]实行计划生育政策 30 多年来,农村人口的年龄结构发生了变化。截至 2007 年底,我国老龄人口达到了 1.4 亿,占全国人口的 11%,其中,农村老龄人口占全国老龄人口的 60%,我国农村已经完全进入老龄化社会。人口老龄化在增加社会压力的同时,由于老龄供养系数的上升,给农民子女供养老人带来了巨大的负担。从养老资源供给来源来看,目前我国农村养老方式主要有四种:家庭养老、集体养老、养老保险、储蓄养老(自我养老)。这些传统养老的弱点也逐渐暴露了出来,主要表现在:家庭养老功能式微;土地养老功能弱化;农村养老制度不健全、覆盖面小、保障水平低;自我储蓄养老的不足。随着社会的进步,一对夫妇“户”的核心家庭成

---

〔1〕 罗开梅,徐勤山. 贵州民族地区农村养老的选择——以现行计划生育政策下三都水族自治县为例[J]. 学园,2010(13):169-171.

为社会主流。“家庭小型化一方面是计划生育，只生育一个孩子的结果，另一方面也是东西方文化交流，核心家庭更符合现代社会发展的结果。”农村老人在养老选择上，社会统筹安排成为大趋势，家庭养老只是由家庭承担养老责任，社会养老将养老责任分摊到全社会，具有了再分配的特征，从而实现社会范围的公平养老。社会养老是让更多牺牲自己利益实行计划生育的人享受社会发展成果，具有提高社会养老保障制度，完善社会保障体系，实现社会公平与进步的意义。农村养老面临的主要问题是心灵的寂寞、物质的匮乏、没有持续的资金支持等。根据当前我国农村的现状，宜选择以下养老模式：一是建立多层次的农村养老制度；二是倡导农村集体养老；三是强化土地的养老功能；四是加快经济发展，为农村养老保障提供资金支持和保证。

二、从计划生育政策的弊端看农村养老保障

如同我们当初抱着良好的愿望实行计划经济一样，计划生育政策实现了人口数量下降的目标，但是却带来更多更大的社会问题：人口老龄化的问题；男女比例失衡的问题；新生人口素质不高的问题；损害女婴、弃婴合法权益的问题；等等。我国农村人口庞大，随着计划生育的开展以及我国社会的自然转型，人口老龄化问题尤为严重，特别是在当下经济腾飞的背景下，不少农村青年放弃传统的耕作模式，进入城市。这使得农村的老龄化现象较之城市要更为严重。农村的空巢老人缺乏必要的社会保障以及社会关心。因此，对社会造成影响的同时也无法达到和谐社会和谐农村的要求。[1]

我国空巢老人的养老现状令人担忧，与发达国家相比，后者具有相对完善的社会保障。随着人们步入老龄化阶段，对老人的赡养义务转嫁给政府，因此养老问题并不突出。而我国由于政治体制和传统观念等种种原因，老人的赡养仍然主要由子女承担。然而，空巢老人的子女都不在身边，无法履行相应的义务。我国宪法虽明确了子女对于老人的赡养责任，但是执行起来往往十分困难。研究表明，大量农民进城务工造成农村养老的有效人力资源严重不足，导致农村空巢老人无法高质量安享晚年。特别是在情感方面赡养老人义务的履行很不到位。除必要的经济开销之外，农村老人卫生状况的改善、疾病的及时治疗等都需要有子女般的悉心照料。为此，加强农

〔1〕 乔扬. 从计划生育政策的弊端看农村空巢老人养老保障问题[J]. 中国经贸，2011(24)：137.

村空巢老人的养老保障应主要从以下方面着手：

一是加强政府的支持力度。当前处理农村老人养老保障的难点是要重点建立相对完善的养老体系。在经济方面，随着国家特别是农村经济实力的提高，养老的任务逐步由家庭向社会过渡，由家庭养老转变为家庭、政府和社会的多元互补模式体系。当前让各级政府全面承担农村养老保障的任务既不现实，也无可能性。关键是要切实落实农村最低生活保障制度、新农合制度、五保户制度等农村养老保障制度的综合配置措施。让政府在更深层次上结合地区实际，针对性地制定科学政策，提高养老资源的利用率，加强必要的养老财政支持力度。

二是改进和完善农村社区养老保障体系。当前农村社区建设参差不齐，有的名不副实，有的根本就没有建设。要给农村老人提供高水平的养老服务，就必须提早规划，形成功能齐全、基础扎实、设施配套的农村社区养老保障体系，不断提高政府养老保障的水平和能力，营造适合农村老人养老的"熟人社会"氛围。政府既要在经济上加大扶持力度，积极推动有非政府机构投身老年人养老保障的农村社区建设，又要在管理和服务方面提升效能，强化整体规范、科学管理，推动非政府机构有效开展空巢老人养老服务的社会保障工作。

三是提高老年人自我养老意识。老年人要充分认识到精神层面的满足还需要通过自身的努力。老年人唯有通过学习，积极投身到社会活动的各个环节才能有效展示自身的社会价值；唯有持续增强自身体质，提高教育文化水平，保持积极乐观的心态，才能更好地融入政府、社会建立的养老保障体系之中，而且政府、社会和家庭提供的养老资源和养老环境只是良好养老成效的外因。研究表明，不少农村空巢老人不仅对子女没有太大的依赖，而且有的还能够给子女以一定的物质支持，保持与子女的良好沟通；有的通过以房养老模式，树立科学养老思想，有目的地进行储蓄投资，不仅能够自身增强身体技能，而且能够通过互帮扶助"老养老"，主动调养获取精神慰藉。

三、对我国实行计划生育政策再认识再思考

以生育率下降为核心的人口转变是人口变动与发展的必然趋势。发达国家的经验显示，经济社会发展可以自然引致生育率下降和人口转变；我国的实践说明，在未达到发达水平的条件下通过实施计划生育政策也可以实现人口转变，但需要付出高昂的经济政治成本，并造成"未富先老"等严重的人口社会经济问题。对我国计划生育政策的实施，应该从深层次上进行反思;对当时承诺只用于“一代人”、已达到预期目的、并造成严重后果的计划生育政策,必须尽快做出调整。[1]

随着我国人口增长问题的逐步缓和,“人口红利”将进入一个拐点时期。故有人认为,调整我国的计划生育政策,具有一定的现实紧迫性。刘日就撰文建议计划生育政策试行“奖一、放二、禁三”。[2]具体调整分五步:第一步,“微调放二”,允许一方是独生子女的家庭放开生育第二胎;第二步,“奖一、放二、禁三”,全国全面放开生育二胎;第三步,“要想生三胎,申请听安排”,在人口达到理想模型后进行;第四步,“自主生育”,尊重人口内在规律,将计划生育恢复到生育自主的自然状态;第五步,“鼓励生育”,根据国家人口发展形势,使人口保持适度规模和均衡发展。

〔1〕 王桂新.生育率下降与计划生育政策的应用——对我国实行计划生育政策的认识与思考[J].南京社会科学,2012(10):66-70.

〔2〕 刘日.建议计划生育政策试行“奖一、放二、禁三”[J].安徽行政学院学报,2011(3):73-75.

第三章

社会化养老的国际经验

西方国家是最早进入人口老龄化的国家。在实行社会福利主义的养老(社会照顾)过程中建立起各自的社会照顾体系。埃斯帕·安德森根据政府、市场和家庭三者所承担的责任,划分了自由型、保守或合作型和社会民主型三种主要的社会福利体制。[1]虽然各国的老年社会照顾模式在体系和运作上都有很大差异,但相同的趋势是:政府责任削减、社会保险作用突出、社区作用上升。

第一节 德国养老保险制度

一、养老保险市场

1. 寿险业发展状况及展望[2]

经济和人口上的优势使德国被看作是除西班牙外最具发展潜力的西欧寿险市场,现共有寿险公司100家,多为上市公司或互助公司,还有一些是州地方政府持有特大股份的寿险公司。德国保险协会数据显示,2008—2009年度,26%的家庭购买了个人年金保险,36%的家庭购买了商业保险,人均有效保单件数为1.17件。2002—2009年间,德国寿险业总保费收入由653亿欧元增长至852亿欧元,年复合增长率为3.9%。

其一,从德国寿险业保险期限结构看。金融危机后,德国趸交寿险保费收入表现出强劲的增长态势,出乎德国寿险业的意料。趸交保费收入占保险收入的比重由2008年的16.5%快速攀升至2009年的24.6%。趸交保费

〔1〕 Esping - Andersen, G., 1990, The Three Worlds of Welfare Capitalism, Cambridge: Polity Press.

〔2〕 窦元.德国养老保险市场与寿险业发展情况介绍[J].中国保险,2011(1):61-62.

的快速上涨主要源于两点:一是寿险公司主要销售的两全保险产品期满后,各公司会积极鼓励客户进行转保,并多向客户推荐回报率较高的养老金等产品,获得良好收益。二是全球金融危机所造成的资本市场大幅波动一定程度上改变了人们的投资观念,特别是德国人相对较为保守,不少人为减少风险的发生,把资金从投资银行和基金公司中取出,购买保险产品。

其二,从德国寿险产品发展变化趋势看。德国寿险市场的主要险种包括两全保险、投连险、普通年金保险及投资连接型年金保险。2004 年后,德国的寿险产品由传统的两全保险过渡到长期的普通年金保险和投资连接型年金保险。德国寿险业的养老金产品销售较为成功,其保单件数由 1990 年的 166 万件攀升至 2009 年的 3 441 万件,年复合增长率为 17.3%。另外一种基本型养老金则是为中高收入阶层设计的设有最少保证回报的产品。基本型养老金产品的保额较高,数据显示,其保单件数由 2006 年的 30 万件增长至 2009 年的 108 万件,年增长率基本维持在 25% 以上。

其三,从德国寿险营销渠道看。德国寿险营销渠道主要分三类,一类是通过中介销售寿险产品,市场份额约占 67%,其特色是拥有较大的兼职销售代理人,德国目前约有 20 万人从事兼职销售寿险的代理人工作,接受拥有严格资质认证的专职代理人的指导并由专职代理人承担相应的责任,这成为大型保险公司的重要行销渠道;另一类是通过银行保险渠道,市场份额约为 25%(远小于葡萄牙的 86%,西班牙的 81% 和巴西的 70%);还有一类是直销渠道,市场份额约为 8%。

其四,从德国寿险公司投资结构看。在德国,监管部门对不同类别的投资资产设有上限,例如股票的投资上限为 30%,但监管部门对各类投资不设最低限制。此外,德国政府要求寿险产品设有保底收益,各家保险公司具体制定各产品的保底收益率。例如,现在德国寿险业的保险收益率为 2.2%,而目前寿险公司的国债收益率只有 1.5% ~2%,这对寿险公司而言,寻求安全且收益较高的投资方式成为极大的挑战。

其五,从德国寿险业发展前景看。德国寿险业较为成功地度过了全球金融危机的冲击,并没有受到很大损失。2009 年颁布的《保险公司最低风险管理要求监管条例》,旨在提高保险行业风险透明性,增强保险监管指标的预测性和保险公司风险管理实务运作的可操作性,为寿险业的健康发展创造了有利条件。寿险销售渠道上逐步将寿险咨询建议与保单销售分开,咨询业只能收取咨询费,不能销售保单。据德国保协统计,2011 年德国寿

险保费收入增幅在 -2% 至 5.5% 之间。

2. 公司化、保险化、法制化、外籍化[1]

其一,养老机构公司化。德国 2003 年通过的一项法律明确规定,各类型养老机构都要实行公司化登记。养老机构无论其举办者身份如何,一律要进行公司化经营。实行公司经营的显著特点是,其运作的独立性,不依靠政府的直接资助;政府只是体现在税率控制上和将资助直接提供给入住老年人上。实现控股公司化运营的好处还在于能统一财务和方便融资以及新项目开发和个人账户管理。

其二,养老费用保险化。设定统一收费标准的养老机构,面向所有入住的老年人。由于老年人一生中个人缴纳种种保险数额的不同,会导致老年期保险公司的给付不同;不足部分或由个人补齐,或符合条件的享受政府社会福利津贴。德国把护理分为 0 级至 4 级五个等级,护理收费的额度依次增加,护理保险公司的担负比例也不同:0 级不承担,1 级 71%,2 级 64%,3 级 62%,4 级 66%。护理保险公司定期派员到养老机构对老人进行护理等级评估的监督。

其三,临终关怀法制化。德国于 2005 年 6 月 16 日出台第一部《临终关怀法》,该法共分七个部分,主要阐述有关临终患者的支配权等。法律规定:德国医生负责对临终病人的资质认定,包括所有癌症和其他临终者。临终者明白其最后的决定权也在于自己,包括选择在家或住院两种方式。德国临终关怀的要求是:在不为完善的专业化和标准化要求下,必须有一个适合的专业人士陪伴临终者。在自由选择照护前提下,至少有一个有资质的护理机构和一个有资质的医生一起工作,他们必须能够做到减轻临终者的痛苦或者非常专业地使用药物来减轻临终者的痛苦。要保证持续不断的义务陪伴时间和诱导临终者对未来的美好幻想。病人家属可以不参与医疗方案的确定,但事先要签订授权书。

其四,护理人员外籍化。德国于 2003 年正式颁布《老年护理职业法》,该法共有九个部分,详细阐述老年护理职业从业人员的条件与资质认定的程序,老年护理培训的入学条件与考试的规定,以及相关的培训费用规定。新法律要求养老护理人员要从培养年轻人做起。值得一提的是,该法规首

---

[1] 方嘉珂. 德国养老新动向——公司化 保险化 法制化 外籍化[J]. 社会福利,2009(7):55-56.

次提出非德籍护理人员的准入条件及其参加考试的具体要求,特别要求有足够的德语知识作为进入该职业的前提。目前主要有来自南非、菲律宾、葡萄牙、波兰、俄国等国的学生参加学习培训。学习老年护理者一般不需要交纳学费,每人每月400欧元的学费由德国劳动部门提供50%,地方政府提供50%,但委托代培生费用需要自缴。学期规定3年,理论和实践教学分别是2 100学时、2 500学时,全部采用"半工半读"方式,实习单位逐年每月给付学者生活补贴,标准为600欧元、700欧元、800欧元。学生毕业后的职业前景较为广泛,可做到医院的病房护理主任、养老院的业务主管、培训学校的讲师。

3. 德国养老市场化新动向

其一,德国的养老保险市场及德国养老保险"三支柱"。德国社会保障制度下的养老保险由法定养老保险、企业养老保险计划和商业人寿保险三大支柱组成。其中,法定养老保险为强制性保险,是德国养老保险制度的主干,其最初框架是由德国"铁血首相"俾斯麦在1881年创立的。法定养老保险实行的是现收现付制度,即现在征收的养老保险费是用于发放现在已开始领取的养老金,这种体制亦被称为"世代协议"。养老保险机构的资金主要由保险费组成,外加20%的联邦补贴及保险机构的少量其他收入。企业养老保险计划的资金主要来自雇员和雇主的缴费,并享有一定的税收优惠政策。约有21%的德国人(即1 700多万)享有企业养老保险计划。商业人寿保险一般是高工资高收入者自愿购买,主要包括医生、律师等。不同于基本的两全寿险,该形式的人寿保险把对伤残、护理、死亡和年老的承保都包括在内。[1]

其二,德国养老保险改革的新举措。一是提高法定养老保险个人缴纳比率。德国政府计划到2030年将法定养老保险的缴费比率提高至22%,且法定养老保险获得一定的政府补贴,额度约为养老保险支出总额的20%。二是降低退休雇员领取法定养老保险金占工资的比例。德国政府计划在2020年把退休雇员领取的法定养老保险金占其工资的比例逐步从2003年的53%降至43%。三是提高企业养老保险计划和商业人寿保险在养老金支付中的比例。德国政府希望商业寿险部分支付的养老金由目前占整个养老金的10%提高到15%,中远期达到25% ~30%。四是延长雇员的工作年

〔1〕 窦元. 德国养老保险市场与寿险业发展情况介绍[J]. 中国保险,2011(1):61 -62.

限。男女雇员的退休年龄由目前的65岁延长到67岁,用以增加法定养老金的有效供给,延迟养老金的实际支出。五是改革有关养老金的税务政策。其动机是刺激德国民众多为养老提早储蓄。针对法定养老保险,个人缴费2万欧元内的予以全部免税,商业人寿保险的个人年金进行部分免税(6 000欧元),而对于购买两全寿险等其他寿险产品的则不享受免税政策。

其三,从"三支柱"到"三层次"的转型。2005年1月1日起生效的《老年收入法》使德国养老保险体制进入了"三层次模式"时代。传统的由法定养老保险、企业补充养老保险和个人自愿养老保险构成的"三支柱模式"成为了历史。法定养老保险不再是养老保险体系中的最强支柱,而是仅扮演基础性养老保障的角色。我们需要的答案是:德国政府进行养老保险模式改革的动因何在?实现模式转变的改革进程如何?[1]

首先,是出于代际公平的需要。2005年1月起生效的《法定养老保险可持续发展法》的核心内容是将"可持续发展因子"引入原有的养老金计算公式中,该因子能够反映缴费者与养老金领取者之间人数比例的变化情况,即制度赡养率的变化。通过这种方式,德国政府力图使养老金领取者分担人口结构变化所带来的负担,减轻年轻人的缴费压力,实现代际公平。而《老年收入法》也对企业补充养老保险和个人养老保险进行了改革。新规定使得企业补充养老保险的吸引力大为增加。其实,两种模式有着不同的划分标准,传统的"三支柱模式"是按照保险产品归属人群的不同而进行划分的,而"三层次模式"的划分主要是以保险产品的可利用性差异以及政府采取的税收政策的不同为标准。

其次,"多条腿走路"的要求。虽然"三层次模式"仅是政府从税收政策角度对德国现有的养老保险计划重新进行的分类和定义,并未对养老保险结构作实质性的改变,但是它无疑也给德国养老保险体制带来了深刻影响。一是"三层次模式"的提法使得各种养老保险计划的地位更加明确,更加突显了法定养老保险的基础性保障地位与企业补充养老保险和个人养老保险的补充性保障地位;二是法定养老保险的保障目标更加明晰,法定养老保险不再是养老体系中的最强支柱;三是资本积累制融资结构在德国养老保险中的地位得到提高,大大提升了德国养老保险体制抵御人口老年化挑战的

[1] 于秀伟.从"三支柱模式"到"三层次模式"——解析德国养老保险体制改革[J].德国研究,2012(2):70-79.

能力。

总之,从三支柱模式到三层次模式转变的过程,正是德国养老保险从过分依赖法定养老保险到“多条腿走路”的过程。

二、征收年龄税

1. “年龄税”

德国总理默克尔领导的执政党基民盟起草了一份议案,拟向25岁以上有收入的人群征收“年龄税”。该党虽尚未确定“年龄税”的税率,但据称正在考虑将税率定为纳税人收入的1%。[1]德国的养老保险体制为“代际合同”,即由当前正在工作的一代人所缴纳的退休保险金来支付退休人员的退休金。较合理有效的比例是3个在职人员减少1个退休者。但到2030年德国却变成了1个在职人员减少2个以上的退休者。显然,这个使命根本无法完成。为解决德国老龄化问题,德国“征收年龄税”不失为一条出路。尽管德国反对党认为这简直是在给年轻人“一记耳光”,该项税收可能引发年轻纳税人对老年人的怨恨情绪。所以,这项新议案在德国争议很大。

2. 个税递延

在解决养老金不足问题上,近十年推行的旨在通过税收手段鼓励发展个人养老金基金的改革值得关注。可以发现,大多数国家在个人储蓄性养老保险计划的税收措施方面采取的是EET方法,即养老保险在缴费时免除所得税(E),资金积累阶段的所得也免税(E),但在退休后领取养老金时应缴纳所得税(T)。这种方法体现了政府对个人参加储蓄性养老保险的激励。

20世纪80年代,西方国家所建立的多支柱的养老保险体系,成为正确处理政府和私人在社会保障中的角色和功能分工问题的重要经济保障制度。在国际多支柱的养老保险制度建设中,十分注重发展补充养老保险,多运用税收政策来引导和调节,给予投保人延迟纳税等税收优惠,从而推动补充养老保险的发展。德国的里斯特改革在个税递延型养老保险制度方面进行了有益探索,且取得了较为成功的效果,因此对里斯特改革进行分析具有理论和现实意义。[2]前德国劳工部部长里斯特称其为“战后最大的社会改革”,改革的目的是借助政策优惠提高第三支柱养老保险覆盖面,从而降低

---

〔1〕 青木.德国征年龄税补养老金[J].政府法制,2012(23):21.

〔2〕 李俊飞.德国个税递延养老保险改革及述评——以里斯特改革为例[J].武汉金融,2012(3):34-35、38.

第一支柱的养老金替代率。改革评价认为，它不仅促进了经济发展，促进了经济效率和社会公平的统一，而且对商业养老保险的被保险人产生优惠，还产生了收入分配效应。这将有效地解决政府财政压力带来的养老保险制度困境。由于保险与财税在功能上具有内容一致性，将支持性的财税政策与养老保险发展相结合，给予商业养老保险一定的税收优惠，可以改善社会福利，减少财政开支，维护社会稳定。

3. 公众股

德国公众股是在路德维希·艾哈德的国有企业私有化政策下出台的。其政治主张是“全民富有”、“人人拥有财富”。发行公众股一方面可以降低政府对企业的持股比例，另一方面也可以使普通大众分享经济发展的成果。因此，德国企业私有化的目的是通过发行社会公众股将企业股东分散化、社会化，促进公民和雇员持有企业股份。以大众汽车为例，19 世纪 50 年代末到 20 世纪初德国国有企业私有化过程中公众股方案的出台和实施中，公众股对企业发展以及个人家庭金融资产结构产生了深刻的影响，这使得在人口老龄化背景下增加德国个人养老保障金融资产组合中的股票占比，从而能够提高资产组合收益率以满足个人养老的必要性需求。[1]通过股票资产的多样化配置可以降低组合的风险，而配置的国际化尤其是配置一些新兴市场的股票可以获得更高的收益。德国家庭提高股票在个人养老保障资产中的比重，在较长期限内获得高的收益，从而满足个人未来的养老保障需求。

三、公务员养老制度

根据不同的标准，可将公务员养老保险制度分成三种类型：完全融合型、完全独立型、部分融合型。德国实行的是完全独立型的公务员养老制度。而新加坡、英国分别实行的是完全融合型、部分融合型公务员养老制度。这三类公务员养老保险制度的制度模式、运行机制、管理体制有所不同。在公平性与效率性方面，这三类公务员养老保险制度各有优劣。这三类公务员养老保险制度为中国公务员养老保险制度改革提供的启示是：必须与我国国情相结合，必须注意公平与效率的结合，走向部分融合是改革的选择。[2]

---

〔1〕 陈飞飞. 德国公众股与个人养老保障[J]. 财经问题研究，2012(6)：120－123.

〔2〕 龙玉其. 不同类型公务员养老保险制度的比较与启示——以英国、德国、新加坡为例[J]. 现代经济探讨，2012(5)：73－77.

1. 完全独立型

公务员退休金取决于公务员的服务年限和计算养老金的报酬。服务年限包括在公务员岗位、专业或非专业的军人岗位和公共部门等其他岗位的工作时间，以及接受培训的时间。退休金的计算以公务员最后一个月的工资和允许退休时的工龄为基础。公务员每月的退休金数额最高不得超过最后一个月工资的75%。如果公务员因工伤残，则伤残养老金替代率至少是66.7%。公务员的养老由政府统筹管理，公务员的退休金支出全部纳入国家财政预算，通过税收进行融资。其特点是：实行完全独立的制度模式，突出公务员的职业特点，强调公务员的特殊性；实行现收现付的筹资机制，通过国家财政年度预算安排进行筹资，当期的筹资用于发放当期的养老金，不进行资金积累，无需担心保值增值的问题；公务员养老完全由国家负责，无论是从责任分担还是从管理服务来说，德国公务员养老保险制度体现了明显的国家保障特点，一方面公务员养老的资金筹资完全由国家财政负担，通过税收进行融资，个人无需缴纳任何费用；另一方面公务员养老事务的管理由政府部门负责，与其他部门的养老分别管理。

2. 完全融合型

国家公务员参加公积金制度，由中央公积金局统一管理，在养老保险制度方面，它属于完全融合型的制度。其筹资由雇员和雇主缴费组成。一般情况下，当公积金会员达到55岁时，在保留最低存款的基础上，可以提高普通账户和特别账户中的积累额，而且要在留够最低存款后，还需要在保健储蓄账户中积累一定的余额才能提取公积金。公积金会员死亡后，其公积金余额可以支付给特定的受益人。如果生前没有指定受益人的，余额将被充公。其特点是：制度的完全融合性，公务员都加入中央公积金制度，进行缴费积累；管理的统一性，将公务员与其他国民的养老保险制度统一由中央公积金局进行管理；强调个人责任，特别是强调公务员的个人责任，主要由公务员个人向公积金账户进行缴费积累，并获得投资收益；注重效率与激励，将公务员的个人缴费与养老金收益联系起来，调动公务员的缴费积极性，对公积金账户进行投资获取收益也在一定程度上提高了制度的效率性；法制化体制，统一由《中央公积金法》来调整和体现。

3. 部分融合型

面向包括公务员在内的所有国民。其特点是：制度的部分融合性，公务员与普通国民一样，参加国家基本养老保险制度，按规定进行缴费，体现了不同养老保险制度的融合性、不同群体之间的平等性，除去参加统一的国民基本养老保险制度外，国家还为公务员设立了不同类型的职业养老保险制度，体现了公务员的特殊性；制度的多层次性，主要包括三个层次，即国家基本养老保险制度、公务员职业养老保险制度和个人自愿型的私人养老保险制度；适度的责任分担机制，缴费由政府和个人共同承担，既强调了政府在公务员养老保险制度（尤其是职业养老保险制度）中的财政责任，又需要公务员进行一定的缴费；现收现付制，不进行基金积累；法制化主要由《社会保障法》《养老保险法》《公务员退休年金法》等法律来进行规范。

以上三种公务员养老保险制度给我国公务员养老保险制度改革的启示是：公务员养老保险制度改革必须与我国国情相结合，要考虑我国人口众多、经济发展水平不高、地区差异较大等基本国情；公务员养老保险制度改革必须注意公平与效率的结合，通过改革建立起政府、单位和个人三方责任共担的筹资机制，是确保公务员养老保险制度未来的财务可持续的关键措施；走向部分融合是我国公务员养老保险制度改革的必然选择，即公务员与其他群体需要有一个统一的或者比较接近的基础制度安排，这一基础制度安排需要坚持公平优先的原则，公平对待不同的职业群体，实际上是基于国民待遇的基础制度安排。

第二节　日本看护养老制度

一、看护协会

1. 协会概况

日本看护协会的成立，首先要从日本的看护保险制度和日本的护理赔偿责任保险制度说起。对于日本的看护保险制度和日本的护理赔偿责任保险制度，下文将作详细阐述，这里仅对日本护理赔偿责任保险制度进行简要介绍。

日本护理赔偿责任保险制度是指由护理赔偿责任保险和基金两部分组成的，旨在为投保该项保险的日本看护协会会员提供优质服务的保险制度。该保险制度是日本看护协会只对作为该会会员的护理人员在发生医疗事故时使用的保护制度。

2. 协会机构

日本看护协会作为组织者，其会员作为投保人自愿与保险公司签订团体保险合同，另外，会员每年向日本看护协会缴纳会费 5 000 日元（约合人民币 350 元），同时需向其所在的都、道、府、县护理分会缴纳会费，分会会费因地域不同而有差异。非会员可以通过各护理分会办理入会手续。投保期限为 1 年，每年的 11 月 1 日 16 时为保险有效期的截止时间，投保人需要每年办理续保手续，即于每年的 10 月 15 日前通过邮寄该保险专用续保申请书的方式提出次年的续保申请。

3. 社会影响

日本看护协会为了解除广大会员的后顾之忧，使她（他）们安心工作，于 2001 年创立了"护理赔偿责任保险制度"。截至 2009 年，日本拥有 130 万名护理人员（包括护师、助产师、保健师），其中 60 万人加入了日本看护协会。约 17 万名护理人中投保"护理赔偿责任保险"。

二、看护保险制度

1. 历史沿革

日本政府于 1997 年 12 月 17 日颁布《看护保险法》，2000 年 4 月 1 日正式实施看护保险制度。"看护保险制度"的诞生标志着日本传统的家庭养老方式迅速向社会化养老方式进行转变。日本的看护保险从萌芽逐渐走向完善经历了 10 余年的发展历程。日本看护保险的发展和改革经验对我国特别是苏州今后建立和完善"看护保险制度"具有重要的参考价值。[1]日本的看护养老制度始于 20 世纪 90 年代后期，其发展历程可分为三个时期：

第一个时期：看护保险制度的形成期，即 1997—2000 年的阶段。1997 年日本《看护保险法》出台之前，高龄老年人的社会看护主要由老人福利院和老人保健医疗服务机构两个部门来承担。实施过程中，前者的问题是申请手续本末倒置，提供服务的机构和服务种类由政府预先指定，而不是由申请人选择；后者的问题是费用负担不公平，众多高龄独居老人以医院为家，导致医院机构病床周转率下降，财政负担过重。《看护保险法》出台之后，对两者进行了整编。该法以全体国民协办互助为理念，明确给付与负担的关系，以社会保险方式向高龄老年人口提供保健、医疗及福利护理，自 2000 年 4 月 1 日正式实施后，标志着日本传统家庭养老方式迅速向社会化养老方式转变。

第二个时期：看护保险制度的实行期，即 2000—2005 年的阶段。在保

〔1〕 施锦芳. 日本看护保险制度的沿革及其思考[J]. 现代日本经济，2011(2)：72－79.

险机构方面，看护保险的运营机构是日本的二级行政区，即市、町、村政府，居住不同行政区获得的看护服务种类及所需负担的保险费有所不同，考虑到有的行政区人口稀少或设施不够完善，经过审批，毗邻的多个行政区可联合起来组成一个保险机构。在被保险人方面，以65周岁为界，65周岁以上(含65周岁)的所有老年人划分为第一类被保险人，其他40周岁以上64周岁以下的划分为第二类被保险人。在保险费方面，看护保险制度的财源一半来自保险费，另一半来自中央和地方政府的筹措(其中，中央财政承担25%，一级行政区即47个都、道、府、县承担12.5%，二级行政区即市、町、村财政承担12.5%)。低收入阶层在保险费收取方面可享受减免政策，对第一类高龄老人可实行分段征收保险费，最低需要承担所接受的看护服务费用总额的10%。

第三个时期:看护保险制度的完善期，即2005—2010年的阶段。实施每5年对《看护保险法》进行一次修订、完善和提高。例如，2005年的修订，导入了"看护预防体系"，指导老年人如何预防老年性痴呆、帕金森综合征等老年性疾病的发生，开展提高口腔机能、改善营养、提高身体运动机能的许多工作，旨在降低老年人衰老性疾病的发病率等。还强化了看护信息的公开，统一公开信息的标准，接受市民监督。例如，必须公开看护设施的工作人员管理体制、设施拥有、设备状况、设施利用付费标准、设施提供服务的时间、设施的日常工作管理记录、设施工作人员接受培训的情况等。

2. 运营机制

看护保险是近些年来在老龄化严重的国家受到广泛关注的创新型保险业务。日本的看护保险计划自2000年实施以来，取得了积极的经济保障效应，受到国际社会的广泛关注。[1]日本看护保险的运营机制，包括看护保险的主体、利用流程以及财源的构成。

其一，看护保险的主体。

看护保险的保险者，即看护保险的运营者。据统计，2002年日本全国有2 816个看护保险的运营者即看护保险的保险者。其主要工作是对被保险者的管理根据规定征收保险费、管理保险的收入与支出、接受被保险人的申请、需要看护的认定、监督服务的给付等。选择的是市、町、村和特别行政区作为保险者。一是基于各地区情况和居民切身利益的考虑，二是基于制

〔1〕 骆玉婷. 日本看护保险的运营机制[J]. 投资与合作，2011(5):29.

定和提供保险服务效率的实际需求的考虑。

看护保险的被保险者，即保障对象。分为两类：65 周岁以上的为第一类保险人，无条件为其提供保险服务，保险费由其所在的市町村征收；40 岁到 65 岁之间的为第二类保险人，限于痴呆、心脑血管疾病等 15 类情形的保险人提供服务，对加入医疗保险的医疗保费与应缴纳的保费一起征收。

看护服务的提供者，主要包括民间营利企业、农业协会和生活协会、非营利组织三类。其中，民间营利企业可以在提供包括居家访视照护、居家访视入浴、居家访视复健、居家疗养管理指导等一系列居家看护服务的同时，在同一市场上出售或租用福利用具。农业协会和生活协会，本着互帮互助的精神，将农家紧紧地联系在一起，在特定的场所开展保健、医疗、福利等综合服务，以购买安心、安全的食品为事业，举办由合作成员自主自发参加互助会等活动，互相提供生活援助。非营利组织，又名“居家参加型居家福利服务”，这种由本地居民提供的居家形式的服务，既能够广泛调动社会的力量，充实看护服务的人力资源，又能让服务的利用者亲自参与研讨并实施最好的服务。

其二，看护保险的利用流程。

看护保险的利用经由申请、调查、审查、认定护理、制订看护服务计划和接受服务六个流程。由被保险者（一般指第一类保险人）到市、町、村的介护保险科办理申请手续。看护保险的主办单位派出调查员进行上门访问，将调查的结果即身心状况等详细询问内容输入到电脑里，运用计算机统计推算出护理所需的时间和等级，对需要的看护等级进行第一次判定。同时，委托有关医生对被申请人进行审查并提出意见。结合主治医生的意见书和第一次判定结果，市、町、村的介护认定审查会对被保险人是否处于需要护理状态及需要何种护理状态进行第二次认定。认定审查会由保健、医疗、福利等各个领域的专业人士构成，认定结果分为四类：重新调查；自立，不需要看护；需要支援，但不能使用设施服务；需要看护，并根据不同程度分为部分看护、轻度看护、中度看护、重度看护和最重度看护五个层次。根据本人和家属的意见，看护管理员提出各类方案，制订出看护服务计划。计划制订是免费的，如果申请人和家属自己能制订也可以。根据看护服务计划，利用者可以接受相应的看护服务。

其三，看护保险的财源。

看护保险的财源由保险费用的缴纳征收和看护服务的费用分担两部分

组成。根据收入水平的不同，第一类保险人被分为五个等级，按所属等级缴纳固定的所需保险费用。征收时，对年金年收入达到 18 万日元以上的（约占 80%）直接从年金中扣除，否则通过转账等方式由市、町、村的有关部门交纳。第二类保险人结合医疗保险费，通常按医疗保险费的固定比例，来支付追加缴纳保险费，医疗保险者向社会保险医疗报酬支付基金交纳所收取的保险费。享受看护服务的费用至少 10% 由被保险人承担，剩余部分由被保险者的保险费和公费各半负担。被保险者承担的50% 中，第一、第二类被保险者所缴保险费分别负担 17%、33%；公费负担的 50% 中，中央政府承担 25%，其余 25% 分别由都、道、府、县和市、町、村各半负担 12.5%。

3. 启示思考

随着"看护保险制度"的不断修订完善，日本自 1997 年导入的看护养老保险制度，并酝酿着医疗、养老、看护"三位一体"的构想，至 14 年后的 2011 年正式实施。我国目前尚未建立看护养老保险制度，日本 2011 年实施的"医疗保险 + 养老保险 + 看护保险"一体化的社会保障卡的有关经验值得学习借鉴。

虽然日本的看护保险制度不能直接照搬并适用于我国，但是它至少在三个方面为我们提供重要的启示：首先，看护保险制度的实施在一定程度上减轻了个人和政府的财力负担；其次，看护保险制度的实施大大地促进了老人看护服务的市场化，民间养老市场的成长，有效地扩大了看护服务的供给量；再次，看护保险制度的不断规范又进一步扩大了看护市场的潜力。[1]

三、护理赔偿责任保险制度[2]

1. 设立背景

长期以来，医疗事故成为社会热点，早已引起全社会的广泛关注。护理工作是医疗服务的重要组成部分，处理不当也会引起医疗纠纷或赔偿。护理工作是一项风险极高的职业，日本近年来所发生的一系列重大医疗事故当中，也不乏与护理工作相关的法律纠纷诉讼案件。随着日本社会的高龄化进程和与生活习惯相关的疾病的日益严重化以及医疗技术本身的飞速发展，人们对护理需求数量的日益增大，直接导致护理工作的范围不断拓展，加上人们法律意识的进一步增强，使得护理行业的工作呈现出更加多元化、

〔1〕 松本久美. 日本的老年人看护保险制度及其对上海的启示[D]. 上海：复旦大学，2010.

〔2〕 陈秀琴，吕良勇. 日本看护协会的护理赔偿保险责任制度介绍[J]. 中国实用护理杂志，2010(5)：76 – 77.

复杂化的趋势，护理人员所承担的法律责任也必将随之加大。面对日本国民维权意识的日益提高，广大护理人员对今后涉及护理事故的法律诉讼案件数量是否会大量增加感到忧心忡忡，要求设立“护理赔偿责任保险制度”的呼声愈加强烈。

2. 具体内容

其一，保险金及其用途。投保护理赔偿责任保险的护理人员每年需支付护理赔偿责任保险金2 800日元（约合人民币200元），其中，1 920日元是保险费，用于支付可能发生事故时的保险金；500日元是基金，用于100日元以内的对人赔偿事故的补偿以及向投保者提供咨询、支持、医疗信息等服务的经费；380日元是该制度的运营经费，用于向投保者提供服务的所需经费、事故审查委员会收集信息所需的经费等。

其二，赔偿金额及其内容。日本国内的护理人员（不包括开业的助产师）在从事护理工作时，因给他人在身体和财物上造成伤害或侵犯人权，需要承担法律赔偿责任，在补偿限额内向受害者支付赔偿金。例如，护理人员给错药，或者对患者造成伤害而被提出赔偿请求时，需要按照规定给予赔偿并支付慰问金。当护理人员在护理工作中损坏了患者的私人物品，被提起赔偿请求时则需遵循对物赔偿的规定给予赔偿。2007年日本看护协会的护理赔偿责任保险制度共受理并支付了6起对物赔偿事故案件，未发生对人赔偿事故。法律上的损害赔偿金中，对人赔偿包括受害者的治疗费、住院费、赔偿费、误工补偿费等，每起事故限额5 000万日元（约合人民币350万元）；对物赔偿包括被损财物的修理费、再购买费等，每起事故限额20万日元（约合人民币14 000元）。诉讼费包括诉讼、聘请律师、制裁、和解、调停等所需费用。办案初期所需经费包括事故调查费、通信费、被社会通常认可的慰问费及购买慰问品的费用，每起事故限额10万日元（约合人民币7 000元）。侵犯人权赔偿费包括因损坏患者名誉或泄露私密所需支付的费用等，每起限额50万日元（约合人民币35 000元）。对人赔偿免责，每起事故限额100万日元（约合人民币70 000元），根据基金制度支付。

其三，赔偿情形的限制条款。下列情形，保险金不给予支付：护理人员在工作当中由于违反了护师法的有关规定而造成的赔偿责任；故意造成的赔偿责任；为保证工作的效果（夸大治疗的效果等）而造成的加重赔偿责任；投保人与他人在损害赔偿方面存在特别的约定，此约定造成的加重赔偿责任；投保的护理人员在国外实施的护理行为；与以美容为唯一目的的医疗行为中发生的护理赔偿责任;投保人与其同居一处的亲属给予的赔偿责任;投保人在工作当中因其使用单位的原因造成投保人的身体伤害而引发的赔偿责任;因战争、内乱、暴动、骚乱、劳动争议等引发的赔偿责任;因地震、火山喷发、洪水、海啸等自然灾害而引发的赔偿责任;投保人从事护理工作的工作设备(不包括在护理工作中直接使用的物品)以及汽车、飞机、升降机、车辆(不包括完全靠人力作为动力的情况)、船舶或者是由于使用动物时由动物引发的赔偿责任;排水或排气(包括排烟)引发的赔偿责任;对物赔偿中的丢失他人财物。

其四,基金制度的设立。日本看护协会在护理赔偿责任保险制度中设立了基金制度,专门支付保险制度不能支付的那部分免责金额,即当投保人发生了对人赔偿事故时,可以启动护理赔偿责任保险制度中的基金制度,向投保人提供限额100万日元(约合人民币70 000元)以内的基金补偿。超过100万日元以上的部分金额,则通过保险制度给予补偿。

其五,相关程序的规定。理赔的程序是:事故发生后,投保人应首先向上司汇报,并迅速与保险公司取得联系,办理理赔手续。医疗事故的发生并非属于护理人员的全部责任。

对于投保的护理人员来讲,事故发生后,在患者或家属提出诉讼请求时,当事人应与上司进行汇报并迅速向保险公司提交事故报告,必要时向患者、家属或遗属进行慰问。为了将医疗事故的影响和损害控制在最小限度内,那么处理好事故发生后的初期工作是圆满解决医务人员与患者及家属之间矛盾的关键。护理人员的诚意必不可少,在与上司或医疗机构管理者(院长等)进行商量后,向患者及家庭作出事故说明或赔礼道歉,并向保险公司提供护理记录或病历等。

对于保险公司来讲,受理事故报告并接受事故报告书,必要时提出事故调查或请求出具相关资料,需要慰问患者、家属或遗属时,对事故初期所需的费用支出问题(含慰问金、慰问品)进行讨论。

对于看护协会服务办公室来讲,事故发生后,立即由精通医疗安全的咨询员(护士),通过电话、电子邮件、来函或来访等形式向发生医疗事故的护理人员提供咨询和援助服务,并提出法律与心理支持方面的建议。

对于事故审查委员会来讲,作为非常设机构,在接到案件时开始启动,由来自保险公司的审定干事、日本看护协会、精通护理业务的护理管理者或护理权威人士、律师等参与审查。当审查结果判定为护理人员的责任时,根据责任的大小，讨论赔偿的额度并进入案件的解决阶段。解决的方式主要有斡旋、调停、和解、诉讼等。当审查结果判定为无护理人员责任时，提出无个人责任，希望由医院进行解决的建议。

3. 借鉴意义

“护理赔偿保险制度”的设立，使得相关案件的处理有法可依，对有关从业者和受害者来说都是一种制度性的保障。

该制度设立的价值，主要是能够使护理人员安心工作，当在日本国内从事护理工作的护理人员在护理工作中伤害了他人身体或财物、侵犯了人格权，必须承担法律赔偿责任时，投保的护理赔偿责任保险制度能够给予补偿。该制度平时向投保人提供有关医疗安全的最新信息及咨询服务。它是日本看护协会独享的制度，投保手续简便，是使护理人员安心的保护制度。当医疗事故发生时，根据投保人的请求，立即开设咨询窗口，提供咨询服务。为避免投保人发生不当赔偿请求，由资深的护理管理人员、律师、日本看护协会的代表、保险公司的事故处理人员等成立“事故审查委员会”，对投保人赔偿责任的程度、范围、赔偿金额等进行审查。

该制度设立的意义，主要是当属于护理人员个人违法行为需要直接进行赔偿时，或者护理人员过失严重，雇佣单位只支付部分赔偿金时，则需要日本看护协会建立的“护理赔偿责任保险制度”为护理人员提供援助和支持，从而避免发生护理人员承担过重的经济负担的赔偿请求。长期以来，当医院或医疗设施所雇佣的护理人在工作中发生损害赔偿事故时，首先由雇佣单位来承担当事人的责任。

该制度对我国的借鉴意义在于：我国目前还没有切实保护护理人员利益的保险赔偿制度。因护理而产生医疗纠纷甚至提出经济赔偿，已日益成为棘手的问题。面对国民维权意识的不断高涨和发生医疗事故后难以支付的高额赔偿金，在国家有关部门和全社会的共同努力下，尽早出台符合中国国情的护理赔偿保险制度。仅仅依靠 1987 年我国颁布的《医疗事故处理办法》和 2002 年国务院出台的《医疗事故处理条例》，在保护医患双方的合法权利、妥善处理医疗纠纷、维护社会安定团结方面虽然起到了一定的作用，但仍然是远远不够的。日本看护协会自设立护理赔偿责任保险制度以来，在保护护理人员的合法权益、解决护理人员的后顾之忧、妥善处理医疗事故和稳定护理队伍等方面做出了很好的尝试，值得我国研究借鉴。

第三节 瑞典居家养老经验

一、名义账户制[1]

1. 养老保障制度概述

瑞典是当今世界上实行名义账户养老金制度最为成功的国家。[2]1992年起,瑞典开始改革原有养老制度,1994年确立改革方案并于1999年通过相关改革方案,2001年起正式实施。改革后,瑞典养老保障制度分为依次补充的三个层次:基础养老金或称国民年金;补充养老金或称收入关联养老金;职业年金或称企业年金。其一,基础养老金为残补型,对象是无收入和低收入者,并与老人收入水平挂钩:收入低于44 000克朗的老人每年由政府发放或补充70 000克朗(税前)的基础养老金;收入在44 000克朗~105 000克朗之间的老人,随着收入增加,政府按一定比例补助递减金额的基础养老金。同时,基础养老金与个人在瑞典居住年限(以往缴税贡献)相关,居住不满40年的,按每年1/40的比例递减。其二,补充养老金是瑞典养老保障制度的主体,也是改革的重点。改革后的补充养老金强调个人的责任,雇主和雇员分别按照工资总额和缴费工资的9.25%缴纳,共计为18.5%。具体运营是:缴费18.5%中的16%由社会保险管理局负责转入公共投资基金(简称APT)进行管理和投资运营,可用于支付现期老人的养老金,并将这部分缴费计入每个参保人的名义账户,但只计数额,不做真正的资本化运作,以作为退休时个人领取养老金的记发凭据;缴费18.5%中的2.5%另由养老基金管理局(简称PPM)负责,作为私人基金和共同基金公司投资运营追求保值增值。其三,在国家举办的基本养老金和补充养老金基础上,瑞典还由各行业工会与雇主协商,建立了第三个层次的职业年金,90%以上的雇员都参加了职业年金,目前平均费率为工资总额的3%至5%,基金的投资运营主要由各私营基金公司负责。

对比瑞典各层次养老制度的特点,我国现有养老制度可以视为以下几个层次:首先是养老救助层次,与瑞典基本养老金相同,个人无需承担缴费

〔1〕 牛黎帆.瑞典养老保障制度对中国的启示——名义账户制对养老保险个账做实的借鉴意义[J].劳动保障世界,2009(7):73-75.

〔2〕 杨植强,郭林,丁建定.瑞典名义账户养老保险制度精算要素研究[J].华中科技大学学报(社会科学版),2011(5):91-98.

责任，以城镇和农村最低生活保障为主要依托，包括五保户制度等，对生活无依靠的老人给予一定的补助，收入低于一定标准即可申请享受，当然我国的救助水平较低，且救助对象不限于老年人；其次是基本养老保险制度的层次，作为我国养老保障制度化主体，基本养老保险甚至可以视为中国当前全部的养老保障制度，采取社会统筹和个人账户相结合的部分积累制模式，雇主缴纳的工资总额的20%的部分全部进入社会统筹账户，用于支付当前退休人员的养老金，而雇员个人缴纳的工资总额的8%的部分进入各参保者个人账户，实账积累，由经办机构负责投资运营以保值增值；再次是2003年起我国约有10%的企业实行企业年金，国有企业垄断行业实施得较好，国家给予相应的税收优惠。

为应对人口老龄化带来的养老金支付压力，我国基本养老保险采取了部分积累制模式。制度运行以来，个人账户空账问题严重。有学者提出，我国的部分积累制实质上是瑞典的名义账户制，个人账户无需做实，社会基本养老保险完全可以采用名义账户的模式。将我国同瑞典养老保障制度作整体比较，理清制度内各层次的对应关系，并在此基础上，就我国个人账户空账问题与瑞典名义账户制度进行针对性比较，以其为我国养老保障提供参考性建议。

2. 名义账户制度问题

事实上，通过细分瑞典补充养老金制度后发现，个人账户空账和名义账户是两个根本不同的问题。瑞典补充养老金制度下，雇主雇员共计18.5%缴费中的16%转入公共投资基金（APT），另2.5%由养老基金管理局负责。前者用于支付现期老人的养老金，同时计入每个参保人的名义账户，作为退休的个人领取养老金的计发依据。因此，瑞典的名义账户所指的，是用于支付现期养老金的16%的部分。为补偿缴费者未来养老金权益，这部分缴费的数值又作为计发依据计入个人账户。因为只计数额，不作真正的资金化运作，故将其称作为名义账户。所以，名义账户制实际上是一种计发制度或计发方法。

瑞典名义账户制养老金计划运行机理如图3-1[1]所示：

---

〔1〕 杨植强，郭林，丁建定．瑞典名义账户养老保险制度精算要素研究［J］．华中科技大学学报（社会科学版），2011（5）：91－98.

收入→养老金供款
=养老金信用
↓
养老金信用+收益+继承所得-管理费用
=养老金账户名义积累额
↓
（养老金账户名义积累额/年金除数）×（1+调整率）
=月度养老金额

图 3-1　瑞典名义账户制养老金计划运行机理

通过对瑞典与我国养老保障制度体系的整体梳理发现，与我国基本养老保险制度相对应的，是瑞典的补充养老基金制度。我国养老保险制度转型成本较大，现有社会统筹账户不足支付，由此导致借支个人账户的问题。故有学者认为，我国的个人账户空账可视为瑞典的名义账户，个人账户无需做实。瑞典补充养老金制度下16%的名义账户部分，实际上相当于我国部分积累制下用于支付现期养老金的社会统筹账户部分。但我国目前空账运行的个人账户部分，对应的是瑞典的补充养老金制度下实账运行的2.5%的部分。所以，我国个人账户空账问题在瑞典并不存在。严格地说，我国实行个人名义账户养老保险模式与否和个人账户空账做实与否是根本不对等的两个问题。如果以瑞典名义账户制度的经验为我国个人账户空账问题作为托辞，根本不具有任何的说服力。

3. 精算要素及其启示

20世纪90年代，一种新的公共养老金个人账户制度——名义账户制（NDC）养老金计划在瑞典、波兰、拉脱维亚、意大利等国付诸实施。瑞典既是NDC养老金制度的创始国，又是世界上实行NDC计划最为成功的国家。因此，对瑞典NDC养老金计划的精算要素开展研究就显得十分必要。杨植强等人通过对瑞典名义账户制养老金计划的运行机制进行描述，进而分析其供款和支付环节的收入指数、继承所得、管理费用、平衡比率、平衡指数、自动平衡机制、年金除数、调整率等精算要素，并探讨这些精算要素对瑞典名义账户制的效应。精算体系不仅推动了养老金制度的财务平衡，有利于养老金制度自身运行效率的提高，而且能够在一定程度上保证制度的公平性。他们的研究启示是：名义账户制可成为当前我国养老保险个人账户制度一个较为理性的选择。

一方面，瑞典的基础养老金设定了最低限额，且基础养老金待遇与补充养老金待遇建立一定的相关性，根据补充养老金水平给予递减的基础养老金补贴，使得基础养老金能够体现出养老金体系基础一环的地位。但在我国，承担低收入老人生活救助功能的是“低保”制度和五保户制度。这两种制度因其生活保障特征，而被认为是社会救助制度，并非专门的养老保障制度。这两个层次的建设没有统一到养老保障体系中来，而且两者的待遇标准和基本养老保险没有相关性和连续性。很多收入水平在低保线上而基本养老金偏低的老年人并没有享受到国家福利，使得其养老权益受损。

另一方面，相对瑞典而言，我国由于第一层次的养老救助体系和第三层次的企业年金的实际缺位，使得我国作为养老保障制度主体的基本养老保险被视为我国养老保障制度的全部，基本养老保险制度要承担更多的责任，雇主费率高达工资总额的20%（瑞典仅为9.25%），制约了企业年金的资金来源，不利于第三层次的企业年金的建立和完善，出现了基本养老保险责任过重与企业年金制度不完善之间的恶性循环。事实上，基本养老保险只应保障老年人的基本生活需要，而另一部分养老责任属于企业年金制度的范畴。

此外，只有社会统筹账户能够独立支付基础养老金，个人账户能够真正实账积累不贬值，养老保险才可能谈得上持续发展。我国应在理顺社会统筹账户和个人账户的基础上，由国家承担应负的社会统筹账户基础养老金兜底责任后，需要做实个人账户。因为积累制的个人账户部分实际是对名义账户部分养老金的补充，我国的操作应如瑞典，先做实比例较小的个人账户，再考虑扩大个人账户份额，个人账户的比例与基本养老保险制度的最终取向应当是一致的。

二、养老信托

1. DB 模式与 DC 模式

现有的社会保障基金模式主要有三大类，即：一类是待遇确定型现收现付制或称受益基准制（Defined Benefit，简称 DB 型）；一类是完全积累制或称缴费确立型（Defined Contribution，简称 DC 型）；一类是 DB 型和 DC 型的混合型。

当前，主要的社会保障模式及代表国家如表 3-1[1]所示：

---

〔1〕 郑则鹏，刘慧博. 美国、瑞典、智利典型养老信托浅释与借鉴意义[J]. 湖北社会科学，2011(12)：61.

表 3-1　当前主要的社会保障模式及代表国家

类型	DB 模式	DC 模式		DB、DC 混合模式	
		中央公积金制	智利模式	半累积制	名义账户制
主要国家	主要少数发达国家	原英国殖民地国家	智利为代表的众多拉美国家	美国、中国	瑞典、波兰、意大利、拉脱维亚、蒙古、吉尔吉斯

如上表所示，瑞典实行的是“名义账户制”，优势是融合了现收现付制和积累制的两类制度安排的优点，用 DB 模式的融资方式复合 DC 模式的支付方式；而我国社保制度设计的框架属于“半积累制”，虽然也是 DB 和 DC 的结合，但由国家掌握现收现付制的那部分基金。

2. 养老信托基金

当前，瑞典的养老金体系的构成如图 3-2[1]所示：

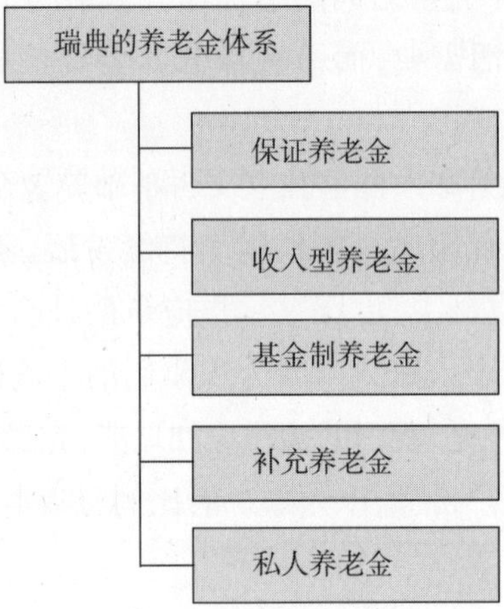

图 3-2　瑞典的养老金体系的构成

自 19 世纪开始建立以“济贫法”为代表的社会保障制度开始，1913 年瑞典颁布全国养老金法案，首次提出“养老金”的概念，并在全国范围内建立起普遍性的缴费养老金制度，1934 年建立国家资助失业保险制度，1946 年颁布老年、遗嘱和残障养老金制度，其间还安排和实施了强制性健康保险法等众多法案及制度，直到 1998 年瑞典养老金名义账户的改革，标志着瑞典

[1] 郑则鹏，刘慧博. 美国、瑞典、智利典型养老信托浅释与借鉴意义[J]. 湖北社会科学，2011(12)：62.

养老金体制进入了新时代。上图中，国家规定可以进行投资的是后三个部分，即基金制养老金、补充养老金和私人养老金。其投资范围和投资比例比较灵活，可投资于全球市场，资金总量的80%主要投资于股票市场，10%投资于政府债券，其余的则投资于对冲基金、自营公司股票等方向。养老金管理局直接管理总资金额度25%的资产，主要负责投资债券和本国股票市场，另75%的资产则委托给专业投资机构。瑞典作为福利型国家，其社会养老基金运作在没有改变大体框架的前提下，仍在进行着渐进而温和的改革，效果十分明显。

3. 信托投资公司

首先，讨论的前提是资本市场的完善。现行国际主流养老信托投资方向的主要特点是将养老资金主要投资于资本市场。养老基金投入资本市场，不仅为其提供资金供给，而且有助于金融创新和市场治理水平的提高。养老信托资金作为民生的一个重要方面，需要在相对安全的保障下进行投资获益。唯有不断提高资本市场的成熟度，为养老资金的安全运营创造必要的市场环境，才能实现养老信托资金保值、增值的目标。

其次，建立专业从事养老金管理的信托投资公司。养老金的投资需要针对性极强的专业化机构并根据养老金的特点，培养一个专业化的团队进行多元化的投资，以保证其稳定的回报和资金使用的效率。当前，我国的金融体系是以商业银行为主导的，与拥有完善资本市场的发达国家有着很大的差异，还没有很好地发展起真正意义上的信托公司、信托机构。20世纪90年代我国各省仅允许设立一家专业的信托公司，队伍虽然也发展壮大，但是还没有形成总体上有效的市场竞争优势。

郑则鹏等人撰文认为，养老信托业务最能体现信托本原，美国、瑞典和智利等比较典型的养老信托业务和较发达国家的养老信托的发展过程，分别呈现了DC、DB及两者混合模式的多层次特点，这对于完善我国养老信托资金的基本结构和资本市场，建立专业从事养老金管理的信托投资公司具有借鉴意义。

三、多支柱社会养老保险制度[1]

通过对世界各国的养老金模式的回顾发现，多层次的养老金框架是

---

〔1〕 谢彦，陈舒超. 中国与瑞典多支柱社会养老保险制度对比研究［J］. 辽宁行政学院学报，2012(10)：94－95、98.

现行的主流趋势。世界银行新近提出来的多层次、多支柱养老金体系架构已经扩充为“五个层次”,比传统意义上的“三个支柱”体系更加稳定,更具有优势,也更能优化市场资源。世界银行提出的养老金“五支柱”体系如图3-3[1]所示:

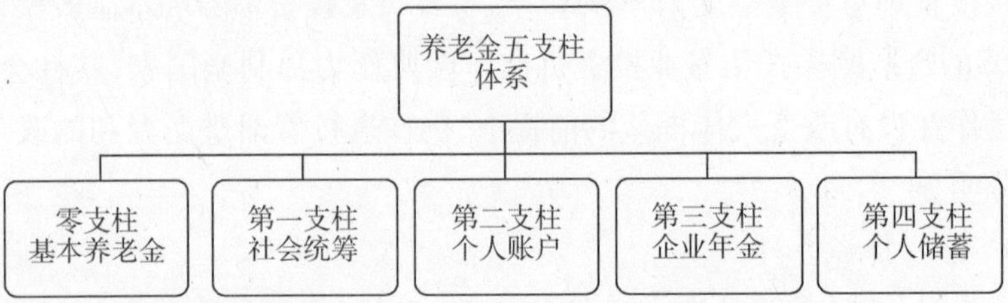

图3-3　世界银行提出的养老金“五支柱体系”

1. 瑞典的制度概述

其一,制度框架。瑞典的社会保障体系按资金来源、作用不同可分为三个层次,也称“三大支柱”。一是以维持公民最低生活水平为依据的国家保障基金,即国家养老金;二是以维持日常生活标准的延续为基点的职业养老金,即职业养老金;三是以个人收入作为补充的个人养老金,即收入养老金。这三大支柱的养老金来源并不相同:第一支柱主要来自居民上缴给国家的义务保险费;第二支柱来自不同的部门和企业;第三支柱是对上述两支柱的补充,使第一、第二支柱的保障目标更加完善。三者资金来源尽管不同,但是均由国家统一管理、调配和合作,它兼顾了政府、企业、个人的三者利益关系,与政府分配、社会保障措施的个人能力相结合,构成了相互作用、互为补充的有机整体,形成有效的养老金保障体系。

其二,制度优势。从实施效果看,瑞典的制度改革基本达到预定目标。主要体现在三个方面:一是政府、企业和个人分工明确。政府、企业和个人有了明确的责、权、利的分工,老有所养真正落到实处。二是养老金替代率设置合理。改革引入辅助养老金,通过收入辅助养老金特别是企业年金,退休者可以获得至以前工资80%的养老金,其生活质量大大提高。企业年金的发展是瑞典社会保障制度引入竞争机制和私营化的突出表现。约有90%以上的瑞典退休人员可集聚自己的企业年金。三是谨慎投资,增加收益。

[1] 郑则鹏,刘慧博.美国、瑞典、智利典型养老信托浅释与借鉴意义[J].湖北社会科学,2011(12):63.

政府牵头，将部分养老金投资于高风险、高回报的投资品种或低风险、低回报的以保值为目的的基金。这笔资金投入市场时，政府除有专门的管理机构进行管理外，还对职工企业年金的投资运营，实行严格的监督，确保缴费人和受益人的利益。

2. 我国与瑞典多支柱社会养老制度的对比及其启示〔1〕

瑞典是全球经济发展最成功的国家之一，1999年以来，改革养老金体制获得较大成效，被誉为全民养老金的典范。针对我国养老保险制度中存在的问题，借鉴瑞典养老金体制的优点，通过对比研究得出启示并提出改进我国养老保险制度的建议是十分有益的。

其一，坚持统账结合，做实个人账户。我国的改革路径是“现收现付+基金积累制=多支柱”。做实养老金个人账户应把握的原则，一是实行各省市都给补助的政策，促进各地做实个人账户；二是考虑各地经济发展和财力情况区别对待，确定不同的补助比例；三是建立做实与补助的激励机制，对地方财政配套提出明确要求。

其二，建立退休养老金待遇与个人工龄、工资等挂钩的激励机制。瑞典的制度改革优点在于，通过实现退休养老金待遇与个人缴费紧密挂钩，不断增强参保人员的缴费意识，防止恶意欠费和逃费，增加养老金收入。我国《关于完善企业职工基本养老保险制度的决定》中已经有所体现，并逐步形成了缴费的激励约束机制，建立起延迟退休的引导机制。

其三，逐步构建覆盖全体国民的基本养老金体系。考虑建立一种“最低养老金制度”，以保障履行了缴费手续，但退休后养老金待遇比较低的人员，在退休后都能获得一份达到一定水平、较为体面的养老金。在适当时机建立起覆盖全体国民的基本养老金制度。

其四，开辟养老保险基金进入资本市场的途径。我们可以将统筹账户和个人账户分离，确保个人账户上养老金的投资增值。增加人们对社会保障体系建设的信心，并为社会保障体制的进一步改革打好基础。

3. 我国多支柱社会养老保险制度的框架及面临的挑战

当前，我国实行的是“社会统筹与个人账户相结合”的基本养老保险制度。我国现行养老保险体系是由政府主导并负责管理的基本养老保险构成

---

〔1〕 郑则鹏，刘慧博. 美国、瑞典、智利典型养老信托浅释与借鉴意义[J]. 湖北社会科学，2011(12)：51.

的职工养老保障体系、政府倡导但由企业自主发展的企业年金或团体养老保险构成的养老保险体系、个人自愿购买养老保险的养老保障体系的"三个层次"或"三个支柱"。当前的挑战主要是:一是第一支柱趋于夯实,但不够坚固。社会统筹养老金收不抵支,该缺口部分只能将收缴的积累制的个人账户资金现收现付,使得个人账户基金实际上并未形成积累,个人账户空账运行的情况难以缓解。二是第二支柱势头较好,但发展不足。企业年金仍处于零星发展的状态,还难以起到独立支柱的作用。三是第三支柱受到重视,但缺少规范,第三支柱的发展仍处于起步阶段。

第二部分

社会化养老的“苏州模式”

……各种政策和行动应出于一种决心：使数量上的发展过程具有质量上的内容和含义，以确保世界范围内个人寿命的普遍延长将能伴同着致力于使人都感到寿命延长后生活仍然充满意义和有所作为，并保证人们在到了某一年龄之后不被贬低到一种无足轻重的消极地位。

——《老龄问题国际行动计划》第31段（c）

第四章

社会化养老的苏州背景

在社会家庭小型化、人口深度老龄化、老龄人口高龄化、高龄人口空巢化的严峻形势下，各地都在探索建立与人口老龄化进程相适应、与经济社会发展水平相协调的社会养老服务体系。优化整合养老服务社会资源，率先形成以家庭为基础、社区为依托、信息化为辅助的城乡社会养老服务体系。

第一节　老龄化现状

当前，苏州市人口老龄化的基本状况及特点是：人口老龄化速度快；老年人口高龄化趋势明显；处于“空巢期”的老年人增多；人口老龄化超前于经济发展；老龄人口中男女性别比例严重失衡。我们必须做好老年人口总数的预测工作，为养老服务事业的发展规划提供科学依据。

一、快速老龄化

根据联合国教科文组织的定义，65 岁以上的人口占总人口比重的 7% 至 14% 为老龄化社会，而在 14% 以上则为高龄化社会。苏州市从 1982 年开始步入老龄化社会，早于全省 4 年，早于全国 17 年。

1．“十一五”发展的背景

据苏州老龄事业“十一五”发展规划，到 2005 年末，全市 60 岁以上的老年人超过了 107 万人，占总人口的 17.4%，预计到“十一五”期末将达到 125 万，进入人口老龄化的高潮期。全市老年人口具有基数大、增长速度快、高龄化显著、超前于全国和全省人口老龄化进程等特点。

2．“十二五”面临的形势

根据苏州市老龄事业发展“十二五”规划，到 2010 年底，全市 60 周岁以上的老年人已达 131.7 万人，占总人口数的 20.7%，预计到“十二五”期末将达到 150 万。规划指出，2011—2015 年，是苏州市老龄化发展的加速期，也是苏州市全面建设“三区三城”，着力改善民生、实现城乡一体化的重要时期。

同时，据苏州市基本养老服务体系建设“十二五”规划预测，按照老年人口每年净增 4.5 ~ 5 万的速度，预计 2015 年苏州老年人口将达到 155 万，2020 年达到 180 万，届时老龄化比重将高达 26.4%，在人口快速老龄化的同时呈现深度高龄化的特征。

二、高龄老龄化

1. 高龄化社会

从苏州“十一五”发展的背景来看，2008 年年底，苏州全市 60 周岁以上老年人 121 万，占户籍总人口的 19.2%，高于全国老龄化比重 7.2 个百分点，高于江苏省老龄化 2.7 个百分点。其中，70 岁以上的高龄老人已达 57.2 万人，占全市老年人口总数的 47.3%；80 岁以上的占老人总数的 14.2%，进入高龄化社会。[1]

2. “井喷式”增长

据苏州市民政局老龄委老龄办提供的资料，来自苏州市公安局的统计结果显示，截至 2012 年 12 月 31 日，苏州老年人口数再攀新高，达到 144.3 万人。全市户籍人数 647.8 万人（比 2011 年增加 5.5 万人），60 周岁以上老年人数 144.3 万人（比 2011 年增加 7 万人），占户籍人数的 22.3%。

其中：60 ~ 64 周岁 45.8 万人，65 ~ 69 周岁 33.9 万人，70 ~ 74 周岁 24 万人，75 ~ 79 周岁 19.2 万人，80 ~ 89 周岁 19.2 万人，90 ~ 99 周岁 2.2 万人，100 周岁以上 371 人。

三、空巢老龄化

1. 基本特点

综合分析来看，2012 年苏州老龄人口结构呈现以下特点：

一是超常增长。2005—2011 年，全市老年人数年均增加 5 万人左右、年递增 0.5% ~ 0.7%，而 2011—2012 年老年人数净增加了 7 万人、递增幅度达到 0.9%。

二是低龄老年人增长幅度明显。全市 60 ~ 69 周岁的老年人数、占老年人总数的比例，由 2011 年的 74.3 万、54.1%，增加到 2012 年的 79.7 万、

〔1〕 张艳. 社区养老服务设施建设探讨——以苏州为例[J]. 湖南财经高等专科学校学报，2010(3)：24 – 26.

55.2%,净增加了5.1万人、1.1%。

三是高龄老年人数量继续增加。全市80周岁以上老年人数,由2011年的20.3万增加到21.4万,占老年人总数的比例由15%下降到14.8%。

四是空巢独居老人数量较高。全市空巢老人总数为49.8万人,其中,独居老人17.5万,两人户的老人32.3万。而70周岁以上的空巢独居老人数达到26.2万人,占40.6%。

2. 综合特征

近年来,苏州人口老龄化,老年人口高龄化,高龄人口空巢化日益严重,将直接导致劳动年龄人口比例下降,社会供养系数上升,家庭功能弱化,社会养老负担加重,老年基础设施和满足老年人特殊需求的老年产业急需发展,社区照料服务需求迅速增加,老年人对精神文化生活的需求呈现出多样性,给经济社会发展带来广泛深刻的影响。

我们结合苏州实际,并从以上这些综合特征来看,针对性地解决老龄问题,满足老年人日益增长的物质文化需要,实现老龄事业与经济社会协调发展,已经成为全面建成小康社会和构建社会主义和谐社会的一项重要任务。

第二节　养老需求实证分析

对于"人口老龄化",联合国《人口老龄化及其经济社会影响》(1956年版)定义为:一个国家或地区是否进入老龄化社会可以依据两个标准,一是60岁及以上的老年人口数量是否占总人口的比例10%以上,二是65岁以上的老年人口数量的比例在7%以上。世界性的人口老龄化是"历史上未曾出现的社会现象"。从根本上说,这种社会现象是医疗进步、教育水平明显提升和经济发展的直接成就,也是公共卫生事业改善的有力证据。但另一方面,人口老龄化对任何国家来说,都将是一项严峻的挑战。美国人口调查局报告《老龄化世界:2008》中指出,未来十年内,全球65岁及以上人口数量将首次超过5岁以下儿童人口数量,这个重大转变将给所有的家庭和政策制定者带来诸多棘手的问题,这就是如何照顾孤苦伶仃的老人们、如何向这些空前的老龄人口支付养老金等,以及如何在确保社会福利方案长期可行的同时,尽量减少其对经济的不利影响。根据第六次全国人口普查的数据,苏州市1 046万人的常住人口中,60岁及以上的人口为133.45万人,占全市总人口的12.76%,而65岁及以上的人口为88.92万人,占总人口的

8.5%。显然,苏州市人口老龄化的特征已经十分明显。[1]

一、外来化和老龄化视角

以苏州市木渎镇为例,丁志刚的调研表明,外来化和老龄化必将是困扰新时期苏南城镇发展的两个重大难题。[2]

1. 外来化:城镇发展难以承载之重

随着城市化和工业化进程的加速,以及经济体制的不断改善,巨大的人口潮涌从农村进入城市。其中,最主要的流向是从中西部地区向东部比较发达的地区流动,是从广大的农村地区流向城镇相对密集的地区。经济比较发达的苏州地区目前已经成为外来人口的主要流入地之一,这对于当地的社会经济发展产生了很大的影响。当然,从外来人口在转型时期产生的重大问题来看,既具有复杂的社会经济文化背景,又是户籍管理制度、劳动就业制度以及社会保障制度与现代化、市场化和城市化冲突的结果和表现。而从流出户籍地的动机开始,直到能在城市安居乐业,外来人口有一个很长的需求链条,涉及方方面面。当前,各级政府已经意识到做好流动人口管理和服务工作的重要性,也都愿意做好这项工作,但由于认识的误区、制度的冲突、体制的障碍,往往有时不知所措。外来人口的到来对当地社会治安、劳动保障、计划生育、基础教育等公共管理与服务部门提出了新的要求。

以苏州市木渎镇社会群体发展情况为例,木渎镇位于太湖之东,坐落于灵岩山麓,隶属苏州市吴中区,是一个历史悠久、经济发达的江南古镇。木渎镇向东、向北与苏州国家高新技术开发区相接,南邻横泾、越溪,西接胥口,东距吴中中心城区约11公里。胥江运河、苏福公路横贯东西,木东公路纵贯南北,交通便捷。木渎镇历来是吴中区工业、商贸、教育、文化、旅游、交通重镇,长江三角洲地区著名的“新型示范小城镇”。2001年被评为江苏省历史文化名镇,2002年被首批命名为全国城建“文明小城镇示范点”,2005年被评为中国历史文化名镇。随着木渎镇社会经济的快速发展,外来人口呈现持续增长态势,至2006年年底,已登记外来人口161 030人,比2005年129 265人增长31 765人,增长率达24.6%。而截至2006年年底,木渎60岁以上人口达到8 325人,占总人口比重为14.24%,已经进入了高龄老龄化社会。分析外来人口不断增长的原因在于,随着苏州地区经济的高速发

---

〔1〕 何艳,张斌:苏州市人口老龄化问题及对策研究[J].上海商学院学报,2012(5):67-70.

〔2〕 丁志刚.外来化和老龄化:社会群体视角下苏南小城镇和谐发展研究——以苏州市木渎镇为例[G]//和谐城市规划——2007中国城市规划年会论文集.2295-2305.

展，大量外来人口注入，加之木渎镇的区位优势，交通便捷，除了自身产业发展吸引到外来人口外，由于木渎房屋租赁价格相对便宜、出行比较方便，因而也吸引了大量的外来人口。木渎在册登记的 22 万人口中，外来人口 161 030人，当地户籍人口 57 961 人，外来人口的数量达到本地居民的 3 倍以上。木渎镇外来人口分布及其密度如图 4-1 所示。虽然每年如潮涌般的外来人口给木渎经济建设和社会发展提供了强大的动力，但也正是每年剧增的外来人口给城镇的人口管理与社会治安维护带来了巨大压力。仍然以木渎镇为例，2006 年木渎镇外来人口年龄构成的占比为：20 岁以下的占外来人口总数的 10%，21 ~ 30 岁的占 61%，31 ~ 40 岁的占 23%，41 ~ 50 岁的占 4%，51 ~ 60 岁的占 2%，而 60 岁以上的只占 0.02%。

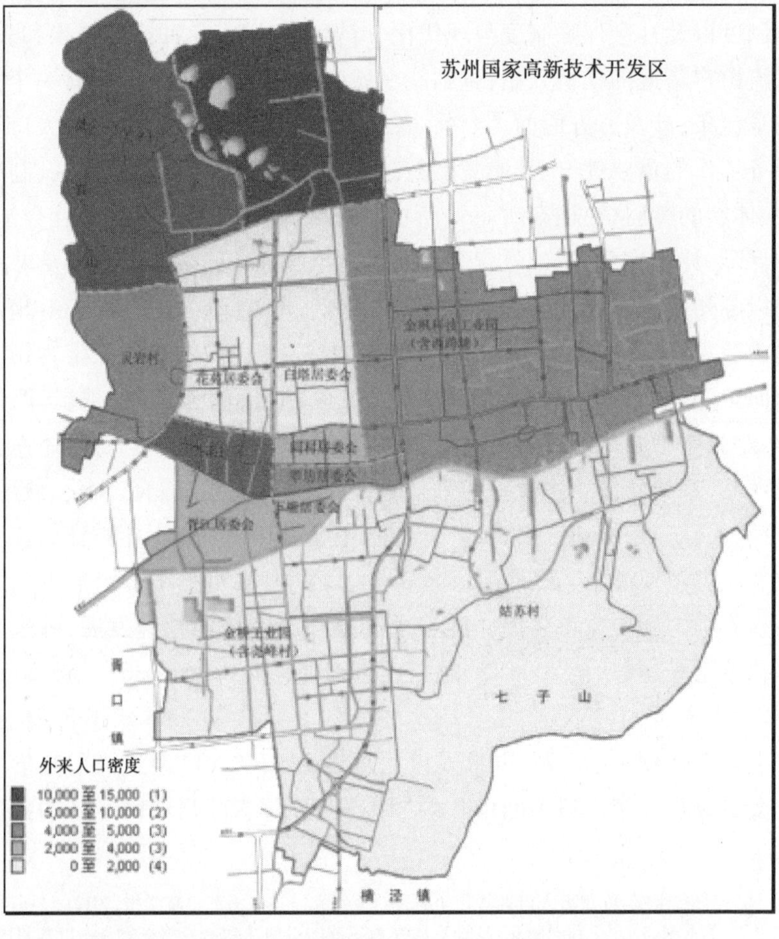

图 4-1　苏州市吴中区木渎镇外来人口分布及其密度示意图

2. 老龄化:城镇人口发展之必然性

苏南城镇人口动态变化最明显的就是人口快速老龄化和高龄化。这一趋势必将影响到当地社会经济发展规划和相关政策的调整。事实上,有些影响已经呈现出负面性。例如,老年脆弱人群的扩大,生活困难的退休老人增多,从而在一定时期形成相对贫困的老年人群。从人口学角度分析,人口学家将人口老龄化分为两种不同的情形,即"底部老龄化"和"顶端老龄化"。从人口老龄结构的演变来看,苏州整个地区的人口老龄化是由"底部老龄化"和"顶端老龄化"共同作用产生的。应当指出的是,老年人口比例只是反映了人口年龄结构的变动趋势,并不足以说明人口老龄化和年龄问题的真实内涵。因为人口问题的本质是发展问题,更具体地说,是社会经济问题,它的解决最终有赖于社会经济政策的设计和调整。

以苏州市木渎镇为例,本地居民老龄化问题突出。木渎户籍人口动态变化的一个显著特征就是人口的快速老龄和高龄化。截至2006年年底,木渎60岁以上人口达到8 325人,占总人口的比重为14.24%,已经进入了老龄化社会。从1964年、1990年、1996年和2006年的人口年龄构成比较分析,50岁以上的人口呈现逐年增加的状况,1964年的人口老龄化系数为5.1%,1990年为9.7%,1996年为11.5%,1964—1990年的26年间年均增长0.18%,1990—2006年的16年间年均增长0.3%。同时,80岁以上的人数从1964年的45人增加到2006年年底的836人。人口年龄结构从开始的"圣诞树型"越发向"橄榄球型"转变。与此同时,从2006年的人口年龄结构分析预测,不到10年的时间里,木渎的老龄化趋势将达到25%以上。从这一人口老龄化趋势得出,现有问题仍然较多,应对措施尚未完全到位。一是社会养老保障水平较低、城乡差距明显。其城镇社会保障和农村社会保障相对较完善,对老龄人口的社会保障基本全覆盖,但以往遵循的"广覆盖、低门槛、低标准"原则,造成实际的保障水平比较低,城乡差别仍然较大。二是家庭小型化、核心化,空巢家庭日益增多,传统的居家养老模式面临严峻挑战。苏州落实国家计划生育政策一直以来走在全国前列,随着该政策的实施到位,自20世纪80年代后期开始,苏州地区出现人口负增长趋势,家庭人数不断减少,日益向小型化、核心化方向发展。木渎的这一趋势也较明显。而且随着经济和城镇化发展,木渎农村许多青壮年来城镇学习工作和居住,但老年人仍住在农村,出现家中唯有老年人的空巢化现象。三是公园绿地以及养老服务设施相对缺乏。木渎镇2007年绿化用地面积105.11公顷,占建设用地的6%,人均6.1平方米。其中公共绿地40.53公顷,人均2.4平方米,主要是木渎公园、翠坊公园及老镇区内几处街头绿地,镇区内还有几处苗圃用地共64.58公顷,整体人均绿地指标偏低,老年人锻炼身体常去的街头绿地和小公园比较少。此外,老年服务事业存在的问题主要是养老服务设施不足,老年服务设施和网络建设滞后于社会发展的需要。

从发展思路的全面调整和应对策略来看,木渎和谐社会的构建最大的难题就是外来人口过多、本地居民老龄化的趋势和当地失地农民的利益保护,其解决方案需要包括产业发展、人口政策、城镇规划建设等方面,进行全方位的综合思考和全面调整。唯此,才能科学发展、和谐发展。在人口管理方面,木渎需要切实对外来人口与本镇经济社会发展的关系进行深入思考。一方面,大量的外来人口给本镇经济发展注入了活力,且以年轻人为主体的人口结构,让本镇充分享受了人口红利——充足的劳动力供应,以及负荷较轻的社会保障压力;另一方面,大量的外来人口特别是外来无业人员,给当地的和谐社会发展特别是城市管理带来严峻考验。社会经济效益与外来人口呈现明显的"倒U型"(如图4-2所示),如何找到最佳的社会经济效益的区间显得十分重要。人口管理时期,要保证在木渎工作生活的外来人员在社会福利上享受平等待遇,并最终要取消他们的户籍限制。

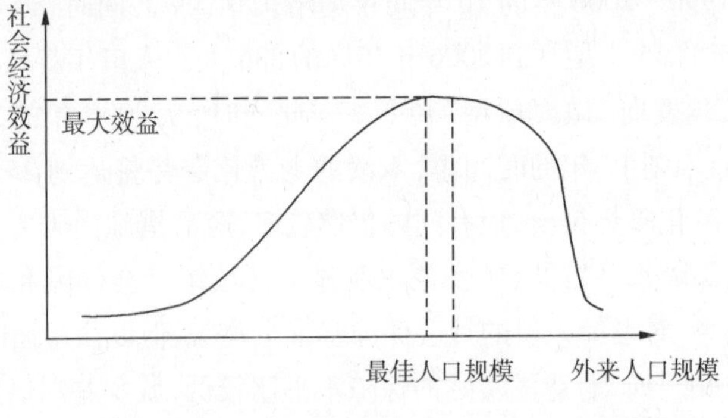

图4-2 社会经济效益与外来人口的倒U曲线图

(引自:丁志刚.外来化和老龄化:社会群体视角下苏南小城镇和谐发展研究——以苏州市木渎镇为例[G]//和谐城市规划——2007中国城市规划年会论文集,2295-2305.)

苏州人口老龄化带来的经济和社会影响,一是人口老龄化将会降低劳动生产率,二是人口老龄化不利于产业结构的调整,三是人口老龄化会加重个人的税负水平。为此,除采取合理的人口政策外,一方面要加快养老保障模式转变,积极开发老年人力资源,力争实现积极老龄化,健康老龄化,另一方面要加快老龄服务产业，培育新的经济增长点，创新养老方式，提高完善养老服务体系。苏州市要大力倡导与经济社会发展和改革开放相适应的新的养老观念，树立社会服务进家庭的意识。倡导邻里之间、老年人之间、亲友之间互相帮助，建立邻里亲友助老网络。积极探索开发老年宜居住宅和代际亲情住宅，鼓励老年家庭成员共同生活或就近居住，减少“空巢”现象；强化尊老爱幼家庭美德建设，从而提高老年人居家养老的幸福指数。[1]

二、城市社区养老的新路径[2]

1. 社区养老服务面临的几大问题

苏州目前老年人口比例已逾20%，远超过全国平均水平，并且呈现增长快、高龄化、空巢化等趋势。苏州大学社会学院耿亚男、宋言奇(2011)的实地调研显示，尽管苏州政府高度重视社区养老服务，确立了区—街道—社区三级社区养老服务体系，实现多层次与宽领域的服务覆盖，旨在提高老年人生存质量和生活水平，满足老年人的需求，但由于正处在起步阶段，社区养老服务发展仍然面临着一些问题。

其一，社区养老服务供给与老年人需求之间存在着不平衡。目前在苏州，绝大多数社区仍以老年人的基本生活需求为服务重点，未能普遍地落实高层次的服务，服务单一且层次偏低。虽然有一些社区能提供高层次服务，但相关服务却很少有人“买单”，社区养老服务与老年人需求之间产生错综复杂的供需矛盾。随着生活水平不断提高，老年人的需求层次越来越高，已不仅仅是满足于简单的生活照料，他们对精神慰藉、法律咨询、社会参与等精神层面的需求日趋迫切，需求呈现出多样化与高层次的趋势。

出现供求矛盾的主要原因是：部分社区缺乏对老年人需求的动态管理意识，停留于计划经济思维，没有意识到老年人需求正由低层次、单一化向高层次、多样化转变，服务还停留在老年人的温饱照料上，忽视对老年人生活质量改善的关注；部分社区虽然意识到老年人需求的变化，也致力于提高老年人的生活质量，想提供高层次的服务，但苦于资金、政策、场所等现实条件限制而难以落实；部分老年人知道社区提供的高层次服务，由于自身经济条件或服务收费等原因，难以支付这些服务项目费用。今后要重点解决的是，如何在满足老年人基本需求基础上，让老年人享受到社区实惠的高层次

---

〔1〕 何艳，张斌．苏州市人口老龄化问题及对策研究[J]．上海商学院学报，2012(5)：67－70.

〔2〕 耿亚男，宋言奇．城市老龄化时代社区养老的新路径——基于苏州地区的实证调研[J]．上海城市管理，2011(1)：69－73.

服务，以实现社区养老服务供求平衡。

其二，匮乏的人力资源与庞大的老年群体需求之间存在着“缺口”。人力资源数量与质量是社区养老服务能否持续发展的一个重要因素与基础支撑。目前在苏州，相对大量的老年人口以及衍生的需求，社区养老服务人力资源极度匮乏。在社区基层，社区养老的管理人员一般一个社区只有一人，而且大多数还是身兼数职。社区养老服务是一个系统工程，其人力资源包括直接提供服务的工作人员、社区养老的管理人员、社会工作者以及志愿者群体等。由于社区工作量大，大多数时候，他们还得从事许多“份外之事”。直接提供服务的工作人员目前也极少有专职性质的，基本上属于家政范畴。社会工作者的人数也就更少。而且整个人力资源队伍不完备，结构单一，缺乏体系，督导机制几乎没有。这种状况不仅影响到工作效率，而且也影响到养老服务的水平与质量。

为应对养老服务人员的严重匮乏，苏州政府引入中介组织参与养老服务，试图缓解“人力荒”，这种做法在一定程度上缓解了人力资源危机，但从长远看，只是杯水车薪。一方面，这些中介人员是以四五十岁为主的下岗再就业职工或外来务工人员为主，文化层次低，没有接受专门培训，服务范围和服务内容有限，大多只是提供低层次的服务，如洗衣、做饭、陪同就医等。养老服务人员人力资源的不足，却还同时存在着大量社区养老服务人员人力资源流失的现象。很多年轻的社会工作者认为毕业后到基层从事社区养老工作难以实现个人价值，不愿从事，或只是把此项工作当作“跳板”来弥补基层工作经验，一旦机会成熟便毫不犹豫地离开社区，这些人难以在社区“扎根”，更加导致了基层社区养老服务人员“人力资源荒”。

其三，社区自身具有很大发展潜力与社区能动性受限之间形成反差。在现实中，尽管社区有着各种优势，但是社区能动性往往受到忽略，优势难以发挥出来。一是社区自治被虚化。当前大多数社区已经沦为行政管理任务的“腿”，社区（居委会）负责大量的计生、治安、劳保等工作，“上有千条线，下有一根针”，大量的“线”都要从社区这根“针”穿过，社区疲于应付各种事务，而在真正自治的养老环节却难以投入大量精力。这与我国法律规定的社区是自我管理与自我教育的自治组织相差较大。二是社会资本被忽视。社区养老服务基本上依靠政府推动，社区的主体性与社会资本的作用被大大忽略。结果，面对严峻的养老形势政府应对得“焦头烂额”，而社区大量的社会资本却没有得到很好的利用，资源配置没有很好地实现优化。尽管我国政府高度重视养老服务的发展，但是在调动社会资源参与方面，尤其是发挥社会资本作用方面，仍然有许多不足。三是社区间缺乏耦合。社区之间在养老服务中基本上处于“各自为战”状态，造成资源的极大浪费。在现实中，缺乏科学的引导以及合理的考核机制。尽管有的社区“软件”资源方面有优势，有的社区硬件设施有优势，但是在社区养老服务中，要实现老年人老有所乐、老有所为方面，由于没有创造条件让社区之间相互合作，把各个社区资源整合起来，从而发挥自身的比较优势，其整体效益并不是最高。由于没有实现资源的有效配置，就难以发挥 1 +1 >2 的效应。

应当清醒地看到，尽管社区处于社会管理的神经末梢，在区—街道—社区三级体系中，社区却是最有潜力的一级，其主要职能是配合街道负责养老服务的落实，担当养老服务的载体。社区关乎人的生活，最贴近老年人，具有正式机构所没有的灵活性；同时，社区有着大量的社会资本，它不仅是生活场域，还是生活家园，在精神慰藉方面有着其他主体无法替代的优势，而这恰恰是养老服务最需要的。

2. 完善社区养老服务的几点建议

其一，完善社区养老规划。社区养老也应有一种总体性和前瞻性的规划。现场调查发现，当前的社区养老服务事业基本上处于一种“头痛医头、脚痛医脚”的状态，服务工作总被实践发展“牵着鼻子走”，缺乏主动引导。一是有必要对社区的养老资源开展系统调查，使得提高服务工作有科学依据。二是有必要对老年人的养老需求做系统调查，使得资源配置有的放矢。三是社区间资源的系统调研，加强相互耦合，避免“大而全、小而全”的资源浪费。对现实的和潜在的养老资源，特别是 50 ~ 60 岁的人员分布等要定期向社会公布，强化信息化基础下的动态管理。养老事业是一项特殊的社会事业，具有公益性和微利性特征。苏州高度重视养老事业，苏州政府先后出台《苏州市加快发展养老服务事业的意见》《苏州市人民政府办公室关于促进社区服务业发展的若干意见》等相关文件，并对社会资金开设养老机构以及推进养老服务，给予一定补贴和相关的政策支持。这些支持对养老服务和养老事业的发展都起到了一定的积极作用。

其二，强化人力资源管理。一要提升现有养老服务人员的专业化水平。养老服务人员应通过专门培训，学习养老专业技能知识。可以街道为单位邀请相关专家和护理师进行授课，或定期不定期举办讲座，重点讲解相关的理论和实务技巧。特别是结合新时代老年人的生理和心理特点等内容，强调对老年人的精神慰藉、社会参与、法律咨询等高层次需求的服务手段更新，及时给养老服务工作人员“充电”，提升其服务档次和服务品质。系统讲授老年问题的处理方法、技巧和注意事项等，不断提高工作效率和专业化水平。以社区为单位，利用本社区资源，组织有经验的社区养老服务工作者进行“一对一”传帮带辅导，既传授工作经验，又加强工作督导，随时纠正服务工作的偏差。二要完善社区养老服务人力培养体系，挖掘现有的社区养老服务人力资源。一是培养一支具备现代社区养老服务理念、知识、方法和技巧的专业化队伍，走一条专业化和职业化的道路。有条件的职业学院可设立养老服务专业，有条件的高校和专科院校可设立社会工作专业。通过学习让学生们掌握精深的养老服务专业知识与技能。同时强化基层激励保障机制，吸引养老服务人才与社会工作者下基层“扎根”基层，避免人才浪费。通过相关政策的扶持，使这些人才“留得住，流得动，扎得下，用得上”。二是打造一支制度化、常规化与规范化的社会志愿者队伍。为避免“外行帮忙、越帮越忙”的现象，有必要建立专门机构对志愿者进行统筹管理，统一分配，合理配置资源，实现服务的均衡化与普及化。依托各种基地加强对志愿者的培训，坚持阶段性培训与长期性培训相结合，提高志愿者素质，改进其服务态度和服务水平。倡导政府拨款、企业和社会赞助、个人捐款等方式募集资金，设立养老志愿基金，为养老服务事业的公益化打下良好基础。

其三，细化社区合理分工。一是在社区养老服务中，要明确并发挥好政府的主导者、扶持者以及协调者作用。政府必须做好主导工作，大力发展养老服务事业应成为政府义不容辞的责任，必须立足于整个城市的社区养老服务事业发展，在全局上把握社区养老服务的职能、作用范围和总体框架，在养老服务需求的评估、养老服务供给方面的监督管理等领域发挥主体作用。政府还必须做好社区养老服务各方面的扶持工作，例如资金拨款项目、活动经费支持、提供社区服务补贴和奖励等，保证社区养老服务事业资金充足。同时，政府应加大政策扶持力度，对社区养老给予一定的政策倾斜等，边工作边做好协调，吸引、鼓励、倡导多方力量的加盟，形成企业、社会组织和个人等各方关系的协调局面。二是在政府宏观统筹基础上充分发挥社区在养老服务中的能动作用。社区拥有雄厚的地理优势和社会支持，拥有居民生活小区的自然资源和卫生环境，社区附近的运动广场和公园等外延资源丰富。亲人、家庭、邻居和老年人委员会等，这些作为自治组织的社会支持系统能够为老年人提供便利服务，部分解决老年人的养老困难，有利于缓解正式机构的养老压力。深入挖掘社区的资源潜能,发挥其能动性,与政府和社区养老正式组织之间形成合力,可以共同提高老年人的生活品质。

3. 城市社区养老模式的转变

老龄化催生养老方式转变是一种必然趋势。目前我国养老服务的模式主要有三种:家庭养老、机构养老和社区养老。其中,家庭养老是指老年人进入老年期之后的很长一段时间内,都与子女或孙子女在相互照料的状态下生活,而机构养老则是家庭养老的辅助模式。社区养老则是指把社区看作家庭养老之外的养老最重要的媒介和载体,动员和运用社区资源,突破家庭的束缚,通过社区为区内老年人提供养老所需要的各种需求和服务,从而实现养老的社会自治。据国家统计局发布的"2008 年国民经济和社会发展统计公报",截至 2008 年末,我国 60 岁以上人口达 15 989 万人,占全国人口总数的 12% ,65 岁以上人口达 10 965 万人,占 8.3% 。通过苏州人口和计划生育委员会等部门调研拟定的研究报告预测,21 世纪前三十年,除个别年份外,苏州市老年人口将持续增长,其中 2010—2017 年以及 2020—2030 年老年人口将快速增加。老年人口总量将由 2010 年的 129.3 万上升至 247.7 万,老年人口所占比重由 18.5% 上升至 37.4% 。面对世界人口老龄化愈演愈烈的趋势和我国人口老龄化的严峻形势,城市养老模式正在发生着悄然的变化,社区养老必然逐步走入人们的视野,它以独有的平民性和便宜性有效地整合社区资源,带给老年群体全新的养老体验。从我国各地区差异来看,苏州地区的老龄化发生的更早,而且更严重,解决苏州地区老年人口的养老问题迫在眉睫。就城市而言,唯有转变社区养老模式,从政策支持体系的建立、软件硬件设施的完善、分层次养老服务体系的建立以及再就业养老等多个视角出发,有针对性地完善社区养老服务的对策,并使其成为一个具有中国特色的新型养老模式。〔1〕

三、完善养老档案工作的思考〔2〕

面对老龄化的挑战,社区养老服务必将发挥积极作用,社区养老档案作为开展社区养老服务的依据,对于总结、指导社区养老工作意义重大。社区养老档案作为社区养老实践的历史记忆,既对总结、指导社区养老工作具有

〔1〕 张凌晨. 人口老龄化背景下城市社区养老模式探析——以苏州市 B 社区为例[J]. 学理论,2011(6):103 - 104.

〔2〕 程熙,罗莹. 关于城市老龄化时代完善社区养老档案工作的思考——基于苏州的实地调研[J]. 华人时刊,2012(9):172 - 173.

重要作用,也有利于苏州社区养老档案发挥出应有的成效。程熙、罗莹基于苏州的实地调研发现,社区养老档案在管理过程中面临诸多问题,需要从丰富养老档案内容、动态管理养老档案、提高档案人员素质等各个层面着手,不断改进,更好地为社区养老工作服务。

1. 丰富和完善社区养老档案内容,促进社区养老工作顺利开展

目前社区养老档案内容主要涉及四个方面,具体内容为:社区有需求老年人的记录信息;养老服务队伍与志愿者服务队伍服务人员及服务对象的档案,包括服务对象、服务项目、服务时间、服务地点、服务人员等;居家养老服务回执记录;服务站工作人员对服务对象的回访记录。但实地调查中发现,社区养老档案并不完善,内容缺乏,有的社区尽管建立了社区养老档案工作,却并没有设立社区养老档案类目,在社区养老档案的收集方面有较大缺口,一定程度上阻碍了社区养老工作的开展。而且,社区工作人员对所在社区养老档案建立的满意度的测量发现,仅有35.2%的工作人员对于自己的工作表示满意。这说明社区工作对社区养老档案工作有更高的要求和期待,期望得到有力的指导和帮助。分析其原因主要有二:一是缺乏统一的制度与标准,社区工作人员对社区养老档案收集内容、管理方法等方面缺乏明确的认知,社区养老档案工作的正常开展有较大困难,存在普遍的工作滞后现象;二是当前社区自治虚化,成为政府部门的一条腿,承担了大量的行政工作,社区工作人员疲于应付社区档案工作的整理和管理,对社区档案的收集、整理和管理工作更是"心有余而力不足"。苏州市原平江区平江路街道在社区养老档案内容与数量方面取得了一定成效,其经验主要是:由街道委员会制定统一的登记表格,明确档案收集内容、调研时间,主要收集三方面的内容,包括社区内有需求老年人的信息、养老服务人员及服务内容信息、社区养老服务活动信息,定期组织工作人员主动收集、更新内容,以满足社区养老的需要。

2. 搭建信息化服务平台,动态管理社区养老信息,满足多样化、高层次养老需求

调查发现,目前各社区养老需求与供给之间存在较大差异,无法满足老年人的个体化养老需求和服务,原因主要是社区获取老年人需求信息滞后,缺乏定期获取养老档案数据的平台,所以不能及时掌握老年人需求的变化趋势。而构建信息化平台,实行动态信息化管理社区养老档案十分关键,有利于把握老年人不断变化的养老需求。随着社区居民生活水平的提高,老

年人的养老需求向多样化、高层次转变,不仅仅满足于基本的生存需要,对法律咨询、社会参与等精神上的满足呈现日益迫切的趋势,同时还发现老年人因年龄、价值观、个性的差异对社区养老有迥异的需求。在这方面,苏州市沧浪区"居家乐养老中心"的211养老服务系统颇有成效。该系统以中国电信通信技术为支撑,通过管理静态档案与动态信息数据,实时获取不断变化的养老需求。静态档案数据主要是社区原有历史资料;动态信息数据包括通过对老年人定期与不定期的走访收集到的服务信息;老年人主动来电寻求帮助的服务信息;系统对静态数据进行分析预测生成的服务信息等。该系统值得借鉴的是,在技术高度发达的今天,我们完全可以将相关科技成果运用到社区养老档案的管理与服务中来,构建市—区—街道—社区统分结合、分级管理的社区养老档案信息网络,及时更新信息,在信息化技术基础上深入探讨具体操作层面的问题。

3. 提高社区养老档案管理人员素质,建立社区养老档案管理人员队伍

一是提高社区养老档案人员专业素养。社区养老档案工作讲究理论更侧重实际应用,工作人员必须具备专业素质。实地调研发现,很多从事该领域工作的人员并非来自档案专业领域,而且参加的档案专业培训也很少,甚至很多社区就没有档案培训。档案专业知识素养、档案业务水平以及档案意识的缺乏,加上档案人员老龄化现象,难以胜任业务性较强的档案工作,因而难以提升社区的养老工作。二是档案管理人员流动性较大,需要稳定档案管理队伍。社区档案管理需要配置业务素质能力较强的档案人才,提高待遇,明确细分职责,使得档案人员相对稳定。现场调研发现,社区档案工作人员通常由社区居委会人员兼任,而且作为群众自治性组织的社区的待遇一般,加上社区居委会三年一次的换届选举,导致档案工作人员随之流动现象比较频繁。三是缺乏竞争机制,有必要将社区档案管理工作中引入竞争机制。要将竞争激励机制建立完备,将各项任务层层分解,纳入绩效评估管理全过程。社区养老档案工作开展的力度不够,专业培训不够,不能将其纳入社区责任管理考核和绩效评估中来,就会使得档案工作人员缺乏监督机制和约束机制,档案管理日趋滑坡的倾向。按照国家有关政策,聘用、晋升档案技术人员,与其他技术人员同等重视,做到物质和精神奖励相结合,为档案人员的发展营造宽松的成长环境。

第五章

社会化养老的苏州品牌

苏州市沧浪区走信息化养老之路，在全国率先打造了一个覆盖全区老人需求的新型养老机构——“虚拟养老院”，赢得了受益群体的广泛赞誉。作为发源地的苏州理应总结提炼，谋划有效的、可复制的商业模式，发挥居家“虚拟养老”的规模效应。目前，对苏州社会化养老模式进行系统研究的论文并不多见。[1]

第一节 居家养老

一、传统养老服务模式

1. 家庭养老

从养老的支持力或供养力来说，所谓家庭养老，就是养老的经济来源和非经济来源主要来自子女、配偶或其他亲属，故有时又称之为“在家养老”。事实上，“家庭养老”未必一定是“在家养老”。两者的区别只是在于养老地点的选择上。

2. 子女养老

在传统养老服务模式中，子女供养进养老院养老的做法，其实质也可以说是家庭养老。但有时，也称之为“子女养老”。在这里“家庭养老”只是一个统称。关键是养老的支持力或供养力，包括经济或物质的供养、生活照料、精神慰藉等。不需要子女供养支持的则不称之为子女养老。

---

〔1〕 目前仅检索到两篇硕士学位论文，皆来自苏州大学。谢杨. 积极老龄化视角下的城市社区居家养老——以苏州市金阊区石路街道乐龄之家为例[D]. 苏州：苏州大学，2012. 陈华. 人口老龄化背景下的养老模式探索——以苏州市区为例[D]. 苏州：苏州大学，2009.

二、居家养老服务模式

家庭养老的实质是主要由家庭成员提供养老资源的养老方式,传统家庭养老的基本特征是"子女养老"和"在家养老"的结合,其中,"子女养老"是内容,"家庭养老"是形式,两者可以相互分离。

但是,"家"毕竟与"家庭"的概念有所区别。家庭养老的核心是血缘道义,它是一种特定的文化模式,具有相对的稳定性。家庭养老有其存在的客观必然性,它是我国基本国情的需要,也是我国完善养老保障体系的需要,更是老年人自身的需要。中国人的伦理道德观念为家庭养老提供了思想基础,政府的支持和鼓励为家庭养老提供了良好的客观环境。

国外的养老经验给我们的启示是:20 世纪 80 年代以来,西方社会又重新呼唤家庭养老,出现了一股强大的以强调家庭价值为主要内容的保守主义浪潮。不过,我们不能一味照搬西方国家过去的养老方式。应当看到,家庭养老与社会养老都是不可或缺的养老形式之一。而且,在我国,家庭养老是一种制度化的传统,历史悠久,在目前以及可以预见的将来,家庭养老依然是占主流的养老方式之一。

不过,当前家庭养老面临着新的问题。一方面,家庭养老资源的供给减少,显性因素是我国计划生育背景下子女数量的减少以及妇女社会工作的增加,隐性因素是子女价值观的变化和家庭中重幼轻老倾向的趋势;另一方面,家庭养老资源的需求增加,这些情形使得家庭养老功能面临着严峻的考验和挑战。

三、居家养老的对策建议

(一) 居家养老

居家养老服务是指以家庭为核心、以社区为依托、以专业化服务为依靠,为居住在家的老年人提供以解决日常生活困难为主要内容的社会化服务,其形式主要有两种:一是由经过专业培训的服务人员上门为老年人开展照料服务;二是在社区创办老年人日间服务中心,为老年人提供日托服务。居家养老是家庭养老与社会养老相结合的养老模式,已在西方发达国家中发展得相当普遍。我国居家养老最大特点是解决了目前社会养老机构不足的困难,将大龄下岗女职工和缺乏生活照顾、需要居家看护的孤老这两个困难群体的需要结合起来,调动社会和企业的力量出资兴建家庭养老院,成为老人、养护员、政府和多方受益的较好模式,也是我国养老发展的必然趋势。

随着城市生活居住条件的改善与代际赡养观念的转变,代际分居成为普遍现象,家庭结构的变化与随之而来的家庭养老功能的弱化亦无法避免。在家庭养老与社会养老纷纷遭遇尴尬之时,居家养老成为一种具有中国特色的为解决城市老年人口养老问题而形成的系统的、典型的养老新模式。

传统的居家养老模式因缺乏有效的产业链与动力机制,难以实现标准化的服务与信息化的管理,发展受到了很大的局限。公共服务的提供,常被划分为十种方式:由政府部门直接提供、委托政府其他部门、契约外包、经营特许权、补助、抵用券、市场供给、志愿服务、自我协助、政府购买特定服务等。[1]居家养老服务作为一种公共服务形式,当前比较突出的模式有三种:[2]

其一,发放补助。无论是直接补助还是抵用券补助,当前的操作均是来源于政府单一渠道的拨款,相对于未来居家养老在更高层面的推广而言,只能是"杯水车薪",社区养老资源没有得到合理地利用。大连的"家庭敬老院"以区政府出资的方式,每月向老年人资助一定数额的养护费。上海的"居家养老服务券"制度,则是由政府出资购买服务或提供优惠,补贴以提供劳务服务的形式兑现。"以票券换服务"的抵用券理念已经落后于目前信息化管理的潮流,而且其服务的开展与追踪缺乏规范和效率。

其二,自我协助。自我协助的方式尽管能够在很大程度上发挥社区自身的人力资源优势,但由于不是系统化的服务,而且服务标准不明晰,缺乏有效的动力机制等,这种模式无法挑起居家养老服务的重担。北京的"无围墙敬老院"按照个人特长和志愿的原则,由楼门组长、联络员和社区积极分子组成养老服务小组,对本单元需要照料的老人结成"一帮一"或"二帮一"的服务对子,就是典型的自我协助模式。

其三,政府部门直接提供服务。政府部门直接提供服务不仅加剧了财政负担,而且使得社会组织与团体在养老保障服务的参与过程中处于被动地位,无法有效发挥自身优势。宁波的"政府购买养老服务",所需资金列入政府年度财政预算,在这种模式中,凡是辖区内高龄、独居的困难老人,都可享受到由政府出资购买的每人每年2 000元的上门服务。

因此,居家养老就是按照老年人意愿,不离开熟悉的社区内的住所,由社会提供养老经济保障,由社区提供全方位、多层次养老服务保障的一种社

---

〔1〕 刘明明.城市社区的养老之路探析——以杭州市为例[D].杭州:浙江大学,2006.

〔2〕 陆怡婷.人口老龄化背景下居家养老的社区服务平台建设——苏州市沧浪区虚拟养老院的运作机理及其可复制性研究[J].常州工学院学报(社科版),2009(5):98-101、105.

会化养老模式。它不仅能够有效应对由于家庭核心化与空巢老人的不断增多所带来的家庭养老功能弱化的困境，而且还能够突破机构养老因财政掣肘与传统观念限制而产生的种种局限。

居家养老的针对性服务有效满足了老年人的需求特殊性，将老年人的情感因素、传统观念、生活习惯等均纳入了养老服务之中。居家养老这种新型的依托社区的养老方式集中了传统家庭养老与机构养老的优势，确保老人、子女、养老服务人员、政府各取所需，促使资源得到了充分利用。其重要意义在于以下两个方面：

一方面，居家养老这种养老服务模式既可以减轻子女的负担，满足老年人"恋家"的情结，有利于老人的家庭照料，而且老年人在家里度过晚年，可以充分利用原有的家庭资源，例如住房、家具、耐用消费品和生活设施等，减少了不必要的额外支出。据调查，对长期生病卧床不起或精神有障碍的老人推行居家养老，开展包户上门服务等社区老年服务，可以使这些老年人无须离开家庭也能得到很好的照顾。养老服务由社会提供，依托社区，按照社会化管理的模式，由政府主导，市场化运作，专业化服务，社会力量参与，志愿者服务补充，让老年人居住在自己家中，按照个人需求，享受养老机构提供的规范化优质服务（日托、全托、吃饭、护理等），有利于解决城市养老问题。居家养老强调在不排除家庭成员提供的支持和帮助下，老年人不离开自己的居住地，分散居住在自己家中养老。

另一方面，居家养老方式有利于老年人的身心健康。住在养老机构中的老人由于远离自己生活过的街区，平时难以与亲人见面，心理易产生一种被家人和社会冷落的孤独感和忧伤感。而且在养老机构中，老年人经常目睹同伴们死去，会产生额外的心理恐惧和精神压力。如果让老年人在自己长期生活过的社区中养老，熟悉的环境能够帮助他们保持原来的生活习惯，经常与亲朋好友、熟人见面能够使老年人精神愉悦。而且，随着我国老年人口数量的持续上升，现有养老机构与社会需求存在较大差距。为适应老龄化社会和"421"家庭结构的发展趋势，必须突破原有家庭养老方式，大力发展以社区居家养老和居家护理为主的新型养老模式。

居家养老方式除给予老年人以生活上的保障、亲切感和归属感外，还给予他们家庭以温馨感，是其他任何机构都无法替代的。居家养老服务的功能主要体现在以下六个方面：

第一，符合人口老龄化发展的客观要求。随着年龄增长和身体衰老，老年人对社区服务的需求逐渐增加，对社区的依赖性越来越强。依托社区构筑社会化养老服务体系不仅具有方便易行、针对性强、参与面广等特点，而且还能给老人带来认同感和归属感。我国传统的大家庭，正在或者已经被核心家庭所取代，老年人和子女分开居住已经相当普遍，“空巢”家庭增多，这给老人的生活照顾、医疗保健及精神照料方面带来诸多不便。对众多独生子女而言，将来对老人的赡养、照料也是一个沉重的负担。如提供照顾所带来的经济、身体和精神等负担或压力以及照顾与工作之间的冲突等。所以，依托社区构筑社会化居家养老是城市解决老年人养老问题、适应老人及其家庭需求的客观要求，是社会发展的必然。

第二，它是建立完善社会养老保障体系的必要补充。目前我国仍处在社会主义初级阶段，经济发展水平还不高，老年服务业总体发展水平滞后，老年福利设施在数量和质量上都与现实需求有较大差距，现有社会养老机构照料老年人的能力远不能满足需要。而且，机构养老相对费用较高，这也使一些经济困难的老年人望而止步。何况有些具备条件者受中国传统文化观念的影响，听信某些“专家”的传言，机构养老容易产生社会疏离、习惯性无助等问题，故不愿意到机构进行养老。所以，发展社会化居家养老是解决城市养老问题的重大战略选择，也是我国社会养老保障体系的必要补充。居家养老符合我国国情，将成为今后养老的基本形式和主流趋势。

第三，有利于提高老年人的生活质量。居家养老以老年人现有住房为条件，省去建房租房、装修、购置各种设施等大宗费用，资金投入门槛比较低。政府对其中家庭经济状况不同者，从财政中给予一定的养老经费拨款，大大减轻老年人的经济负担，使老年人轻松迈过居家养老门槛并享受到居家养老所带来的实惠和便利。完善的社会化居家养老包括衣食住行、医疗保健、学习教育、健身娱乐、情感慰藉、法律咨询、生活援助、参与社会等职能，在满足和改善老年人物质生活需求的同时，还满足和丰富老年人的精神文化生活的特殊需要。全方位的养老服务，既体现鲜明的人文性和道义性，又是社会文明进步的重要标志。

第四，有利于维护老年人及其子女的自尊心。实行社区居家养老，子女以赎买劳务的方式确保老年人得到妥善照料，既能够在工作繁忙之时，减轻自己的压力，全身心投入工作，又能够在工作闲暇之余，亲自陪伴年迈的父母共同生活，增进家庭内部成员的感情。老年人不会觉得自己是子女的负担而拖累子女，从而也切实解除了子女的后顾之忧。这样，既照顾到子女割舍不开的亲情,又不耽搁子女自身繁忙的工作。

第五,有利于解决社区下岗失业职工的再就业问题。居家养老的实际需要,以及政府购买服务的现实激励,刺激了社会养老的方式转变,激活了潜在的就业空间。一批批下岗职工能够就近寻找到新的就业机会,借助这个平台靠劳动解决生活之忧的同时,也给本社区居家养老者带来了福音。

第六,有利于社会和谐的构建。老人养老问题的妥善解决,既是对老年困难群体的关注,也是对和谐社会建设的新贡献。大力发展居家养老服务,用社会化的为老服务惠及老人,有效提高了老年人的生命质量和生活质量,既能促进家庭和谐、社区和谐与代际和谐,也能让每个老年人都能够分享到社会文明进步的成果,促进社会和谐。

当然,居家养老服务也有一些值得考虑借鉴的特例。事例1:多个老人共同采取与同龄人互助生活的方式养老。几个热情开朗的老人合买一处房屋,共同装修后,作为安度晚年的寓所。老人们各自拥有自己的一个卧室,共用厨房、客厅,家务劳动分工负责,互相帮助。这样的费用也不太高。事例2:单个老人采取与单亲家庭组成"三代同堂"的互助模式,帮助单亲者照看孩子,让残缺的家变成一个"完整的新家"一样。事例3:独居老人和大学生"一帮一"。独居老人让大学生搬进自己的家,大学生则力所能及地帮助老人做些家务杂活。老人不向大学生收房租,大学生经常陪伴老人看电视,聊天,散步,打扫,外出采购,等等,老人再也不觉得孤独。

(二) 苏州居家养老的实践

1. 离退休干部的居家养老

近年来,苏州在几个老年人群体中率先进行了居家养老的试点工作,并取得了一定的成效,获得了一些经验的同时也遇到了一些困难。以苏州市离退休干部居家养老为例,苏州市委老干部局自2006年起,经过市委市政府批准,开始大力推广市区离休干部的居家养老服务工作。大致经历了三个阶段:

第一阶段:搞好试点,积累经验。2005年3月,市委老干部局制定《离休干部居家养老社区试点实施计划》,经研究决定在离休干部人数较多且各方面条件比较好的当时的平江区北园社区、沧浪区竹辉社区、金阊区彩香一村四区等三个社区开展试点工作。各社区建立了离休干部信息表、组织服务人员与离退休干部结对、定期走访,提供无常、低偿的家政服务,保证了试点工作顺利开展。2005年年底,社区服务人员与离休干部结对数,从15对发展到77对。2006年3月，市委老干部局在市工业投资发展有限公司离休干部管理中心举行关爱独居老干部“爱心共保公约”签约仪式暨构建离休干部居家养老服务体系推进会，有20个社区分别与市工投公司离退休干部管理中心签订了“公约”，为22位独居离休干部提供结对服务，各区委老干部局作为指导协调单位也在“公约”上签了字。这标志着围绕离休干部居家养老服务工作，区委老干部局、离休干部管理单位、街道、社区开始携手联动，也标志着市区离休干部居家养老结对服务工作的框架已基本形成。

第二阶段：规范工作，有序发展。2006年8月，市委组织部、老干部局联合下发《关于加强市区离休干部居家养老服务工作的意见》[苏委老(2006)26号]，在认真总结社区和市直属单位试点工作经验的基础上，明确居家养老服务工作的指导思想和工作目标；明确离休干部所在单位、区委老干部局、街道社区党组织的职责；明确工作重点对象和服务内容；明确服务工作所需经费的开支渠道，为各有关单位做好离休干部居家养老服务工作提供了政策依据，并规范、推动了此项工作。据统计，2006年年底市区各有关单位、社区对孤老、独居离休干部实施援助服务的结对数，由当年初的77对发展到158对，占市区孤老、独居离休干部总数的57.66%。

第三阶段：逐步延伸，扩大成果。2007年上半年，苏州加大了对三个古城区及市区有关单位离休干部居家养老结对服务工作的指导力度，实施“两个延伸”，即从试点社区逐步向其他有离休干部居住的社区延伸；从孤老、独居离休干部逐步向“空巢”家庭离休干部延伸。到2009年为止，平江、沧浪、金阊三个区已与491名孤老、独居、“空巢”家庭的离休干部实行了结对服务，其中孤老、独居离休干部的结对数为179对，“空巢”家庭离休干部的结对数为312对，分别占辖区内孤老、独居和“空巢”家庭离休干部总数的93%和29%；分别占市区孤老、独居和“空巢”家庭离休干部总数的65%和20%，均比2006年年底有较大幅度的上升。

离休干部居家养老服务工作是随着经济、社会发展和离休干部高龄化而产生、发展的。据2006年调研报告统计，苏州市区离休干部3 771名(含异地安置)，其中“空巢”家庭1 576名，独居274名，分别占市区离休干部总数的41.79%和7.26%，他们的平均年龄为78.8周岁。市区离休干部中有95%以上的是采取居家养老的方式，有近20%的生活不能自理。可见，苏州市区离休干部已普遍进入高年龄、高发病的“双高期”，为他们居家养老提供服务已经成为老干部工作的重要组成部分，特别是“独居”和“空巢”离休干部的居家养老服务工作更是迫在眉睫。离休干部居家养老服务工作以满足离休干部的需求为本,并让其充分享受改革开放以来经济、社会的发展成果。苏州离休干部居家养老服务工作始终贯彻又好又快的科学发展原则,积极进取、从实际出发,稳步推进。取得的主要经验有:

其一,健全沟通联系制度。居家养老服务工作,是在离休干部管理单位原有管理服务内容上的延伸和发展,街道、社区为离休干部提供服务,并不是减轻管理单位的管理服务责任,而是要求管理单位建立沟通联系制度,主动承担与街道、社区联系,协调解决离休干部居家养老服务工作中的职责。

其二,健全服务管理制度。各社区不断健全离休干部信息表和居家养老服务台账,全面掌握离休干部的家庭、身体情况和服务需求,认真记载服务情况并定期分析,根据离休干部需求变化,适时调整服务内容和服务方式;加强结对服务人员的培训和管理,保持服务人员的相对稳定,不断提高他们的服务意识和工作技能,并逐步推进持证上岗制度。

其三,健全情况反馈制度。各社区定期将服务情况向离休干部的管理单位反馈,如遇特殊情况,在采取应急措施的同时,及时与管理单位联系。

其四,健全协调服务制度。各区委老干部局不仅管理服务好直管离休干部,还切实承担起居住在辖区内的离休干部居家养老服务工作的职责。为市直单位与街道、社区的联系沟通牵线搭桥;指导社区做好服务工作,并不断总结、推广经验。

其五,完善评比奖励制度。市委老干部局每年对离休干部居家养老服务工作进行检查评比,对评出的先进单位和先进个人给予适当奖励。

其六,完善经费保障机制。随着经济、社会的发展,巩固和完善与离休干部居家养老服务工作相适应的财政支持机制与老干部工作经费增长机制,保障居家养老服务工作的全面协调与可持续发展。

2. 苏州市沧浪区"邻里情"虚拟养老院

其一,一个电话——50 多项服务随意挑。需要服务的老人可以像进饭店"点菜吃饭"一样:"根据自己的需要,只需一个电话随意下单,丰俭由已"。位于葑门西街,建筑面积 300 平方米的原沧浪区"虚拟养老院",现已拓展为苏州市姑苏区居家乐养老服务中心,占地面积 1 000 多平方米,地址为江苏省苏州市吴中西路 909 号汇邻中心五楼,在线客服:jujiale@ hotmail.com。"虚拟养老院"里并没有一个老人,实际上是该养老院的指挥中心,街道 4 700 多户老人的资料都已被录入系统数据库中。所提供的服务菜单有六大类54项之多，其中，洗衣烧饭等便民家政类17项，修理水电等物业维修类14项，陪同就医等助医保健业13项，生日提醒等人文关怀类8项，还有娱乐学习类2项和应急求助类。凡是老人所需要的服务应有尽有。通过其所研发的“居家乐”养老服务软件系统，居家养老的老人们只需依托一部电话，就可以24小时实现享受标准化服务的梦想。

其二，标准服务——门铃每按一次要隔6秒。虚拟养老院的标准化服务要求，主要是从老人的视角来进行量化的。员工进门前的敲门开始，要求先按门铃，每按一次间隔6秒再按一次，等待10秒再重复；敲门则连敲三下，间隔6秒再敲三下，等待10秒再重复。窗户多久擦一次、床单被套多久换洗一次、医疗保健医生多长时间上门服务一次，都有明确而具体的量化服务标准。

其三，政府买单——现金补贴变为等值服务。以前政府为需要帮助的老人提供现金补贴，但后来发现，其实有时候给老人提供养老服务比提供的现金补贴更受欢迎，于是便把用于这些老人的现金补贴转化成等值的养老服务，老人可以到“虚拟养老院”根据自己的实际需求进行消费。该区将年满60周岁的老人分成A、B、C三个层次分别提供无偿、低偿和有偿服务类型。A类对象是政府重点援助的老人家庭，B类对象是政府一般援助的老人家庭，C类对象是自己交费的普通老人家庭。对享受政府援助的A类和B类这两类老人，制定了五种不同的标准，每月每户的补贴金额分别是30元、60元、250元、350元、450元。

其四，虚实结合——有望成养老新趋势。该养老院看似是“虚”设，其实服务“很实”。它整合了许多社会上的有利养老资源，实现了居家养老的专业化。例如，老人通过一个电话或网络的一个指令就可以在家享受到便捷的上门服务，而且服务标准翔实，加上有政府的社会化管理和监督，老人从心理上完全能够接受，更加具有了安全感，人性尊严也得到了保障。它在性质上虽然是一家民办非企业单位，但是通过企业市场化运作的服务机制，避免了政府在社区公共服务和福利服务方面的“大包大揽”。利用物业24小时服务管理的优势，以及对家政服务员严格培训考核的管理体系，为老人提供24小时的主动、快捷服务。这种运营模式大大降低了营运成本，在市场竞争中能够占据主导地位，必将成为今后老年人养老模式选择的新趋势。

据笔者调查，截至2013年7月底，加入到该“虚拟养老院”的总户数达5 137户，服务中心话务员10人，一线正式服务员210名，持证员工191名，半年以上员工持证率100%。另外,形成了大量的社区工作者、党员志愿者、社区活动积极分子为主体的“居家养老保护组”,定点对居家养老户提供服务,并与苏州大学等单位共建“养老服务基地”,通过开展形式多样的法律咨询、学习教育、维护权益等活动,不定期地为居家养老户提供生活、精神等方面的全方位服务。抽样调查统计显示,老人及其家庭对居家养老服务的满意率达96%。

从苏州全市总体上来看,居家养老存在的问题和不足主要是:

一是尚没有形成全市统一的居家养老工作制度、规范和标准。目前苏州居家养老工作仍主要以特定的人群为服务对象,还不能对大多数需要提供居家养老服务的老年人进行全覆盖。例如,享受居家养老服务的老年人范围有限,对可以享受政府居家养老补贴服务的人员范围在年龄、居住情况、收入水平、所属范畴,民政局管理的军属、烈属、孤老或老干部局管理的离休干部等,没有全市统一的标准和界定。各市区各自为政,各管各的。有时老年人居住地只相隔一条街,却享受着不同的待遇,标准有差异,服务内容也有不同,导致部分群众对政府工作有不理解甚至指责。

二是宣传力度不够扎实,没有形成必要的舆论氛围。部分领导对社区概念及社会化居家养老的重要性、必要性和迫切性认识不足,致使社会化居家养老仍处于自发、无序的发展阶段或状态。有些居民群众对社区居家养老参与的积极性不高,参与率提升的空间较大。

三是养老社会化程度不够,投资主体单一,资金投入不足。社区老年福利设施由国家、集体包办,民政部门直办直管的做法仍没有根本改观,福利机构的服务对象以传统社会救助对象为主。开辟国家、集体、社会组织和个人等筹资渠道,以多种所有制形式发展社区养老服务业方面有待加强。

四是社会化居家养老工作运行机制有待健全和完善。发展社会老龄服务有冷有热。目前虽然建立了条抓块管的管理体系,成立各部门参与的老龄工作领导机构,但是各部门往往只从自身角度或利益出发,还难以形成合力。

五是社会对居家养老服务人员的接受程度有待提高。许多从业人员有明显的工作低人一等之感,特别是有的接受服务的老年人也看不起服务人员。这些现象导致服务人员队伍普遍缺乏归属感和社会认同感,不利于队伍的扩大和素质的提高。

六是养老服务的专业化服务人才有待增加。社会化居家养老管理人员和服务人员当前主要是以失业人员和外来的低学历劳动力为主,整体素质偏低,难以满足老年人日益增长的多元化社会养老需求,对服务项目和内容的扩展甚至服务质量的改善都有较大的影响。

七是精神方面养老服务的重视程度有待提高。社区信息栏、社区网站中常常缺乏老年人所关心的内容。特别是缺乏老年人关心的社区建设与发展、惠老政策、养老保健等相关知识的内容。

第二节　社区养老

一、虚拟服务的运作机理

苏州市沧浪区虚拟养老院社区服务平台的运作机理如图 5-1 所示。从本质上说,这种虚拟服务既是居家养老模式,同时又是社区养老模式。或者说是这两种模式的结合体。

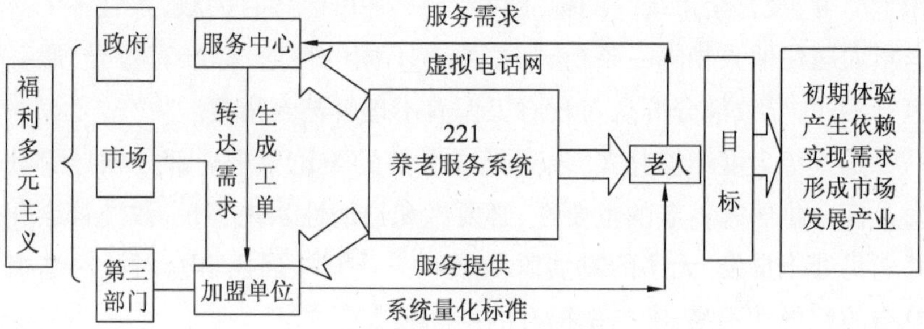

图 5-1　虚拟养老院服务平台运作机理

引自:陆怡婷. 人口老龄化背景下居家养老的社区服务平台建设——苏州市沧浪区虚拟养老院的运作机理及其可复制性研究[J]. 常州工学院学报社科版,2009(5):98－101、105.

1. 运作目标

原苏州市沧浪区的“邻里情”虚拟养老院运作模式在家庭结构小型化和人口老龄化趋势明显,居家养老的现实需求相对充足的背景下应运而生的。其运作目标就是通过政府的牵头与引导,以社区为依托,以信息化为手段,以“初期体验、产生依赖、实现需求、形成市场、发展产业”为总体目标,沟通老人,面向市场,融入社会,从而实现多方对话、合作共赢的良好局面。

2. 营运流程

以“居家乐”221 养老服务系统为关键部件,老人的信息维护与服务需求皆通过该系统得以实现,其管理流程概括地说就是“基于 2 种数据,生成

2张工单，出具1份收费清单”的信息化管理过程。系统支持电话虚拟网，会员家庭间及会员家庭与服务中心间可无时限免费通话。在政府的引导下，将具体服务职能由服务平台选择信誉好与服务质量高的加盟企业开展，以经ISO9001质量体系认证的标准为老人提供专业化服务。具体实行的是会员制的准入制度。

3. 运作机理

苏州市沧浪区虚拟养老院提供养老服务平台的运作机理，主要从两个方面加以理解：一是在宏观上，通过政府在幕后的扶持与引导，立足服务平台，吸纳各类社会营利与非营利组织参与，以市场化为探索方向，以产业化为发展目标；二是在微观上，将信息化管理与标准化服务贯穿整个服务体系之中。

4. 理论提炼

“双手理论”发挥两只手的交互作用，以一只看得见的手与一只看不见的手，利用各自所长，共同实现市场与政府的双赢。随着政府退居幕后、宏观引导，由更多的社会机构与组织参与到提供虚拟养老服务的队伍中来。通过加盟企业、非盈利组织、志愿者团体等的共同参与真正实现了多方对话，有效地整合了社会资源。同时，在政府指导下进行市场运作的虚拟养老院模式，以一家兼具服务实力与管理水平的民办非企业单位作为主运营商，吸引其他具有良好声誉的经营户加盟，积极吸纳非盈利性质的志愿团体提供老年服务保障，很好地诠释了福利多元主义的两个主要理念——“分权与参与”。

二、模式的可复制性剖析

1. 范式性的意义

其一，创新了政府管理模式。苏州市沧浪区“虚拟养老院”的探索凸显了政府探索职能转变与建设服务型政府的积极作用，这一模式的科学性使得政府和社会两个层面的职能与资源都得到了充分发挥。它有效地降低了政府提供养老的成本，而且也有利于深化民众的公民意识、参与意识和能动意识，有利于促进公民社会的初步建立。

其二，有利于形成养老服务的综合产业链。就宏观而言，“虚拟养老院”将市场化机制、产业化发展引入社区居家养老服务中来，这与发展现代化服务业的途径是不谋而合的。在微观层面上，政府、社会及老年人家庭养老的负担都有所减轻，并为下岗再就业人员创造了更多的就业岗位。由兼具服务实力与管理水平的民办非企业单位作为主运营商，有利于将自发的民间性的救助行为整合为健全的社会服务事业中来,将分散的社区服务站点发展为组织规范的实体化社区服务企业,将随意的市场化社区服务实体引导为品牌化的社区服务产业,这些努力都加快了社区服务的产业化步伐。

其三,挖掘了企业与民间组织的社会效益潜力。通过多方对话、共同参与,有效整合了社会资源,将盈利性的企业与公益性的民间组织共同纳入到社会服务网之中,使得养老的交易成本显著降低,实现了多方的共赢。同时,由于有效促进养老这一民生问题的解决,虚拟养老模式得到了老年家庭与社会各界的广泛好评,也有利于整个社会的和谐发展。

其四,发挥了标准化、信息化服务的优势。以221养老服务系统为核心的服务平台运作,通过现代信息化手段实施了先进的服务管理理念,优化整合了服务平台的管理者与服务商的资源配置,有效提高了服务效率,使政府的实时监管成为可能。而且,操作层面上,该系统还具有开放与兼容的IT基础架构,能够减少不同平台间交互操作的难度,支持更大范围的信息集成和系统开放。同时,标准的存在,提高了服务效率,促进服务态度的改善。

2. 可复制性体现

其一,通过政府以创新的服务理念为先导,利用与民间组织、非营利机构等第三部门的携手,共同实现社区养老福利的供给。

其二,通过运用现代通信技术,以完善的信息管理系统软件,为养老服务提供强大的技术支撑。

其三,通过国家ISO9001质量认证的服务标准量化服务质量。

其四,通过以市场化为导向,以产业化为发展路径,进一步寻求养老服务产业链的连接与完善。

3. 模式推广事项

苏州市沧浪区"虚拟养老院"模式,在推广过程中,主要应注意以下事项:

其一,专业的人力资源供给要跟上服务扩展的步伐。可能有部分老人反映自己想增加服务,无奈由于服务人员数量的限制,最终个人的想法只能作罢。随着养老服务的全覆盖,特别是"一对一"服务形式需求的增加,专业的养老服务专业人才队伍的供给,应紧跟现实的需求发展而应适时得到补充。

其二,服务范围的扩张可能会加剧信息管理的难度。不少新加入的老人完全不知晓居家养老情况,有的因老人意外住院而导致服务人员"吃闭门羹”的情形仍时有发生。在居家养老中，由于老年人群体的特殊性决定其患病入院与死亡概率较高，而且因具有一定的流动性，老年人的实际居住等信息往往很难及时得到反馈和更新，使得管理系统出现“老化”现象在所难免。

如果想从更大范围推广苏州市“虚拟养老模式”，就必须在以下方面加以注意：

其一，服务内容的扩展。问卷调研分析反映，参与者所享受的服务中，家政便民类位居绝对主导地位，而人文关怀类、娱乐学习类仅各占5%和4%，比例明显偏少。而涉及老年人的精神文化生活的服务需求仍然无法得到有效满足，其服务内容仍有待进一步扩展。

其二，服务范围的扩展。政策照顾的对象往往主要是特定弱势群体中的老年人可以享受政府补贴，而自费参与有偿服务的老人并不多。问卷调查还发现，因价格较高不愿意承受的占绝大多数。服务费用问题仍然是制约虚拟养老服务进一步推广的巨大障碍。

其三，产业化程度的提高。由于自费参与养老服务比例较低，直接影响到市场化水平的进一步提升。除依靠政府财政“输血”外，应以产业化拓宽虚拟养老的“造血”渠道。

其四，社会参与力度的提高。随着加盟企业的参与程度的萎缩，仅有数家涉及后事服务与粮油配送等服务的企业相对活跃。家政料理类服务仍然主要由居家乐服务中心包揽，而中心独立招聘、培训及派遣服务人员的增长仍然无法跟上服务规模扩大的需求。

为了进一步完善虚拟型的居家养老社区服务平台建设，应从以下两方面加强建设：

其一，明确服务中心的平台地位。居家乐养老服务中心作为养老服务的一个平台，是政府与街道社区之间的养老信息交换媒介，开展社区居家养老的同时，接受政府的政策扶持、引导、监督和管理。它也是需要虚拟养老服务的老年群体与市场之间的一座桥梁，通过借助现代发达的通信系统，让老年群体与市场各取所需，实现共赢，才能将产业化的发展道路走得更稳。

其二，完善服务内容，优化服务结构，拓展服务对象。一是注重有形服务与无形服务、分散服务与集中服务的结合；二是要加大宣传力度，适当降低补贴门槛；三是要完善系统运行。

三、社区养老的对策建议

社区居家养老模式是符合苏州市情的一种新型养老形式。当绝大多数老年人在家养老,当家庭成员无法分身照顾时,必须期待着社会及社区提供照料服务。居家养老模式具有人文色彩,符合中国传统习惯,可以使老人在得到必要的照顾的同时,仍然享受到家庭如沐春风般的温暖,既减轻了儿女的负担,又利于老人的家庭照料,既能充分利用社区和家庭资源解决养老问题,减轻政府负担,又能够在社区内形成一种尊老助老的良好风气,提高社会道德风尚,以利于老年人的身心健康。

进一步分析苏州在居家养老工作方面存在的问题,提出完善和发展居家养老的思考与建议,有助于居家养老模式的完善,也能够为苏州居家养老事业的发展提供有益的借鉴和启发。

1. 初始动力行政化,加大政府推动力度

政府的推动引导体现在三方面:即政策的体现;资金的体现;协调的体现。社会化养老作为一项得民心、暖人心的夕阳工程,是老龄事业发展的重要内容。社会化居家养老工作必须体现政府的意志和其倡导的社会价值观,政府的推动、引导作用,必须是这项工作的初始动力,贯穿于发动、规划、组织等各个环节和过程,政府的主导作用发挥要从宏观规划、管理到舆论宣传、政策制定和投入上给予大力支持。并且要随着经济社会发展水平的提高和老年人口增长速度的加快而不断加大对此项事业的投入,逐步形成制度化的财力投入机制。首先,政府应当从制定有关的社会福利政策、法规和规章上下功夫。其次,应在资金供给上扩展途径。在资金供给上,一是要改变过去只投入办养老机构的单一做法,二是要使得资金来源渠道的扩展和使用高效化。再次,政府要协调好各有关部门,形成合力。最后,要进一步明确街道和社区在居家养老方面的具体职责。

2. 进一步明确居家养老服务的内涵

特别是要在以下方面加大宣传:一是社区医疗卫生服务的提供者,二是日常生活照料的服务者,三是提供精神慰藉的友好者。人们经常会把社区居家养老服务视为单纯的慈善事业,局限于针对老人的济困服务。当然,应当看到,居家养老服务是老年社会保障体系中不可缺少的组成部分。这种服务是面向全体老年人的全方位的服务,而不只是仅限于帮助特困老人解决问题。老年群体极易生病,发病率较高,决定了老有所医的重要需求,因此通过社区卫生服务,形成老年疾病预防、老年医疗和老年康复的三级网络,延长老年人寿命,提高老年人生命质量,有利于实现健康老龄化。家庭结构的日益小型化和高龄化对老年人日常生活照料社会化提出新的要求,社区生活照料服务支持亲属照料，弥补亲属照料的不足，减轻亲属照料的压力，特别是在居家养老方面，通过上门照料服务形成了具有特色的服务内容。尽管许多老人有退休养老金、有子女赡养，但是“空巢化”及老人子女分开居住的情况日益普遍，使得退休老人养老观念发生变化，不是愁缺钱而是怕寂寞，需求满足从物质转向了精神。社区居家养老把丰富老年人精神生活作为居家养老服务的重要内容，对高龄老人加强与年轻人的代际沟通，为其带来生命的活力和热情，对生活不能自理者，通过服务人员或志愿者的读书、唱歌、聊天等，使老年人心情舒畅，减轻了身体疼痛带来的内心痛苦。

3. 鼓励社会参与，服务内容广泛化

社区建设从社区服务开始，以社区为载体，把社区服务引入家庭，密切结合居家养老，以居家养老为切入点，发挥社区服务的最大效益，确保老年人在自己的社区和家庭安度晚年。为此，一是要服务对象区别化。针对不同类型的老年人群，提供不同层次的居家养老服务，突显信息化社会、个性化服务。例如，有条件的社区可以成立老年人才中心，为老年人开辟第二职业、贡献社会创造条件。二是要服务内容多样化。结合老人实际，服务内容由求助、医疗、文化娱乐等，扩展到居家帮助服务、暂托服务、医疗照顾服务、娱乐学习服务、情感慰藉服务的一体化等服务内容。三是要服务队伍专业化。居家养老服务人员应具备家政服务、康复服务等专业知识，能满足老人清扫、购买、护理、康复、入浴、精神安慰等多方面的需求。有针对性地对现有的管理人员与服务人员进行有计划的专业培训。

4. 重视整合、利用现有社区资源，鼓励老人参与社区服务，大力发展社区志愿者队伍

老年人参加社区活动是社区建设的需要，有利于老年人的身心健康，有助于维护社区稳定，而且对经济发展和社会建设，对构建和谐社会都具有重要意义。研究表明，老年人患离退休综合征的比例与文化程度成正比，素质越高，比重越大。老年人积极参加力所能及的适量工作，不仅可以控制老人精神老化进程，而且还有利于身体康复，提高老年人生命质量，增加整个社会活力。应当看到，互助养老的本质是社会养老，社会要为老年人提供多种养老服务。特别是要有机结合机构服务、专业组织服务、志愿者服务、义工服务等多种方式，在政府补贴的前提下，引入市场机制，更好地满足老年人家门口的养老愿望。

5. 营造市场运行机制,推进居家养老社会化、产业化进程

拓宽思路,引入社会中介组织参与服务和管理,推动居家养老服务走社会化、产业化之路,改变单纯由政府、社区创办老年服务设施和服务网络建设的做法,使老年服务业有一个较大的发展,以满足老年群体日益增长的不同层次的养老需求。

6. 加强对养老机构的质量监督

通过质量评估的养老机构,可以作为获取政府和其他来源的资金的基本条件。评估的主体可以是政府,也可以是政府通过确认的有资格的组织和个人。评估体系的建立包括服务质量标准的制定和评估程序。应该把养老机构运行期间的质量控制纳入评估体系并形成制度。养老机构的质量控制侧重于两点:一是其申办的规定和受理,二是其运行期间的质量控制。其中,资质的认证是必不可少的重要环节。

7. 统筹社会资源,统一规划,为社区的居家养老事业提供必需的设施

一是新建和改建一批老年人福利服务的设施和活动场所,增强社区居家养老服务功能。二是依托社区已有资源,充分利用城市基层医疗机构开展养老服务,注意发展护理型养老设施,使二、三级综合医院成为本地区老年医疗保健工作的指导中心,一级医院成为社区老年医疗保健的基地。并且充分利用养老机构已有的网络、管理和人员、设施优势,开展对社区老年人的日间照顾和上门服务。三是建立高效运作的市、区两级的居家养老服务网络。通过加强规划、合理布局,互通有无、互相补充,运用市场经营机制,联合利用服务设施和服务项目,提高养老服务设施的利用效率和服务效益,避免重复建设造成浪费。

第三节 机构养老

苏州近20年来经济社会快速发展,为解决人口老龄化问题建立了一定的物质基础。未来的若干年内,苏州市民将因经济保持快速的增长而提升消费水平,政府也因经济的稳定发展而增加对养老设施的投入,这些都将使得入住养老机构的人数和比例随之增加。

一、设施概况

1. 2006年的情况

根据苏州市民政局网站"苏州市2006年老龄事业统计情况"公布的资

料整理。[1]

其一，老年人口增加，高龄化趋势明显。2006 年，苏州按户籍人口统计，60 岁以上老年人口 111.1 万，占总人口的 18.2%，比上年增加 5.85 万人，增长 0.61 个百分点。按年龄段分组，其中 60 周岁至 69 周岁的老年人为 57.65 万人；70 周岁至 79 周岁的老年人为 38.44 万人；80 岁以上的老年人为 14.91 万人，占老年人口总数的 13.43%，比上年增长 0.21 个百分点。太仓市、平江区、常熟市等市区的老龄化程度已分别达到 21.69%、20.61%、19.91%。全市百岁老人为 270 人，比上年增加 75 人。

其二，基层老年组织不断健全完善，全市镇（街）老年组织蓬勃发展。2006 年底，全市 93 个镇（街）有 70 个建立了老年人协会；有 1 846 个村（居）建立了老年人协会，占全市村（居）总数的 96.3%。

其三，老年文化、教育、体育事业全面发展。截至 2006 年年底，全市建有老年大学（学校）1 197 所，在校学员 106 191 人，占老年人口总数的 9.6%；老年文艺团体 1 494 个，参加人数为 8.57 万人，占老年人口数的 7.72%；老年人体育协会 1 077 个，参加人数 28.41 万人，占老年人口总数的 25.6%；建有其他老年社团 110 个，参加人数 1.1 万人。

其四，养老福利设施建设力度加大。全市共有各种养老福利设施 158 所，其中民办养老福利设施 21 所，股份制 2 所，各种养老福利设施总床位 16 527张，入住老年人数 9 327 人，投资总额 94 671.39 万元，建筑面积 469 957.9 万平方米。其中，老年公寓（托老所）29 所，总床位 3 449 张，入住老年人数 2 089 人，占床位数 60.6%；福利院 18 所，总床位 2 855 张，入住老年人数 1 592 人，占床位数 55.8%；敬老院 102 所，总床位 8 917 张，入住老年人数 4 825 人，占床位数 54.1%；护理院（临终关怀）9 所，总床位 1 306 张，入住老年人数 821 人，占床位数 62.9%。

据了解，2006 年苏州全市共有医疗机构 2 285 个，其中社区卫生服务站 1 014 个，一级以上医疗机构 231 个，其中，医院 109 个，社区卫生服务中心 26 个，卫生院 96 个。苏州市的医疗设施布局远远优于江苏省“社区卫生服务站。一般 1 ~ 2 万人设置一个，社区卫生服务中心一般 5 万人左右设置 1

〔1〕 苏州市民政局网站，“苏州市 2006 年老龄事业统计情况”，生成日期 2008 - 03 - 22，索引号 ea170 - d0300 - 2008 - 003.

个”的标准。[1]

2. “十二五”期间的情况

依据苏州“十二五”规划要求，包括机构养老在内的苏州养老床位任务数 2011 年底达到 25‰，2012 年底达到 30‰，2014 年底达到 35‰，2015 年底达到 40‰。2015 年底实现总床位数翻一番以上，超过 60 000 张的目标(2010 年总床位 27 355 张中，市本级 930 张，各市区 26 425 张)。全市所有街道(镇)及居民人数在 10 000 人以上的住宅小区均建有日间照料中心。城乡社区(村)建有助餐点覆盖面达到 30% 以上，其中，中心城区达到 50%。建设任务具体分解到每一年如表 5-1 所示：

表 5-1 苏州“十二五”期间养老床位、居家养老服务设施建设主要指标

到 2015 年目标计划张数	2011 年建设张数	2012 年建设张数	2013 年建设张数	2014 年建设张数	2015 年建设张数	到 2011 年 10 月已有数量
养老床位 60 000	6 806	9 074	4 677	4 383	8 915	27 355
日间照料中心 265	64	44	44	49	65	全市共 93 个街道(镇)172 个大型社区(实际建设 266 家)
助餐点 621	98	107	131	131	166	1 958 个社区(村)实际建设 633 家

二、机构分布

1. 2009 情况

苏州市区(市区和七个市辖区)的部分养老机构及入住情况如表 5-2 所示(动态数据，仅供参考)：

表 5-2 苏州市区部分养老机构及入住情况

序号	养老机构名称	地 址	床位数	备 注
	苏州市			
1	苏州市社会福利院老年公寓	山塘街小普济桥下塘 4 号	260	基本满员
	平江区			
1	平江老年公寓	白塔东路 44 号	130	基本满员

〔1〕 陈雯，陈江龙，薛俊菲，等. 苏州城市化与城乡统筹[M]//改革开放三十年：苏州经验. 苏州：古吴轩出版社，2008.

续表

序号	养老机构名称	地　址	床位数	备　注
2	平江路街道老年公寓一院	卫道观前27号	88	基本满员
3	平江路街道老年公寓二院	胡厢使巷22号半	32	基本满员
4	北塔敬老院	平齐路东灰场12－1号	35	基本满员
5	桃花坞老年公寓一院	阊门内西街67号	80	基本满员
6	桃花坞老年公寓二院	阊门内官宰弄7号	80	基本满员
7	观前街道敬老院一院	蒲林巷8－1号	23	基本满员
8	观前街道敬老院二院	双林巷34－1号	32	基本满员
9	好心人护理院	廖家巷27号	240	略有空位
10	夕阳红护理院	宋仙洲巷	240	略有空位
	小计	户籍人口约23万人	980	
	沧浪区			
1	沧浪区敬老院	近潘村12号	90	基本满员
2	吴门桥街道托老所	南环新村55幢北	38	基本满员
3	胥江街道托老所	潼泾新村1幢东	36	基本满员
4	大龙港敬老院	大龙港新村内	95	基本满员
5	沧浪区幸福之家敬老院	解放新村9幢	45	基本满员
6	颐福敬老院	里河新村社区二楼	45	基本满员
7	沧浪区银龄之家老年公寓	钟楼头18号	80	基本满员
8	沧浪区银色家园（老年公寓）	南环西路1258号	160	有空位
9	福星护理院	福星路155号	266	基本满员
	小计	户籍人口32.3万人	855	
	金阊区			
1	金阊区老年公寓	阊胥路南浩街99号	176	基本满员
2	金阊怡乐园	广济路潭子里	36	基本满员
3	彩香新村老年公寓	彩香二村公园	111	基本满员
4	三元寿星园	三元一村9幢东	73	基本满员
5	虎丘敬老院	虎阜路三花二村	70	基本满员
6	山塘护养院	虎丘席场弄39号后门	60	基本满员
7	康宁老年公寓	后管弄堂10号	33	有空位
8	太阳城老年公寓	白洋湾大街洋南路26号	163	有空位
	小计		722	
	吴中区			
1	度假区敬老院	度假区香山街道墅里新村	18	约60%入住
2	东山镇敬老院	东山镇星光村	26	约60%入住
3	西山镇敬老院	西山镇坞里村	30	约60%入住

续表

序号	养老机构名称	地　址	床位数	备　注
4	长桥街道敬老院	长桥街道蠡墅社区	35	约60%入住
5	光福镇敬老院	光福镇菱塘桥北	35	约60%入住
6	渡村镇敬老院	临湖镇渡村壮志桥边	21	约60%入住
7	横泾街道敬老院	横泾二中对面	32	约60%入住
8	角直镇敬老院	角直镇淞南路	35	约60%入住
9	郭巷街道敬老院	郭巷街道东首	45	约60%入住
10	浦庄镇敬老院	浦庄镇浦庄街道浦南路	30	约60%入住
11	木渎镇敬老院	木渎镇文昌路	76	约60%入住
12	苏州市香雪海花园老年公寓	光福镇司徒庙边	130	约60%入住
13	区社会福利院	越溪街道越城路	80	约60%入住
14	康福护理院	长桥街道先锋社区	60	约60%入住
15	爱心护理院	越溪街道越城路95号	80	约60%入住
16	角直镇淞南村老年公寓	角直镇淞南村	50	约60%入住
17	苏州市佛教安养院灵岩山分部	木渎镇灵岩山寺	200	约60%入住
	小计	户籍人口59.6万人	983	
	相城区			
1	元和街道敬老院	元和街道	66	有空位
2	渭塘镇敬老院	渭塘镇	80	约60%入住
3	北桥街道敬老院	北桥街道	70	约60%入住
4	黄桥街道敬老院	黄桥街道	24	约60%入住
5	阳澄湖相城敬老院	阳澄湖镇	56	约60%入住
6	相城区社会福利中心	太平街道	132	约60%入住
7	黄埭镇敬老院	黄埭镇	88	约60%入住
8	望亭镇敬老院	望亭镇	50	约60%入住
	小计	户籍人口36.52万人	566	
	工业园区			
1	娄葑老年公寓	莲花三社区	150	约90%入住
2	娄葑镇车坊敬老院	车坊朝前东港南	26	约90%入住
3	唯亭敬老院	唯亭鱼塘路	95	约60%入住
4	胜浦敬老院	胜浦沽浦路	44	约60%入住
	小计	户籍人口31万人	315	
	高新区			
1	枫桥敬老院	枫桥街道何山路237号	20	约80%入住
2	苏州阳山敬老院	浒关分区石林村	208	约50%入住

续表

序号	养老机构名称	地　址	床位数	备　注
3	镇湖街道敬老院	镇湖街道市桥村	25	约 50% 入住
4	横塘敬老院	横塘街道冯齐桥	30	约 90% 入住
5	横塘康复医院	横塘医院内	148	约 90% 入住
6	浒关镇敬老院	浒关镇南庄村 5 组	40	约 50% 入住
7	东渚镇敬老院	东渚镇北岸上 9 号	25	约 50% 入住
8	通安镇敬老院	通安镇浒通路 5 号	30	约 50% 入住
9	桃园老年公寓	金山号 68 号	22	约 50% 入住
	小计	户籍人口 32 万人	548	
	合计		4 969	

（资料来源：陈华. 人口老龄化背景下的养老模式探索——以苏州为例[D]. 苏州：苏州大学，2009. 略有整理）

2. 总体发展水平

苏州市属于养老设施重点建设区域，但目前除了养老设施的总量远不能满足快速老龄化的需求之外，还存在着布局不均衡的问题。我国现行的城市规划对城市养老设施布局没有专项的规划，所以养老设施的布点具有较大的随意性，缺乏考虑因老龄化速度不同、地区特点差异等客观因素，造成目前养老资源紧张与浪费并存的状况。

据最新百度检索发现，苏州市可检索到的涉及养老的各类机构已达 270 家（如图 5-2 所示），还不包括部分新成立的养老机构，如苏州城区东环路的优康养老院。

图 5-2　百度检索苏州全市养老机构数量

苏州全市养老机构分布情况分别如图 5-3 和图 5-4 所示。

图 5-3　最新百度检索苏州全市养老机构分布

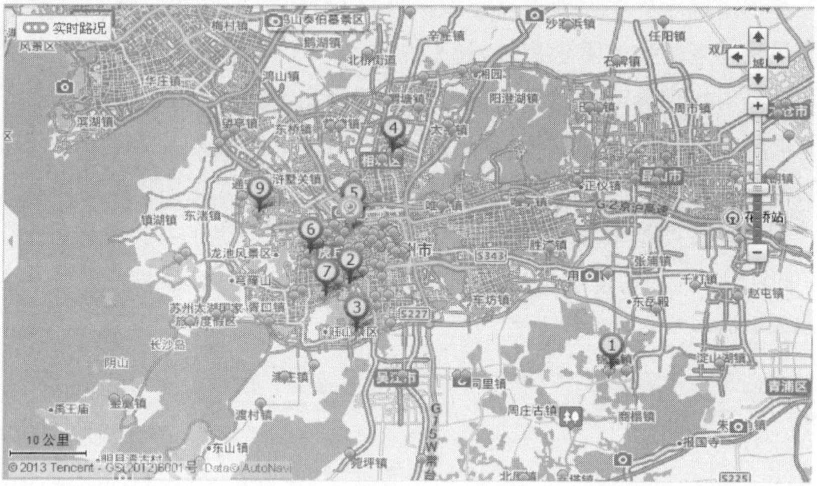

图 5-4　最新百度检索苏州大市范围养老机构分布

苏州古城区养老机构分布如图 5-5 所示。

图 5-5　最新百度检索苏州古城区养老机构分布

随着人口老龄化程度的加剧，有必要以地市中心城市或县域为单位编制养老设施专项规划，并与城市总体规划、分区规划、控制性详细规划做好衔接，加强规划、建设、管理的法制化。[1]

三、存在问题

1. 传统观念

从调查情况发现，养老院“冷热不均”，城区“吃”不了，郊区“吃”不饱。城区普遍入住困难，床位缺口较大，排队等待少则数月，多则一年半载，而郊区养老院床位空置率有的高达四成。分析造成这一现象的原因是养老院机构分布与群众需求不相匹配。有入住需求的老年人以集中在城区为主，而床位空置较多的郊区，可能是交通不便、医疗配套设施相对薄弱而导致老人们不愿意去。市中心不少养老机构的条件其实并不够好，只是方便家人探望、就医相对便利而受到欢迎。

2．政策导向

政府部门目前已给予民营养老机构在投资、税收、费用等相关方面政策扶持，鼓励对养老机构及行业的投入。但在养老方面依然存在人民群众关

〔1〕 殷新，明亮．关于“完善苏州养老设施的规划和建设”的建议．http://www.suzhou.gov.cn/asite/lh201305/tprd.asp.

心的热点、难点问题。据此,笔者实地调研了优康养老院。

优康养老院成立于2012年11月,是苏州市的一家民营养老机构。投资700余万元,占地2 200多平方米,开设床位150张。半年来仅入住老人43名,其中来自市内平江区的17名、沧浪区的10名、金阊区的5名,省内和外省的11名。护理人员共9名。据养老院的张红东董事介绍,之所以选择投资养老事业,主要是苏州是一个老龄人口占比相当高的地域,2011年3月16日出台了市府118号鼓励民办养老的政策文件。但自开业以来至今经营处于亏损状态。冷静分析制约养老院发展的主要因素,一是与公办养老机构在场地租金与人员工资等政策支持上不同;二是市卫生局不予办理民营养老院中所需医疗设施的执业医生的手续;三是在社会保障的老年医保方面,医疗卡不能在民营养老院使用。要解决上述问题,一要市卫生局出台扶持政策,批准民营养老院设立医疗执业点;二是市卫生局与市社保局共同出台扶持政策,让老年人像在护理院、公立养老机构一样,在民营养老院也能使用医保卡;三是市民政局出台扶持政策,鼓励支持民间社会化养老,让从事"夕阳事业"的"朝阳产业"在初创阶段看到希望,平顺发展。

经过对周边养老福利院的考察,发现政府在政策上的支持是民办养老事业发展的重要保障。比如,北京和上海的民办养老机构是可以使用医保卡的。市民政局建议优康养老院走特色养老之路,为失能失智老人提供服务,并组织养老院相关负责人参观了上海第三福利院和江阴"夕阳红"老年康乐中心。上海第三福利院是上海市民政局所属的事业单位,位于宝山区,是以康复医疗为特色的综合性养老机构,院内附设上海市民政老年医院,内设失智老人照料中心、介护老人照料中心、介助老人照料中心,共设有床位800余张,为社会孤老、离退休孤老及失智失能老人提供医疗护理、生活照料、人文关怀等服务,根据入住需求对老人进行生理疾病、心理智能、生活能力的评估,提供分类等级生活照料护理。每年政府投入5 000万,每张床位每月6 000元的运营补贴。江阴市"夕阳红"老年康乐中心由江阴市委市政府引进外资投资兴办的老人护理院,该护理院位于江阴市澄江镇五星路251号,占地面积109亩,建筑面积100 000平方米。总投资1 500万美元。康乐中心由老年公寓、托老部、文体活动部、康复部、生活服务部和商业服务部六大部分组成,构成了集居住、疗养、康复、保健、学习、娱乐、休闲、购物等综合配套的养老服务建筑体系。"夕阳红"爱心护理院是江阴市首家经市卫生局批准,民政局注册,医疗保险定点的民营非盈利医疗机构。成立于2009

年9月并被江苏省民政厅定为江苏省示范性养老机构。

3. 供求矛盾、能力匮乏

目前养老机构床位远远不能满足日益老龄化人口的需求，服务人员、专业管理人员匮乏。市区部分养老机构的从业人员层次较低，大多来自农村或贫困边远地区，总体年龄偏大，而且缺乏应有的专业护理知识和从业经验，只能从事对老人的一般生活料理，达不到对老人的护理要求。通过自主招募的退休医生，往往因没有处方权而不能对老人提供基础的医疗服务，只能给老人提供量血压等基础保健服务，达不到对老人的护理要求。护工工作社会地位不高、收入不高、招聘难、流动性大。虽然公办、民营养老机构目前也都想方设法增加护工收入以提高他们的职业认同感，比如建立和工作量相挂钩的奖金制度，为达到一定工作年限的护工缴纳三金等社会保险。但与目前相应行业比收入仍显偏低。再加上部分养老机构要求护工必需缴纳三金个人负担的部分，导致护工们的实际收入水平降低。特别是护工的流动性较大，很难留住人。

第六章

社会化养老的苏州创新

以不断满足多元化养老服务需求、提升老年人生活质量和幸福指数为目标,加强养老机构设施建设,拓展为老服务功能,提升社会养老服务保障水平,基本形成组织健全、制度完善、设施先进、投资多元、服务规范、城乡一体、人民满意的社会养老服务体系,逐步实现养老服务由特定人群向社会公众拓展,社会福利由“补缺型”向“适度普惠型”转变,“老有所养”向“老有颐养”、“老有乐养”跨越。

第一节　社会化养老格局

一、健康养老

1. 健康模式

其一,健康规划。老年健康规划的健康模式,突出体现老年人的“老有所归”。老年人社会化养老的健康规划,具体可分为两个部分:时间规划和空间规划。首先,时间规划。主要是突出一个“早”字。从个体出发,我们以“丁克家庭”的养老健康规划为例,想想膝下无子,养老全靠自己,就必须及早对家庭资产进行盘整并做一个理财规划,为自己的养老和医疗早做打算。[1]从整体出发,其道理也是如此。其次,空间规划。主要是突出一个“郊”字。以城市社区老年健康保障设施为例,主要包括空间结构模式和空间结构设计细则两个层面。在空间结构模式的规划方面,选择地址要注意便于老年人使用,又注意节约用地的原则。同时,尽最大可能地充分利用旧有建筑,让总体规划和远近期规划相结合。建筑布局上,要合理安排基地出入口,注意建筑朝向;根据实际情况设立科室,注意节省建筑面积。应当考

〔1〕 龙飞. 丁克家庭的养老健康规划[J]. 大众理财顾问,2009(6):68 – 69.

虑到老年健康保障设施服务半径较小，交通多以步行为主，老年人使用困难等特点。选址尽可能在交通方便的社区中心，或社区公共设施较为集中的地段，力求位置明显易找。尽可能与社会福利设施复合，共同利用水源、电源，以节省基建投资。适当考虑社区发展和设施自身扩建。功能分区要考虑使用要求，以及设施的发展规划，基建条件，综合考虑采光、通风、消防、管线埋设、视觉卫生等要求。传统的社区多位于城市内，发展余地不大，政府也很难划拨新的补充用地，往往只能通过改造已有的小医院或民宅来满足居民的健康保障要求，老年健康保障设施通常在原有规模小、设备简单的基础上进行逐年的改建或扩建。设施规模和选址确定后，最好由卫生主管部门、设计单位和施工单位共同参与规划设计，逐年投资，分期实现。出入口朝向要结合地形条件、院内外道路和气候条件等因素，因地制宜进行布置，内部与外部道路分布要合理，使道路短捷顺畅，符合设施功能要求。老年预防健康科室以常见病的预防控制、慢性病的专科指导、老年保健的咨询等为主，可增设日间护理中心、慢性疾病康复中心、临终关怀中心、住家援护中心、走访护理站，以及老年心理咨询、老年健康教育等机构，以符合实际需求为准。在空间结构设计细则方面，按照基地选择、总体布局、建筑配置的要求，既要考虑到小规模单元的有机结合，又要保证多层次空间结构的一体复合。各单元交通、通讯方便，可通过网络、电视、电话、传呼等科技手段有效联结，使老年人出入方便，联络快捷有效，能够随时实现护理康复；环境安静，交通方便，并通过相应的分隔，具有相对的独立性，避免交叉感染。空间单元皆为标准单元为基础可以实现有效转换联结，多功能立体复合，分区合理，流线顺畅，内部空间完整高效，便于来自青年、老年朋友和家人、邻居对老年人的探望、关心和照顾。[1]

其二，健康行为。健康养老的健康模式最终落实在健康行为之中，关键是要突出“老有所乐”。我们倡导以社会力量兴建国家健康养老示范基地，探索社会化健康养老之路，允许社会资本“多渠道、多层次、多种方式参与养老服务业”，这是当前我国积极鼓励的促进养老事业发展的健康参与行为。例如，针对养老者具体情况开展健康知识的传播活动，定期进行健康知识讲座和健康教育活动，并且采取相应措施落实健康行为。让更多的老年人戒

---

〔1〕 徐怡珊，周典，玉镇珲. 基于“在宅养老”模式的城市社区老年健康保障设施规划设计研究[J]. 建筑学报，2011(2)：72－79.

烟限酒，平衡心理，了解或掌握几种常见慢性疾病的自我预防，特别是高血压、糖尿病、老年性痴呆等，重点预防抑郁症，焦虑和孤独，不但要讲理论，还要组织大家讨论，以实例反复论证，使得更多的老年人向往健康行为，实施健康行为。日常生活中，有的老年人精神饱满，健步如飞，有的老年人却老态龙钟，步履艰难，甚至有的因病长期卧床不起，这就需要分别情形给予一定的健康行为指导，促进其有所长进，通过参与有益的健康活动，培养各种爱好和兴趣，陶冶情操，调整心态，以积极向上的情绪和热情安度晚年。特别是在安全、睡眠、饮食等方面多加注意，提高保护意识，掌握更多的预防措施，达到自我保健的目的。指导老年人采取各种健康行为要有一定的针对性，行为内容要简练，注意沟通技巧，结合聊天穿插指导内容，语言要通俗，速度要缓慢，指导内容可以适当地经常重复，以便于老年人记住指导健康行为的内容。充分尊重老年人，少用“应该”这样的字眼，要和风细雨，润物无声，多以商量的口气进行健康行为的指导。

2. 健康教育

核心是认识到“老有所终”。社会化养老有着广泛的健康教育需求。调查发现，健康咨询、健康体检是老年人最需要的。老年人特别有体育锻炼、营养、社会交往活动、必要的交通工具、归属感、定期的健康检查、心理咨询、治疗和获取健康保健知识的需求。调查发现，90% 以上的老年人愿意接受健康教育知识或者对健康教育的内容持肯定态度，80% 的老年人对健康教育的形式以及通过健康教育培养良好生活习惯持肯定的态度，仅有 20% 的老年人不愿意改变以往的生活方式和行为习惯。社会化养老过程中的健康教育目的在于通过有计划、有组织、有系统的社会教育活动，促使老年人自觉采取有利于健康的行为方式或生活方式，消除或减轻影响健康的危险因素，预防疾病，促进健康，提高生活质量。同时，运用社会动员体系，调动社会资源，为老年人提供综合的社会健康教育服务，旨在帮助老年人及其家属建立健康信念，提高老年人自我管理能力和家庭成员对老年人的照顾能力，从而提升人的健康水平和生活质量。[1]通过全民健康教育，认识到健康的因素，全面学会健康管理。

其一，健康因素。健康是有原因的。健康的关键原因除了先天基因的遗传等之外，主要是采取预防保健、疾病治疗等措施。重点突出“老有所

〔1〕 韩雪梅. 社区居家养老中健康教育方法的探讨[J]. 中国社区医师，2012(13)：379－380.

医”。与传统养老机构相似，要以“健康和医疗”为核心来提供服务内容。老人最迫切的需求是什么？这就是医疗资源。因此就需要围绕老年健康，提供“贴身”的医疗资源服务。老人需要延长寿命，保障健康服务，进而提高生活质量。相对而言，老年人就医和用药的频率远远高于年轻人，对医疗资源的需求量较大，依赖性也较强。例如，老年人脑梗死的黄金抢救时间是发作后的20分钟内，过了时间即使抢救过来，也会留下半身不遂等后遗症。如果能够帮助老年人由不能自理走向半自理，半自理走向自理，那么更是受到社会和家庭普遍欢迎的服务。养老产业与健康服务的结合，使得健康可持续。而政策方面，“医保通用”以及“异地入住”等，都是比较相关而且重要的政策环节。甚至可以做到“一边旅游，一边养老”了。[1] 这些产业理念和健康理念关键是来自好的健康教育项目和内容支持。

其二，健康管理。健康管理的重要体现还包括护理康复、心理咨询等方面。这主要体现“人文关怀”。在护理康复的健康管理方面，以老年人高血压、糖尿病管理和控制为例，主要通过健康教育，传播慢性疾病预防和治疗知识，开展有针对性的健康教育服务，并为签约老年人提供个性化的上门服务，提高老年人的自我照顾能力，促进慢性病老年人愿意接受健康中心的管理，同时提升健康中心的品牌形象，提高健康教育和健康管理中对两病的管理人数、管理率及控制率，形成评价方法—评价指标—统计分析—评价结果的循环提升，为更好地进行健康保健、健康教育，以及上门服务为社区老年人提供身体保健，针对不同状态的老年人提供个性化服务，特别是对低年龄、生理自理能力较好的老年人侧重进行以健康教育、健康检查、兴趣活动等为主要内容的健康服务，而对缺乏一定自理能力的老年人或需要康复服务的老年人及时提供上门服务的健康管理活动。[2] 在心理咨询的健康管理方面，调研发现老年人不仅患有高血压、冠心病、糖尿病等老年常见病，而且大部分老年人还面临着心理障碍问题，包括心理护理和心理咨询的健康管理和康复活动也应当成为健康教育的重要内容。现代医学模式表明人类健康受生物、心理和社会因素的相互影响。心理健康是指人的心理活动和心理状态的健康，与人的身体健康密不可分。老年人的心理健康包括性格健全，开朗乐观；情绪稳定，善于调适；社会适应良好，能应对突发事件；有一定

---

〔1〕 杨杨.燕达健康城的“医疗”养老模式.中国民营科技与经济[J].2011(2):57－58.

〔2〕 张升超，周育瑾，王丽杰.社区居家养老健康服务模式研究[J].实用预防医学，2011(7)：1181－1183.

的交往能力，人际关系和谐；认知功能基本正常等五个方面。在心理特点上，老年人认知功能减退导致其出现焦虑、抑郁、愤怒等负面情绪，智力钝化则跟不上知识的更新和社会的发展，易产生焦虑和烦躁，但是老年人的"爱"、"尊重"和"自我实现"的心理需求仍然比较强烈，这些情形容易与其下降的社会地位形成强烈的反差，一旦出现冲突就会导致老年人失落、孤独、悲伤情绪，易产生孤独、抑郁和悲观失望，甚至出现偏执、多疑、幼稚和强迫等行为，如果没有得到及时的心理疏导，久而久之，就会引发心理障碍，严重者影响身体健康。围绕"健康老龄化"的要求，结合老年人的心理特点开展包括心理健康在内的健康教育，一是定期进行老年健康心理评估，及时发现心理健康问题；二是帮助老年人认清并勇于面对自己的认知功能逐渐减退的自然规律，调整好自己的心态，避免焦虑和悲观情绪的产生；三是区别对待老年人的智力钝化，开展健康知识小课堂教育，促使老年人在学习过程中提高生活满意度和幸福感；四是尊敬老年人，训练老年人的日常生活技能，鼓励并创造条件和别人交往，积极参加一系列社会活动，增强其自尊心和自信心；五是进行情感慰藉，促进他们形成积极主动的生活态度，增强自我心理调适能力；六是培养老年人良好的生活情绪，帮助他们了解外界的新生事物，感受社会的发展变化，逐渐协调自己的情绪与行为的一致性。[1]

3. 健康现状

其一，健康发展。建立健康体系，突出"老有所养"，塑造新的"健康保障观"。

首先，健康发展的方法。针对健康现状的健康发展方法，可分为个体教育、群体教育和随机性教育等几个部分。个体教育针对不同个体常见疾病中不同疾病的基本知识，指导个体定期医院检查的意识，明确疾病诊断后坚持针对性服药，根据不同疾病不同阶段实施不同的治疗和保健方案。群体教育以本地区常见疾病为主要选题，开展不针对特定人群的知识讲座和讨论，掌握大家的思想认识状况，认真加以引导并疏解群体认知的误区。随机性教育就是通过开设固定的咨询场所接待随机前往咨询的人群，或者不设立固定的场所随机到人群中去了解健康发展情况，随时讲解相关疾病的预防和治疗的知识，随机解决健康发展中存在的问题，既可以是人群中巡视，

---

〔1〕 邓虹，冯晓薇，黄晓云. 不同养老模式对老年人心理健康影响的调查研究［J］. 岭南急诊医学杂志，2011(6)：486－488.

也可以是多次反复宣教。其次,健康发展的内容。健康发展的内容以健康教育的项目为主。健康发展的内容具体包括生活方式的指导、体育运动的指导、健康心理指导、相关疾病知识的宣教、针对疾病药物治疗的使用指导、相关疾病监测中的指导,等等。生活方式指导中强调科学饮食、科学睡眠、科学用脑、科学增强记忆等内容;体育运动指导中强调对安全适量运动的坚持,运动强度因人而异,循序渐进,指导老年人根据病情、年龄、体质选择散步、慢跑、太极拳、跳舞、旅游等运动项目[1];健康心理指导中强调对老年人的理解尊重,指导老年人学会自我调节,使其保持良好心态,稳定病情,注意人际关系的处理;相关疾病宣教中强调宣教有关疾病的定义、病因、症状、危害,以及预防控制等相关知识;药物治疗的指导中强调药物的常用方法和常识,有关药物的名称、剂量、用法、作用与副作用反应,坚持服用相关药物的意义,提高老年人的遵医行为和对药物依从性;相关疾病监测的指导中强调对老年人疾病监测意义的认识提高和兴趣培养,将相关监测结果告诉老年人,让其自己记录对照,例如,记录不同时期血压的监测值,告知其正常值和波动范围,有利于老年人主动观测,及时配合调整药量。此外,健康发展的内容还包括健康评估及其结果的有效应用。通过健康教育和健康评估让老年人提高对一般疾病知识的知晓率和疾病治疗的参与率。

其二,健康自测。除集体组织的健康状况监测外,我们应当发挥老年人自身的能动作用,加强健康自测工作的普及。在健康自测过程中,主要是要突出“老有所为”,使全社会共同关心老年人的健康现状和健康发展的同时,特别是适度地、具体地发挥老年人自身的作用。例如,药物的适应性运用和针对性问题的监测就需要老年人自身的密切配合。

二、参与养老

1. 宗教参与养老

世俗化是宗教绵延之根本。宗教参与养老体现了宗教的世俗化和宗教的社会服务本性。从本质上看,宗教世俗化是宗教适应社会的必然选择,宗教社会服务是宗教世俗化的表现形式。赵立新、柏娜认为,宗教参与养老是社会转型时期宗教顺应社会责任主体多元化的趋势,在养老领域开展社会服务的实践活动。一方面,宗教仪式世俗化脱下了宗教的神秘面纱,拉近了

〔1〕 朱凤华,赵冬梅. 健康教育在养老机构医疗服务中的作用[J]. 社会福利,2011(12):28-29.

宗教与人之间的距离，成为宗教参与养老的基础；另一方面，宗教参与养老的实践活动又在宗教社会服务范围、服务内容和服务方式等方面促进了宗教世俗化的发展。宗教参与养老涉及社会服务问题、管理模式转变、地区实证研究的具体分析等方面。

其一，宗教参与养老的社会服务问题。[1]首先，如何从社会学视角来理解宗教。作为一种社会现象，宗教并不因为人类的理解或不理解而长期存在。宗教作为一种统一的"信仰和行为体系"，被人们毫不客气地划分到神秘事物中去，甚至被列为禁忌的东西，统一在教会这个单一的道德共同体之中，并且在这种具有"独特力量"的神圣体系里，使得人生神圣起来、升华起来。类似于上层建筑、文化现象的是，宗教把人们对世界本质和人生意义的种种"追求、探索、渴望与意识"联系在一起。在宗教信仰中，假定经验的实在与超经验的实在之间虽然存在差异，但是经过宗教这一活动却得以调节。这些宗教调节活动使得人们在心理上和精神上对人类基本需求得到了基本的满足，能够"逢凶化吉"，甚至"因祸得福"。在这种活动中，人类秩序得以巩固，人类活动的秩序化被这种神圣的方式固化下来。通过某种象征物能够具体地影响到人们的情绪、感情和行为倾向。宗教化的语言文字作为某种预言的形式或观念足以在人们的心中产生巨大的"潜移默化"的力量，使得内心建立的强有力的、普遍持久的情绪和动机被看起来是唯一而实在的。尽管世界上的宗教有多种不同的定义和内涵，甚至不同宗教之间仍然存在"敌意"，但是不同宗教的信徒之间始终保持着对自身信仰的虔诚，哪怕有的只是侧重于宗教的实质，有的只是侧重于宗教的功能，而有的只是侧重于宗教的标志。虽然任何某一侧重都有其片面性和局限性，但是在不同的信仰者看来都具有一定的合理性。宗教与社会密不可分。宗教建立起社会体系中的神圣秩序，借助超自然、超人间力量的信仰者，以神灵、崇拜为核心的社会意识的形成，并以特定的组织、制度和行为活动体现这种意识形态，试图解决特别是包括老年人在内的、其心中"不可驾驭"的关于生死、现世与来世等之间的矛盾冲突认识。宗教现象反映了人类对支配人的自然现象和社会现象的某种程度的"屈服"。作为一种世界观，宗教不仅设定了世界的结构和秩序，而且设定了维护这种世界结构和秩序的世俗控制手段，并且借助宗教规范体系和宗教机构来执行它、落实它。宗

〔1〕 赵立新，柏娜：宗教世俗化与宗教参与养老［J］. 鲁东大学学报（哲学社会科学版），2012（3）：6－11.

教借助“神灵”，以及神圣不可侵犯的超自然力量，规范人们的行为，使得宗教的情感色彩更浓，有着更高的自觉性和自律性，有着更强的控制力量。作为一种理想，宗教完全不同于迷信的是其精神寄托感，成为医治人们精神的良药，哪怕只是精神鸦片而已。实证调查表明，现实中有很多养老中的老年人对宗教信仰“五体投地”。有些老年人走火入魔，被邪教利用的惨痛现实教训反复告诫我们，宗教参与养老问题不可忽视。认识宗教就必须认识宗教的世俗化。宗教从神圣化走向世俗化，其实不只是宗教力量在社会生存中的削弱，反而是宗教力量在社会中的根深蒂固的体现。其主要表现：一是走下神坛，政教分离；二是关注世俗，服务社会。宗教以扶危济困、普世爱人为宗旨，自古就有服务社会的传统，例如，佛教主张“慈悲济世，利乐众生”；基督教道德实践的核心精神是“爱人”，要求教徒“服务人”、“服侍人”；伊斯兰教主张“两世并重、两世吉庆”。宗教通过共同的信仰作为维系其信众的纽带，通过教义教规规范、纠正信徒们的思想和行为，从而自觉服务社会，以实际行为展现社会服务的理念。

其次，宗教世俗化与宗教参与养老的相互关系问题。一方面，宗教世俗化是宗教参与养老的基础。宗教世俗化不仅仅使宗教揭开神秘面纱，主动贴近世人的生活需求，而且拉近了人与宗教的心理距离的同时，宗教世俗化还催生了宗教服务社会，为宗教参与养老创造了空间。在以无神论为宗教文化主流的现实中国老百姓的文化生活中，各种宗教活动并没有停止其宣传教育和实践工作。宗教仪式和宗教服务在一些地区甚至被当作“慈善”，具有垄断组织的至上地位。社会转型时期的宗教参与养老活动，其渗透到养老领域开展社会服务，首先是满足了老年人的精神需求，在一些人看来，这也是提高养老质量的需要。针对老年人的弱势社会地位，如何幸福地安享晚年，宗教在精神慰藉、终极关怀等方面具有其他养老主体无以比拟的优势。当制度缺失、信仰迷失、道德滑坡时，宗教的及时出现无疑是合情合理的。另一方面，宗教参与养老、促进宗教世俗化发展。宗教参与养老不仅推动宗教的道德化和道德的宗教化，促进宗教伦理的世俗化，而且宗教参与养老还拓展了宗教社会服务的范围，丰富了宗教社会服务的具体形式，推动着宗教的世俗化进程。与此同时，宗教参与养老还推动着宗教机构成为养老主体的社会构成，有利于实现宗教组织世俗化。宗教参与养老，既推动教徒注重践行“人—神关系”的行为规范，又推动教徒注重“人—人关系”的行为规范。人人关系成为人神关系的合理延伸。恪守宗教教义，贴近百姓生活，从自身做起，从当下做起，从关爱老人孝敬老人着手,从而把这一行为规范当作道德修养和人格修炼的基础。人生自古谁无死,关爱老人天经地义。宗教场所接纳老年人、服务老年人,开展为老年人服务的各种活动不断增加,从而对与“神”相关的朝拜、圣事活动相对减少,各种教堂与教会、寺庙宫观兴办老年俱乐部甚至作为养老场所的世俗化范例便不断涌现。可以想见,苏州在各大宗教场所除政府每年举行的文化活动外,还举行着若干老年人参加的各种“宜老”活动。这不仅使得宗教大众化,而且使得社会养老多元化。

其三,宗教参与养老的管理模式转变。笔者经常思考的是“宗教内部管理模式的社会化、公开化、透明化问题”,当把宗教与养老进行相关性的关联问题探讨时,这一思考和探索的欲望更加强烈。应当看到,宗教知识是非理性的,它对信徒的行为有着相当大的控制力。我国宪法赋予公民宗教信仰自由的权利,但是我国却不是一个宗教信仰盛行的国度。宗教生活领域的变迁成为社会转型时期不得不重视的社会问题。毕竟,由宗教冲突引发的地区矛盾的正确解决,也是有效管理社会公共事务的重要组成部分。由于受“政治运动”和“文化运动”的传统影响,使得宗教问题和宗教发展更具有复杂化的倾向。改革开放以来,我国部分地区出现了“宗教热”现象,信众两极分化逐步加剧,一是以外来人员和本地农民构成的低层次信众。二是以境外信徒为主构成的高层次信众,而且信徒信教动因各不相同,本地农民信徒基本上还是贫穷的群体,因病信教者的比例居高,而留学海外的归国者等境外信徒群体往往是外企白领阶层,属于高级知识分子类型,其动因更多的是精神层面的追求,以及对西方文明探索的学术兴趣,例如对人生价值和意义的讨论,心灵慰藉方式多元化的找寻,等等。随着教会世俗化趋势的日益明显,支持“希望工程”和“银发工程”的善款数量不断剧增,宗教的社会影响也越来越大,信众也不断增多。一个比较突出的现象是,信徒中以传统的老年女性多,患有疾病的多,低文化水平的多,转变为男性增多,年轻人增多,知识分子增多的倾向和趋势。而且,随着这些信徒文化层次的提高,其法治意识、维权意识、自主意识的增强,政府强化依法管理的客观要求也越来越高。有的甚至从“地下教会”,演变成“新生事物”。[1]不少私设的聚会点成为变相的“养老院”,其信徒鱼龙混杂。甚至有些境外人员借助宗教活

〔1〕 王春晖.社会转型与宗教管理模式的转变——以浦东新区基督教现状为例[D].上海:复旦大学,2005.

动夹杂非法成分，导致当前社会管理在整体上出现尴尬的场面。在行政手段和依法管理并存并替的局面必将持续较长时期的情形下，我们需要随时根据社会的发展变化不断调整法律规定的同时，还必须采取灵活、务实的行政管理办法，以解决宗教发展中出现的新问题。既可以对宗教事务管理逐步实行社会化管理的转移，也需要重点完善地方性宗教事务管理的法规和规章，还必须进一步完善宗教组织自身的培养与调节机制。我们必须正视的是，网络宗教、民间宗教、新兴宗教对传统信仰文化及其宗教组织的强烈影响和冲击。信仰的多元化趋势在所难免，需要我们在实践中不断接受改革开放和科学发展所面临的新的严峻挑战。既要大胆地吸收西方宗教中服务社会的合理成分，又要为构建和谐社会服务保持先进的文化氛围。

其四，宗教参与养老的地区实证研究。本土宗教信仰体系中，往往比较突出的是：祖先崇拜、神灵信仰、领袖崇拜。大搞所谓的“坟祭”、“族谱祭拜”等活动，尤其以农村为盛，建有“关公庙”、“村神”等，有的家中至今仍有领袖塑像，企求保佑，获得灵验。赵立新、杨海松通过对豫东杨村基督教的实证研究发现，汉族地区宗教参与养老刚刚起步，存在自发性强、组织化水平低、形式单一以及覆盖面窄等问题。

2. 金融机构参与养老

其一，依托金融市场运作养老资金的必然选择。[1]“发挥金融市场作用，优化养老资金运作，维护和提升养老资金价值”，这是我国应对巨大养老资金需求的必然选择。养老资金的“筹集、运作、发放”的三个环节管理中，以运作养老资金最为关键和难点，运作环节是关系到养老资金价值的直接要害。首先，从国际养老资金运作的经验来看：发达国家养老资金运作方面值得我国借鉴的主要经验：一是市场主导的运作模式；二是多元化的投资渠道；三是严密的风险管理；四是有效的政府监管。例如，运作模式方面，在养老资金管理体制上，发达国家普遍采用信托模式，以受托人作为养老资金运作体系的核心。实践证明，信托模式所独有的债务免追索和破产隔离功能，有利于保证养老资金独立、安全和受益人利益的最大化。投资渠道方面，发达国家对养老资金投资的管制普遍较少，而且投资范围呈现不断扩大的趋势，股票市场和债券市场仍然是欧美等发达国家养老资金投资的最主要领域，新兴投资领域陆续出现，并且投资出现国际化的趋势。风险管理方面，从制度设计、管理要求、投资策

〔1〕 罗熹. 依托金融市场运作养老资金是我国的必然选择[J]. 红旗文稿，2012(20)：15－17.

略、控制技术等都加强养老资金风险管理。美国采取“投资限制、资产分离、最低收益率、强制信息披露和创新风险监测技术”等手段加强风险管理。通常更加倾向于实施“分散化投资”策略;积极采用“第三方担保、风险管理模型、风险预算、风险对冲、压力测试”等技术,降低投资风险,提高投资收益。政府监管方面,代表性模式主要是“审慎人”模式和“数量限制”模式,前者源自英美法系国家,后者源自大陆法系国家;前者要求将养老资金投资管理当作个人事务一样谨慎小心,后者则强调对养老资金投资的数量或比例的限制。通过事前监管、事中监控、事后反馈来实现对养老资金投资的全面、及时、有效的监管。其次,从养老资金的运作现状来看。我国养老资金市场尚处于起步阶段,还不能适应日益增长的养老保障需求,主要问题是:市场化水平不高,运作模式差异大,投资限制比较多,投资收益不理想,监管思路有待更新。一直以来,我国养老金保险制度带有鲜明的政府保障特点,政府始终在养老资金运作过程中发挥主导作用。无论是城镇职工基本养老保险、城镇居民社会养老保险,还是新型农村社会养老保险等社会保险基金,一直都是实行政府社保经办机构直接管理的模式,政府“统包统揽”,直接投资,并没有引入商业管理机制。我国现有养老资金运作模式仍然存在制度“碎片化”、监管不统一、整体效率低等不足。从总体上看,我国各类养老资金在“投资范围、投资产品、投资比例、投资区域”等方面都受到比较严格的限制。而且,相对于发达国家而言,我国各类养老资金投资方式受限,选择空间较小,严重制约了投资增值能力。由此,投资收益不高既受到市场化运作水平较低的影响,也受到相对严格的投资限制的局限。监管手段中缺乏事前、事中的过程监督,信息披露和公众监督机制也不健全,科学合理的养老资金运作评价机制缺乏,监管自动化、信息水平均有待提高。再次,从养老资金市场运作的对策优化来看:我国养老资金市场运作的对策优化侧重于四方面:一是要推进基于信托模式的市场化;二是要拓宽投资渠道;三是要强化风险管理;四是要完善市场监管。通过依托关系保证养老独立性,减少监管部门、委托人对受托人行为的干预,允许商业银行以代客理财、发行养老专项产品等形式参与养老资金投资。

其二,养老服务体系建设需要财税和金融的共同推动。[1]应当充分认识到,养老服务体系建设离不开政府财税和民间金融支持。一方面,养老服

〔1〕 王燕.我国养老服务体系的建设需要财税和金融的共同推动[J].城市建设理论研究,2012(24):1-6.

务体系事业有公共产品性质，自然离不开财政支持，而政府财政力量又并非无穷无尽，难以满足长期持续的巨额养老资金需求。事实上，社会对养老服务机构的需求不断增加，全部依赖财政解决养老资金需求的思想难以实现，养老服务机构融资渠道还受到颇多限制。为此，社会各界呼吁强化财政支持力度的同时，还要求积极引导民间资金对养老服务领域的支持。2012 年我国民政部公布的《关于鼓励和引导民间资本进入养老服务领域的实施意见》中就提到要加大对民间资本进入养老服务领域的资金支持：一是争取建立养老服务长效投入机制和动态保障机制，不断增加对民间资本进入养老服务领域的财政支持；二是争取设立多种形式的专项投资，鼓励和引导民间资本进入养老服务领域，在安排中央专项补助资金支持社会养老服务体系建设工作中，要将民间资本参与运营或管理的养老机构纳入资助范围；三是各级民政部门福利彩票公益金每年留存部分要按不低于50%的比例用于社会养老服务体系建设，并不断加大对民间资本提供服务的扶持力度；四是鼓励金融机构加快金融产品和服务方式创新，通过创新信贷品种、增加信贷投入、放宽贷款条件、扩大抵押担保范围等方式，加大对民间资本进入养老服务领域的金融支持。当然，如何有效配合财税政策的实施，如何通过市场化手段促进养老服务体系中的资金需求，仍然是需要共同关注和多方共同努力的崭新课题。

其三，健全金融体制对发展养老体系的重要作用。[1]我国的金融市场一直是我国经济发展的软肋，一方面商业银行的资本金不足，不良资产率居高不下，另一方面，我国评判市场不但存在其他市场经济国家普遍存在的一般风险，而且还面临着转轨经济国家特有的证券市场失效的系统性风险。与此同时，国家监管部门目前仍处于进退两难的状况，究竟是放开限制还是不放开限制，如何把握放开的度，一直是监管部门研究的重点。问题的关键是如何完善金融体制成为发展养老服务体系的重中之重。这是因为，一个混乱的金融市场是根本无法作为社会养老保险体系的保障，甚至还将阻碍其可持续发展，危及到社会的整体稳定。

3. 非政府组织参与养老

其一，苏州的实践与政策思考。[2]尽管苏州在全国而言属于经济相对

---

〔1〕 张志杰. 论健全我国金融体制对发展养老体系的重要作用[J]. 致富时代，2011(2)：93.

〔2〕 胡宏伟，严晏，时媛媛. 中国非政府组织参与居家养老服务的实践与政策思考[J]. 天府新论，2011(5)：96－100.

发达的领先地区,但是在苏州的部分农村地区“未富先老”的情形仍然存在,特别是随着外来人口密度的进一步加大,以及经济发展的不平衡等,这一趋势特别明显。非政府组织参与社会化养老服务体系是我国养老服务事业发展的必然趋势。单纯就此方向而言,关键是要明确非政府组织的功能,保持非政府组织自身的独立性,确保非政府组织参与社会化养老服务的稳定性与可持续性。同时,在加强非政府组织的内部财政管理、完善人力资源管理制度、加强对外的沟通学习等方面也应进一步加强。在政策方面,除大力鼓励非政府组织参与社会化养老服务,构建非政府组织参与社会化养老的法律法规体系,通过多种渠道为非政府组织参与社会化筹集资金外,还必须加强对非政府组织参与社会化养老服务的指导和监督,关注非政府组织在城乡一体化、社会化养老保障体系建设中的作用。

其二,参与路径分析及问题对策。[1]非政府组织又称为“民间组织”、“公民社会组织”、“社会中介组织”或“第三方力量”等。广义地说,它是特指所有的非政府、非企业的社会组织,包括非营利性事业单位、社会团体和群团组织、各类非营利性社会中介组织及各类民办非企事业单位等。而在狭义层面上,它就是一种非营利的社会中介组织,其特点是非政府、非营利、非党派,具有自主管理和一定的志愿性、自治性、公益性的特征。其参与社会化养老的路径有制度化参与和非制度化参与两种。制度化参与就是指程式化、合法化的一种正向参与,具有提出申请和附条件审批的过程。非制度化参与则没有申请和审批的过程,主要是通过公共政策的参与自主确定方案,决定到底是以合法性间接参与或非法性的参与方式来参与。前者包括合法性集会或示威、研讨会等,后者有非法示威、暴动等。非政府组织政策参与可以弥补政府失灵,提高政府服务效率;能够表达利益诉求,维护公共利益;能够分解政府压力,监督政府行为;还能够推动利益多元化,促进社会可持续发展。当前的问题主要是非政府组织管理法律体系不健全,非政府组织政策参与经费普遍不足,非政府组织人才资源明显不足,而且非政府组织政策参与的监督乏力。分析其原因,一是非政府组织法制建设滞后制约了非政府参与的效力,二是现行行政管理体制限制了非政府组织政策参与的发展空间,三是非政府组织自身存在的问题束缚了其政策参与的步伐。

[1] 张蕊.论中国非政府组织的政策参与及其路径分析——以宁波市海曙区政府购买居家养老服务为例[D].长沙:湖南师范大学.2009.

为此，一要加快建立和完善非政府组织法律体系，二要转变政府职能，营造有利于非政府组织政策参与的社会环境，三要加强非政府组织自身建设，提高政策参与能力，四要完善社会监督体系，对非政府组织的活动进行有效的监督。

其三，优势养老模式[1]的正向效应[2]。非政府组织凭借其独特优势，在社会化养老服务体系中发挥着重要作用，不仅有效地弥补了政府和市场在养老领域的滞后与不足，而且对社会化养老服务模式中的非政府组织参与发挥了正向效应。其具体的模式优势和正向效应主要是：弥补政府不足，提供多元服务；补偿契约失灵，完善养老体制；减轻养老负担，提高服务效率；整合社会资源，提升福利水平。从基本内涵来看，非政府组织政策参与的目标是追求、实现、维持和保障民众利益诉求，从而最大限度地发挥政策收益，而且，非政府组织的政策参与是一种过程参与，多数情况下是一个主动参与的过程。

三、保障养老

1. 失地农民的养老保障[3]

其一，征地保障的历史回顾。近年来，随着我国工业化和城市化进程的加速，城市郊区失地农民数量逐年增多，而城市郊区农民在失去土地的同时，也失去了基本的生产、生活和就业保障。失地农民安全有效的社会保障制度的建立意义深远。新中国成立以来，我国对失地农民的征地保障大致经历了四个变迁阶段：第一个阶段是“土地换土地”，以 1950 年 11 月 10 日《城市郊区土地改革条件》为标志；第二个阶段是“土地换工作”，以 1986 年 6 月 25 日全国人大通过的《中华人民共和国土地管理法》为标志；第三个阶段是“土地换现金”，以 1998 年修订的《中华人民共和国土地管理法》为标志；第四个阶段是“土地换失地保障”，以 2004 年国土资源部出台的《关于完善征地补偿安置制度的指导意见》为标志。但是，王慧娟等人通过对征地保障四个阶段总结，发现正在进行的有关失地农民社会保障的实践仍存在诸

---

〔1〕 钟金玲. 非政府组织参与居家养老的优势、问题与对策［J］. 福建行政学院学报，2012(2)：45－50.

〔2〕 秦勃. 中国非政府组织政策参与及其正向效应分析——以宁波市海曙区政府购买居家养老服务为例［J］. 北京邮电大学学报(社会科学版)，2009(6)：75－79、93.

〔3〕 王慧娟，姚萍，贾永飞. 从失地保障志向社会养老——对南京市郊区失地农民保障问题的思考［J］. 乡镇经济，2009(5)：100－104.

多问题。失地农民在逐步转变为城市居民过程中就业方式发生重大变化，不少失地青壮年农民处于失业或就业方式不适应状态，对重新就业准备不足；医疗保障水平低，导致失地农民因疾病返贫概率上升。这就要求推行失地农民生活保障办法的同时，还必须引入商业保险，建立起以企业为依靠、农民个人缴纳一部分、集体承担一部分的缴费模式，形成以“最低生活保障为基础、就业保障为重点、社会保险为主体、商业保险为补充”的失地农民社会保障体系。

其二，现行征地保障办法存在的缺陷。这主要表现在：征地补偿安置显失公平；社会保障缺乏合理性；城乡保障脱节；失地农民养老保险制度不规范。补偿方面，征地补偿安置标准偏低，征地补偿安置标准不统一，征地补偿标准的不合理。保障方面，养老保险水平低下、层次单一，医疗保险缺失，就业保障作用甚微。城乡保障方面，王慧娟等人认为，“现行的失地农民保障并不是一种社会保险，保障功能弱、资金来源单一、接受程度低，对于城市郊区失地农民起不到良好的保障作用。失地农民基本保障不够健全，而其他保障政策又将城市郊区失地农民排除在外”，“现行的失地农民保障政策并未起到架起城乡保障过渡的桥梁作用，而将失地农民架空，成为农村居民和城市居民之间尴尬的群体”。制度方面，“一方面政府越位承担了前期投保宣传的工作，向失地农民承诺集聚养老金的标准很优厚，而另一方面真正制定标准的保险公司的费率却无法根据社会发展做出调整，从而使失地农民在真正集聚养老金时标准低于预期，‘大呼上当’”。

其三，相关的对策和建议。一是构建新型失地保障体系，二是实现失地保障到社会保障的良性对接，三是商业保险与政府安置结合。“土地换保障”，要防止货币补偿的金额过低影响农民今后的基本生活，构建一个以产权占有为基础，以财产性收入保障为核心的被征地农民动态保障体系，尽量规避制度风险和道德风险，满足失地农民保障的需要，形成基本生活保障、收入保障和就业保障“三位一体”的保障体系。基本生活保障满足最基本的居住、养老、医疗需要，收入保障满足个人财产性收入和分享集体资产经营增值收益的要求，就业保障包括提供就业岗位和通过针对性地组织就业培训、拓宽就业渠道等几方面。失地保障到社会保障的良性对接，主要是角色对接、权利对接和制度对接。“失地农民的养老保障待遇与缴费多少直接挂钩，并且不应低于当地最低生活保障水平，否则制度的价值无从体现。”商业保险与政府安置相结合，好处在于政府和保险公司双方的责任与义务十分明确，而且政府给予的补贴可以按照实际运行的情况逐渐增加，有利于实现几方面的“多赢”。

2. 城乡统筹的养老保障[1]

其一，社会养老保障制度城乡统筹是社会稳定发展的现实需要。社会养老保障城乡统筹既是市场经济条件下建立城乡统一的劳动力市场的需要，也是实现农业现代化的需要，还是解决农村老年危机的明智选择，更是促进社会公平与稳定的需要。所谓城乡统筹，是指在我国的城乡经济社会发展形成二元结构格局的历史背景下，意在打破城乡分割的二元结构，逐步缩小城乡差距，促进城乡协调发展，实现城乡一体化的理想。城乡统筹既是一种发展理念，也是一种工作思路和方法，还是科学合理的政策导向，更是一种理想状态。与“城乡一体化”所不同的是，城乡统筹要尽力消除城乡差别，实现城乡协调发展，强调走向一体化的过程，而城乡一体化强调的是城乡融合的结果，更多的是可被作为一种长远的奋斗目标。两者是一致的，都是把城市与农村的发展作为一个整体而不是割裂地加以考虑。在我国城乡二元经济结构的背景下，由城乡开通、联合、再发展到城乡融合，最终实现城乡一体化是一个长期的过程，一定要树立循序渐进的思想，克服急于求成的弊端。在传统的养老保障方面，农村的农民养老不得不选择“养儿防老”的路径，而城镇职工统一依靠社会养老保险。统筹之后则城乡统一都是依靠社会养老保障，把城市和农村作为一个有机的整体。

其二，社会养老保障制度城乡统筹的理论基础与历史发展。社会养老保障制度的城乡统筹是我国城乡统筹的重要组成部分和重要方面，也是我国保持社会稳定、实现社会和谐发展的现实需要。马克思主义创始人以科学的唯物史观为依据，把城乡差别和对立的产生与城乡统筹发展放到生产力发展的背景下去分析，通过分析后认为城乡差别和城乡统筹都是社会生产力发展的结果。而且，城市和乡村对立的消灭不仅是可能的，而且是现实的需要。实施收入分配政策的一个最为重要的做法，就是要尽快在全国范围内建立起城乡统筹的社会保障体系，通过中央政府和城市区域的转移支付，建立经济欠发达的农村的社会保障，从而缩小城乡之间社会保障的差距。这就是社会养老保障制度城乡统筹的理论基础。

---

[1] 汪沅，汪继福. 我国社会养老保障制度的城乡统筹问题探析[J]. 税务与经济，2008(3)：28－32.

从其历史发展来看，统筹城乡经济社会发展，实行工业反哺农业、城市支持农村，这是世界上多数国家特别是发展中国家发展到一定阶段后的必然选择和普遍遵循的规律。我国作为发展中国家，在推进现代化过程中，特别是在经济发展到一定阶段之后，遵循这个规律，实行城乡统筹，同样具有其历史的必然性。西方发达国家的社会养老保障历程也是由部分覆盖农村到全部覆盖农村的过程，逐步将农民纳入社会养老保障的范围。由此来看，我国建立和完善城乡统筹的社会养老保障制度是符合历史发展的客观规律的。

其三，社会养老保障制度城乡统筹的实践探索及具体措施。党的十六届六中全会作出"逐步建立覆盖城乡居民的社会保障体系"及"有条件的地方探索建立多种形式的农村养老保险制度"的决策，《中共中央、国务院关于推进社会主义新农村建设的若干意见》和"十一五"规划纲要中都把"建立与农村经济发展水平相适应、与其他保障措施相配套的农村社会养老保险制度"作为推进社会主义新农村建设的重要内容，并且摆在了突出的位置。《国务院关于解决农民工问题的意见》、《国务院办公厅转发劳动保障部关于做好被征地农民就业培训和社会保障工作指导意见的通知》、《国务院关于加强土地调控有关问题的通知》等文件，对被征地农民、农民工和务农农民的社会保险工作作了重要部署。《国务院关于建立统一的企业职工基本养老保险制度的决定》的发布，标志着城镇企业职工"社会统筹与个人账户相结合"的部分积累制的基本养老保险制度正式建立；国务院《关于完善企业职工养老保险制度的决定》的发布，使城镇企业职工基本养老保险制度得到了进一步完善，现收现付制度逐步过渡到部分积累制后，进一步走向完全积累制过渡和转型。在实践探索方面，苏州市规定，乡镇范围内的企业职工都要参加城保，纯农民参加农保，农保和城保之间可以接续转换。其他地区的实践探索也积累了宝贵经验。例如，无锡市以职工来划分和确定参保对象，乡镇区域企业职工、纯农民、被征地农民分别实行不同的保险体制，各项养老保险制度之间有机衔接，相互贯通，共同构成覆盖城乡的养老保护伞。嘉兴市实施了《城乡居民社会养老保险暂行办法》，规定城乡居民都可以参加城乡居民社会养老保险，改变了只有企事业单位职工、被征地农民等特定人群才能享受社会养老保险的状况。从具体措施来看，一是把建立和完善真正意义上的农村社会养老保险制度作为突破口；二是把探索能够统筹城乡社会养老保障的新制度作为首要任务；三是把社会养老保障资金的筹集和管理作为必须破解的难题；四是把建立一体化的社会养老保障管理体系作为基础；五是把完善法律作为社会养老保障制度城乡统筹的保障。总之，进一步推进我国社会养老保障制度的城乡统筹，需要以建立和完善农村养老保险制度为突破口，需要创新制度、破解资金难题、统一管理体系和健全法律体系。

3. 制度公平的养老保障[1]

其一，现行制度主要缺陷。一是社会养老保障待遇群体间差距过大，二是社会养老保险实际覆盖率不高，三是社会养老保障部分项目基金支付风险严重。从待遇来看，现行社会养老保障制度按照人群设置，导致不同的人群适用了不同的社会保障制度，而且不同制度之间难以衔接。从覆盖来看，虽然经过长期努力，各地社会养老保险覆盖面有逐步扩大的趋势，但是与全面覆盖的要求相比还仍然有较大差距，并未做到“应保尽保”。从风险来看，主要因素有：人口老龄化趋势；社会养老保障筹资渠道少；历史债务；社会保险缴费基数不实；基本养老保险利差损严重；养老金待遇调整机制失效；等等。以社会保险缴费基数为例，缴费基数是影响社会养老保险基金收入的重要因素。但是，近年来缴费基数不实的现象普遍存在，据有关地税部门估计，目前各地基本养老保险缴费基数综合打折率基本是在50%至60%之间。为此，规范基金征缴行为，做实缴费基数对于改善基金状况，营造公平的区域经济发展环境十分必要，而且非常重要。再以养老金待遇调整机制为例，基本养老保险制度有一个自然增长机制，基础养老金的发放标准与职工平均工资的增长相挂钩，但是近年来的实践表明，国家连年大幅度调高基本养老金待遇标准，虽能一定程度缓解机关事业单位与企业间养老金待遇过分悬殊的矛盾，这种非理性决策却得不偿失，它破坏了养老金待遇正常调整机制，大大增加了基金的支付压力，造成企业在职人员工资与退休人员养老金倒挂现象，进一步扩大社会保障领域的城乡差距。

其二，制度设计理念反思。理念偏差集中表现在：一是社会养老保障对象不明确，到底是城镇户籍人员，工薪劳动者，还是全体国民；二是社会养老保障制度不清晰，到底是按人群设置，还是一体化独立运行；三是社会养老保障目标不具体，到底是缩小收入差距，还是扩大收入差距；四是社会养老

---

[1] 何文炯. 社会养老保障制度要增强公平性和科学性[J]. 经济纵横，2010(9).

保障体系不健全，到底是多层次，还是单一层次；五是社会养老保障责任不落实，到底是政府、用人单位，还是劳动者、社会成员各负其责。应当看到，理念的偏差必将导致指导思想的偏差，进而导致制度设计的缺陷，因而在实际运行中产生各种各样的问题。例如，社会保障的核心价值是追求社会公平，所以，社会保障制度的设计就应当以缩小收入差距为目标，但是现行社会养老保障的部分项目在制度设计时还没有贯彻这一原则。根据现行的社会养老保障制度的安排，越是地位高、收入高的人群，其保障待遇也越高；反之，地位越低、收入越少的人群，其保障待遇则越低。前者在一次分配中已经得到较多利益，二次分配时仍继续多得利益，而后者一次分配中利益较少，二次分配利益仍然是少，如此趋势，我们的再分配制度不是缩小收入差距，而是继续扩大收入差距，直接导致两极分化不断加大，社会矛盾不断升温。结果是，贫者愈贫，富者愈富。这样很可能引发社会不稳定因素的增加，社会矛盾更加突出。

其三，制度科学性再增强。从思路调整来看，一是要加快机关事业单位社会养老保险制度改革，把机关事业单位作为一个整体进行改革，与其他社会成员创造获得补充养老保障的有利环境；二是朝着基本制度一体化的方向努力，按照管理学原理，同一类风险的基本保障制度以统一为宜，防止管理成本和道德风险的无谓增加；三是切实落实“公平”与“科学”，把社会公平当作社会保障制度的灵魂，尤其是作为保障社会成员老年基本生活需求的基本养老保障制度，始终把“公平”放在首位。从目标模式来看，根据人人公平地享受社会养老保障的制度要求，我们应当首先确立社会养老保障体系的目标模式，然后稳妥地向逐步实现过渡。例如，“A + B”模式构建养老保险体系中，“A”为国民年金制度，政府对每个达到退休年龄的国民统一发放养老金，其资金通过税收实现，其标准按照退休后居民生活水平确定；“B”为个人账户制度，工薪人员强制参加并缴费，其余人员自愿参加和缴费。这样做的好处是政府责任有限合理，政府不再承担资金兜底的责任，但是，政府必须对历史遗留和过渡期的成本承担责任。从政策措施来看，主要是：加快机关事业单位社会养老保险制度改革；加快建立老年津贴制度；改进职工基本养老保险；整合相关社会养老保障制度；建立健全社会养老保险精算制度；加快发展补充养老保险；进一步提升社会保障经办与服务能力；优化社会养老保障制度运行的社会环境。

第二节　社会化养老的建设性取向

一、“基本养老”的全覆盖

其一，推进城乡统筹，让基本养老保险的阳光普惠广大群众。[1]首先要确保基本养老保险“扩面”工作成效。基本养老保险的阳光要“普惠”广大人民群众是一项严肃的政治任务。要确保这项工作取得成绩和效果，一是要切实将“扩面”工作做得扎实有效，二是要在“扩面”工作中发挥明显的整体推动作用，三是要在“扩面”工作中保持健康良好的发展态势。其次要确保克服“扩面”工作困难解决实际问题。一是要解决思想认识问题，二是要解决缺口目标问题，三是要解决参保流失问题，四是要解决执法力度问题，五是要解决机构建设问题，六是要解决制度选择问题。思想认识要强调“依法参保”意识，绝对不能只“重视发展经济”而“忽视组织参保”。目标考核指标包括养老金按时足额发放，按规定完成计划征收、发放任务，缺口部门由各级财政负责兜底。在社会保险实现全国联网前，要加大审批把关的服务，防止出现重复参保或漏保现象发生。再次要确保基本养老保险“扩面”成效的对策建议得到及时落实或最终采纳。一是加大政策宣传力度，二是建立部门联动机制，三是积极推进资产清偿，四是强化参保执法监察，五是加强经办机构建设，六是加强政策研究探索。基本养老保险工作事关国计民生，是党的十八大提出的“覆盖城乡居民的社会保障体系”的重要内容。确保“老有所养”切实实现，应站在战略和全局的高度，切实加强养老保险的“扩面”工作，努力扩大基本养老保障的覆盖范围。

其二，养老保险全覆盖，真正让群体感到满意、感到幸福。[2]重视城乡居民养老保险工作，对城乡居民养老保险专题研究，推进社会保障全覆盖，稳步提高保障水平，加快建立新型农村社会养老保险体系，完善城镇基本保险制度，健全城乡居民最低生活保障制度，让群众生活有着落、养老有保障，还要通过走基层、访农户，使群众明白“惠在何处、惠从何来”。养老保险全覆盖的任务十分明确，关键在于落实。要精心组织，加大力度，把好事办好，

〔1〕 信阳市政协社会和法制委员会. 基本养老保险的阳光要普惠群众[J]. 协商论坛，2011(10)：29－31.

〔2〕 靳彦丽，程春钧. 养老保险全覆盖 群众满意真幸福[J]. 中国人力资源社会保障，2012(12)：29－30.

让群众满意。除广泛深入宣传，营造深厚氛围，加强组织推动，狠抓工作落实外，还必须强化经办服务能力，夯实工作基础，严格基金管理，按时足额发放，在行之有效的工作模式上不断创新。实行社会化管理服务，按照"安全、快捷、便民"的原则，选择有资质的国有控股银行作为金融服务机构，负责养老保险费代缴和养老金发放，建立"钱从银行走，数在网上传"的服务模式，严格执行基金财务管理和会计核算制度，落实各级财政补贴资金，实现基金安全规范管理。城镇居民养老保险和新农保，都是由政府主导建立的社会养老保险制度。从社会保险制度的性质、政府责任和基本国情考虑，国家提出了"全覆盖、保基本、多层次、可持续"的12字的基本原则要求。这既是建立健全这两项制度的基本思路，也是工作要求。

其三，切实把好事办好〔1〕，顺应群众需求打造全民社会保障〔2〕。应当看到，建立城镇居民社会养老保险制度意义重大。首先，建立城镇居民社会养老保险制度，是全面建成小康社会的重要内容；其次，建立城镇居民社会养老保险制度，是促进社会公平正义的重大举措；再次，建立城镇居民社会养老保险制度，是维护社会稳定、促进社会和谐的迫切要求。可以说，开展城镇居民社会养老保险工作，中央有决心，群众有期盼，财政有基础，社会有共识，实践有经验。要从经济社会发展全局和战略高度，充分认识开展这项工作的重大意义。一是没有覆盖城乡居民的社会保障体系，就很难说建成了小康社会。二是社会保障制度是社会公平的基础性制度，公平正义是中国特色社会主义的本质属性。三是建立健全社会保障体系，是保障和改善民生、建设和谐社会的基础工程，要建设和谐社会、保持社会安定，最根本的就是使人民有基本保障、无后顾之忧。要稳步推进"制度全覆盖"向"人员全覆盖"发展，不断提高养老保险待遇，纵深推进社会养老保险事业。具体做到应保尽保、应收尽收、应发尽发，建立待遇调整机制，完善转移衔接机制，大力打造全民社保，确保为城乡居民提供均等公共服务。在健全工作机制、完善配套体系的同时，既要创新工作方法，也要提升服务能力，以顺应群众需求打造全民社保。

---

〔1〕 把好事办好 让群众满意——推进两项社会养老保险试点解读[J]. 四川劳动保障，2011(6):14－15.

〔2〕 黄中清，陈建华，杨翔，等. 顺应群众需求打造全民社保——达州市城乡居民养老保险工作研究[J]. 四川劳动保障，2012(11):21.

二、“疗养机制”的再创新

干部养老有别于群众养老的，主要是要更加突出在“文化养老”和“心态养老”方面的探索，注重“疗养机制”的创新。

其一，文化养老[1]。文化养老是新时期指导老干部工作的全新理念。党的十八大文件要求，做好老干部工作意义重大。要让更多老同志享受文化、参与文化、创造文化，实现更高层次的养老方式，这是推动老干部工作科学发展的必然趋势。一定要在抓好老干部政策待遇落实的同时，充分认识“文化养老”的重要性，探索建立“文化养老”工作体系，不断提高老干部工作的科学化水平。[2]

文化养老在满足老同志物质需求的前提下，进一步改善他们的精神文化生活，从精神上、文化上满足老同志的需要，使其老有所学、老有所得、老有所乐，使其精神饱满、昂扬向上、身心健康，过上更加高质量的幸福美满的晚年生活。文化养老的新理念，一是实现了从满足老同志的“物质需求”向“文化关怀”的转变，提供了老干部工作的层次；二是实现了从传统文化关怀向现代文化关怀的转变，增强了时代感，更加接近老干部们的思想和生活实际；三是进一步丰富了老干部工作的内涵，提高了老干部工作人员的工作要求。长期以来，老干部工作的重心一直放在努力满足老干部的政治、生活和医疗待遇等方面，如何从待遇养老向文化养老转变，就是要从不断提高老干部各项待遇的前提下，更加注重对老干部文化和心理层次需求的满足。文化养老以沟通情感、交流思想、拥有健康体魄与心态为基本内容，以张扬个性、崇尚独立、享受快乐、愉悦精神为目的，具有鲜明的时代特色，随着时代的进步而不断改变老干部们的时代思想观念。应当看到，传统的逢年过节领导登门拜访慰问等形式虽然坚持不懈，但在老同志们心中的位置逐步下降，而张扬个性、崇尚独立、享受快乐、愉悦精神的新观念正逐步深入老同志的内心。事实上，有的老同志在职时衣着朴素，十分严谨，退休后衣着反而大胆新潮，思想进步，前后判若两人。而且，文化养老让老同志从家中走了出来，身体运动了起来，文化知识更新了，身心更加快乐了。有的老同志爱好书法，借此可以与同行交流，赢得共同语言。有的主动参与保健知识讲座，积极参加相应的咨询指导和服务活动，交际圈子更加广泛了，人也显得

---

〔1〕 周成锡，胥宏英. 老干部的心态分析与文化养老[J]. 晚霞，2010(21)：53.

〔2〕 杨峰. 对离退休干部文化养老的几点思考[J]. 管理学家，2013(1)：390.

更有活力了。

首先,充分认识干部"文化养老"的现实意义。"文化养老",不仅仅是社会文明与进步的具体体现,而且是老干部的内心需求,更是构建和谐社会的长期需要。低龄老年期的老年干部通过文化养老,不仅调节其心理和生理活动,积极促进人口健康老龄化,而且使这些老年人推迟和延续进入高龄老年期,有效提高老年人的生命、生活质量。和谐幸福包含创造和享受两个过程,幸福既是享受的过程,也是创造的过程。"文化养老"能够提高老干部的整体素质,并通过借助社会辐射功能,有助于搭建起社会和谐的重要载体,有利于社会和谐的整体构建,最终通过干部的"文化养老"带动广大群众的"文化养老"和整个社会的"文化养老"。通过"文化养老",不仅使得"老有所教、老有所学",作为养老的基本内容,改善和促进"老有所养、老有所医"的有利条件,更是实现"老有所为、老有所乐"的基本途径。

其次,突出重点全面做好干部"文化养老"工作。"文化养老"工作重点在于激发精神活力。特别要求注重"实"、"新"、"活"、"为"这四个字。一是注重"实",即实实在在满足老干部思想政治工作的需求。以老干部思想政治工作为核心,抓好老干部党支部的建设,坚持并完善老干部的学习制度,让老干部及时了解党和政府的重大方针政策。二是注重"新",即突出满足老干部汲取新知识、了解新形势、熟悉新发展的知性需求。引导老年人不断接受新理念,培养核心价值观,用理性的眼光观察他人,观察社会,观察人生,进而以健康的思想影响他人,影响社会。三是注重"活",即灵活机动、生动活泼地满足老干部陶冶情操的需要。开展以"唱"、"读"、"讲"、"传"为主的陶冶情操的文化养老,以文体旅游为主的健身文化养老,以饮食起居为主的食疗文化养老等活动。四是注重"为",即以"老有所为"为侧重点,适当地满足老干部服务社会的心理需求。结合老同志的身体状况和自身意愿,利用本人的革命经历和工作经验等优势,适时组织在社区管理、民事调解、关心教育下一代等方面发挥积极的作用。

再次,抓住倡导"文化养老"新理念的着力点,侧重抓好老年教育。一是办好老干部大学。具体体现"主体的公益性,参与的广泛性,内容的康乐性,各类的多样性"。二是把老年学校与养老机构紧密结合。老年学校附设养老机构,负责教学和养老机构的全程管理。尽可能地将老年大学校舍、老年活动中心、老年公寓三大功能区合在一起,采用"三位一体"的发展模式。三是老年学校与社区资源的有机整合。老年学校在社区开设分校或教学点,充分利用有限的社区养老资源，开展适合文化养老所能开展的各种现场活动。倡导“文化养老”新理念具体要在“老有所学”、“老有所为”和“老有所乐”上下功夫。切实把具有较高的专业技术水准和高级职称在内的离退休人员当作宝贵的财富，积极鼓励离退休的老教授、老专家在本人愿意的情况下参与力所能及的科研活动，如果身体条件能够允许，那么仍可返聘从事科研开发、技术咨询和培养研究生等工作。把“文化养老”和“终身学习”的新理念紧密结合起来，开创“老有所学”“老有所为”的新天地。[1]要让老同志在有生之年，快快乐乐地欢度晚年。可以成立“夕阳红鼓舞团”，为老同志提供自娱自乐、满足兴趣爱好和展示自我的平台。通过一起排练、演出、旅行等，要让老同志们“心有归宿”、其乐融融。

当然，文化养老必须走专业化的道路。文化养老服务是一个广泛而复杂的社会系统工程，仅靠一家难以运筹，需要解决场地、占道、治安、卫生、办照、免税等诸多问题，需要各部门的支持和广泛参与。需要通过各种专业化措施，确保拥有最基本的文化人力资源。需要建立由专职人员、兼职人员和志愿者组成的服务团队。按照“学有阵地、乐有载体”的要求，以及“保证经费、保证质量、保证效果”的原则，推进各类老年教育机构“满意家园”建设，使“品质、品位、品牌”有所保障，定期开展老干部文化艺术节、老年人运动会等系列活动，增强活动的知识性和趣味性，进一步拓宽“文化养老”的渠道与载体。做精做强基于传统文化、现代文化、通俗文化、健康文化等的文化平台，构建“文化养老”体系的主渠道和主阵地。充分利用老干部工作网站、老年大学校报、刊物等宣传媒体开辟“文化养老”专栏，挖掘老同志“文化养老”先进经验和典型，倡导“文化养老”生活方式，确实让“文化养老”成为老干部的精神追求。

其二，心态养老[2]。与群众养老较大的区别在于，老干部养老的关键要抓住其心态。要通过分析老干部的心态，找到适合当地干部养老的方式方法。常见的离退休干部的心态有：物质待遇的差距导致攀比心理；价值观念的冲突产生的怀旧心理；文化生活的单调引发的空虚心理；家庭生活的“空巢”化形成的寂寞心理；等等。大部分老干部在位时拿计划经济时代的

---

〔1〕 曹红.倡导“文化养老”新理念 探索老干部工作新途径.中国科技信息，2009(24)：325、329.

〔2〕 赵红月，赵海林.养老机构项目运作中老人心态及应对措施[J].经济研究导刊，2012(24)：241－242.

工资,加上离退休时间较早,离退休金相对较低,在生活待遇上容易产生攀比心理:一是与单位在职干部比比不上,二是与不同单位同级干部比比不上,三是与不同地区同级干部比也可能比不上。老干部的价值观受到计划经济时代的影响,与当今社会一些变化产生冲突也十分正常。他们往往难以从现实中寻找安慰,于是就从过去的时光中寻找精神寄托,很容易出现怀旧心理,一是把过去的痛苦淡化,二是把往昔的美好事物突显,加以拔高,结果越发形成巨大反差。有的从事麻将文化导致参赌,使得老干部活动室变成"赌场",有的通过闲谈文化引发牢骚满腹,有的传播小道消息形成负面影响,还有的被健身文化所误导,参加类似"法轮功"的邪教活动,痴迷不悟。个别老城区的老干部空巢老年人家庭比例较高,导致老干部寂寞心理严重,心理空虚十分常见。为此,阳光心态的构建在老干部养老中无比重要,围绕"心态养老"的教学、科研和理论与实践工作仍有待深入进行。

首先,老年人心态的及时调整。老年活动旨在帮助老人减少社会隔离,克服因年老而带来的孤独感、寂寞感和无意义感,通过让老年人寻找归属感和认同感,树立生活的信心,重建有意义的生活角色,学习新的行为技巧,获得社会资源,解决养老中的相关问题,从而更好地适应晚年生活,提高晚年生活质量。老人的负面心态中,比较常见的是:失落、不以为然;爱表现,争强好胜;焦虑恐惧;等等。这些心态有别于诸如积极进取、乐观向上的心态,不同程度上会影响老年人的生活。一些在机关或事业单位工作,特别是担任过领导干部的老年人,进入养老机构后,现实与愿望之间会有较大的落差,甚至会有一种莫名的失落感。有时一句十分平常的话或一般的小事,都可能引起他的反感,而在其他人眼里却很容易理解、接受。这类老年人,有的保持与其他老年人之间的距离,不愿意再为大家服务或担任具体的服务工作,有的不愿意融入到普通老年人中间去。例如,明显地拒绝与大家一起表演,根本不想参加集体活动,尤其以男性老年人为多。这些曾经的领导干部,只有很好地调整自己,才能适应退休后的老年生活。相反的,有的老年人表现得过于活跃,容易引起其他老年人的反感,甚至容易把自己的意志强加给其他老年人,结果惹出是非和矛盾,造成新的不和谐因素。大多数女性老年人随着年龄的增加和生理功能的减退、活动能力的下降,有的交往能力和范围逐渐变得狭窄,对外来人员抱有警惕戒备心理,难以适应一些新的事物,随着交往能力和意识的下降,很容易被他人冷落怠慢,长此以往会长期处于焦虑恐惧之中,缺乏活动的积极性。

其次，心态干预及其正面措施。老人的心态会影响到个人的精神面貌，直接影响日常行为表现，甚至影响到养老机构日常管理的方法与效果。随着社会的蓬勃发展，老年人的心态干预问题必须引起高度重视。一是要对老年人的参与能力进行合理的评估，二是加强与老年人的沟通，鼓励老年人参加集体运动，三是鼓励老年人自我调整心态，合理应对各种心理变化和社会变化，四是鼓励老年人积极主动地发挥余热，全面体现老年人特有的社会价值。注重老年人的分类管理，疾病诊治、生活、饮食、康复娱乐等问题解决的依据资料的收集掌握，及时发现一些心理问题的老年人，通过个案工作，平等、接纳、尊重他们，运用专业的方法帮助他们解决面对的困难和问题。了解老年人的思想感受及心理感受，定期召开心理座谈会，随时了解他们的思想和心理状态，鼓励老年人积极参加力所能及的活动。经常组织或引导他们听广播、看电视、看报纸、记笔记、写日记，使自己的情趣得到培养，身心得到调整。积极发展培养自己的业余爱好，多与其他老年人沟通交流，形成相对稳定的联系圈子，互相鼓励参加兴趣活动，进行自我管理，提升老年人的成就感。兼顾精力充沛的部分老年人爱表现的特点，征得其同意后适当安排相应的工作，发挥其余热而又不引起其他老年人的反感。例如，义务邮递员、义务保洁员、义务保健员，等等。这样，既满足他们的心理需求，不至于过于清闲而枯燥乏味，又照顾到其他老年人的感受，能够得到其他老年人的尊重，做到互相融合而不是相互排斥。

其三，疗养养老。疗养养老是干部待遇政策中的一个重要组成部分。"候鸟式"养老游有偿服务和医疗养老的新尝试值得深入探讨。

首先，"候鸟式"服务[1]。"养老游"能很好地解决老年人的医、食、住、行、玩等主要问题。利用各种疗养因子，接待服务"候鸟式"养老游将是疗养院经济发展的新的增长点。疗养院既充分利用开展接待"候鸟式"养老游的有利因素，又从承担社会养老责任、充分利用疗养资源等方面发挥疗养院的自身优势。通过扩展"候鸟式"养老游有偿服务，既产生一定的社会效益，又带来一定的经济效益。应当看到，"候鸟式"休闲养老游是社会养老发展的一大趋势，必将被越来越多的老年人接受和向往。专家指出，强调随意性、舒适性和稳定性的"候鸟式"养老游在未来将会有着更大的市场。出行人数

---

〔1〕 赵薇，徐吉辉. 疗养院开展"候鸟式"养老游有偿疗养服务初探[J]. 中国疗养医学，2010(2)：101－102.

逐年增多,老年人"候鸟式"养老游渐成时尚。如表6-1所示,与其他养老模式相比具有自由度高、享受体验度高等优势。

表6-1　五种养老模式优劣性对比一览表

养老模式	舒适度	成本	便利性	安全性
居家养老	自由度较高,隐私受到保护	衣、食、行等开销全部自理,无护理费,花费整体不高	视居住周围配套设施而定,可能没有为老人服务的网点	独居老人在家的安全性低,一旦身体有恙或发生意外,易耽误治疗时间
社区养老	自由度较高,隐私受到保护,食、住、行等可由社区提供帮助	政府资助,个人承担服务开支低,花费不高	上门服务,就近网点服务,开支较低,生活较方便	独居老人在家的安全性低,但社区有定点医疗机构,一般疾病可及时治疗
养老院	高级养老院生活条件较好,普通养老院半集体化社会,自由度低,且很难保障隐私	成本视养老院级别、床位级别而定	养老院中基本设施完备,老年人日常生活用品齐全	老年人安全系数高
高级产权化养老社区	自由度高,隐私受保护,有物业照顾,生活较舒适	会员制购买产权房成本较高	社区中软硬件配套齐全,便利性较好	服务人员随叫随到,安全性有较高保障
异地"候鸟式"养老	自由度高,享受体验度高	投奔亲友或居住到当地老年中心的成本尚能接受,异地置业购房压力较重	各地度假式养老机构兴起,养老已相当便利,自己购房的也较为便利	安全性较低,主要考虑到旅途风险,陌生地的环境、人文、餐饮风险等

其次,医疗养老新尝试[1]。医疗养老最大的优势在于"医养结合",能够用最集约的资源、最方便快捷的医疗护理,省去家庭养老等中间环节,让更多的家属从繁重的"养老"中解脱出来,从而将更多的精力投入到社会生产领域,为社会创造更多的财富。"生命相托,责任所系",全社会都有责任

〔1〕 李强.医疗疗养新尝试[J].商周刊,2013(1):75.

关怀老人,尤其是关怀那些病瘫、残疾的老人,让他们幸福地走完人生最后的旅途。每个人由童年到中年再到老年及坟墓,这都是自然的规律。常言道,最美不过夕阳红,人的身体虽然无法阻挡衰老,但是人的心灵却越来越年轻,变得如孩童一般。为此,我们不仅要有爱心,而且还要有合适的机制和方法既让这些老年人感到幸福,又能在全社会承受的范围内给予关怀。那些病瘫在床的老年人恰似婴儿一样需要全方位的呵护和照料。

三、"农村养老"的新破解

1. 社会养老体系建设

从长远来看,社会化养老服务体系建设值得肯定。社会化养老完全依靠政府投入远远不够,今后社会化养老服务体系建设的工作重点在于养老服务的多元化发展,特别是要发展好覆盖城乡的社区居家养老服务体系。社区居家养老服务体系建设既能够解决社会发展的实际需要,又会带来大量的就业岗位。关键是要进一步推进社会化养老服务体系的标准化、规范化、专业化、信息化建设,加大对社会化养老服务机构的政策引导与扶持,积极探索具有地方特色的社会化养老服务发展道路。2011 年 6 月,江苏省政协领导指导泰州市养老工作时指出:各级党委、政府要将这项工作列入经济社会发展规划,通过政策引导鼓励更多的社会资本进入到养老体系中来。[1]

2. 启动敬老爱老助老工程[2]

2012 年 1 月 16 日,民政部、全国老龄办社会养老服务体系建设领导小组第二次协调会议讨论了民政部在"十二五"期间开展"社会养老服务体系建设推进年"活动暨启动"敬老爱老助老工程"的相关事宜,并对 2012 年全国社会养老服务体系建设重点工作进行了研究。窦玉沛副部长在会议总结中指出,要充分发挥领导小组作用,加强社会养老服务体系建设统筹指导,要在规划布局、职能定位和推进路径等方面牢牢把握社会养老服务体系建设正确方向,尽快部署启动相关工作,推进社会养老服务体系建设快速健康发展。

---

〔1〕 周扬.江苏省政协领导指导泰州市养老工作[J].社会福利,2011(7):58.

〔2〕 民政部社会福利和慈善事业促进司.民政部、全国老龄办社会养老服务体系建设领导小组召开第二次协调会[J].社会福利,2012(2):58.

3. 党的领导下的农村养老[1]

党非常关注民生问题,通过加强党的领导,实施了一系列政策措施来完善农村养老保险制度,缓解了农村老人"养老难"的问题。但是,伴随着我国工业化和城镇化进程,大量的农村青壮年劳动力进城务工,使得大片土地撂荒,很多老年人留守家中无人照料,使得农村老年人"老有所乐"的目标无法实现。摆在我们面前的,一方面是农村社会养老保险制度存在的问题,另一方面是如何通过加强党的领导来缓解这一问题。李花分析认为,形成农村老人"养老难"的原因,一是人口老龄化问题,二是计划生育政策使家庭人数减少,三是农民收入水平低,四是土地保障功能减弱,五是集体养老保障体制弱化。党的十六大以来,党中央通过加强党的领导,实施了一系列政策措施来增加农民的收入,完善农村社会养老保险制度,来缓解我国农村严峻的养老问题。一是加强党的政治领导,二是加强党的思想领导。政治领导方面,党中央高度重视"三农"问题,先后发布五个中央一号文件从加强农业基础设施建设、持续增加农民收入、增加对"三农"投入等角度来巩固加强农业建设。思想领导方面,加大对目前处于试点阶段的新型农村社会养老保险制度的原则、条件、待遇等实施细则的宣传力度,让更多的人来了解这一制度,让这一惠农政策深入人心,增加人们参与养老保险的积极性。

第三节　虚拟养老的扩面升级

一、科技"惠"老[2]

1. 基础:先进科技的支撑

其一,虚拟养老院是以科学技术为支撑。虚拟养老院的出现,是"民生科技"的真实表现,必将成为现代社会养老模式的最佳选择。虚拟养老院是以家庭为载体,以社区为依托,整合社区的各种服务资源,借助科技信息和网络技术平台,将注册登记的人员编制在册,并在老年人有需求时及时有效地与机构养老服务工作人员取得联系,由机构派员就近按照所需要的服务类型、服务标准,确定服务派送,其实质类似于快捷的服务"外包"。实行的

[1] 李花.党的领导与老龄化背景下我国农村养老问题——以湖北省农村社会养老保险制度建设为例[J].中国外资,2011(4):239.

[2] 姚磊.科技惠"老"的典范——虚拟养老院"兰州模式"浅析,甘肃科技[J].2013(3):11-13、52.

“点对点”全方位服务，可以面对面地为老年人提供就餐、生活照料、卫生医疗、保健康复、日常陪护、家政便民、心理慰藉、法律咨询、文化娱乐、临终关怀等多项服务。这种模式使得养老服务实现了高效化、便捷化，全方位化，既节约了社会养老成本，又符合老年人居家养老的意愿，还可以解决一部分社会弱势群体的就业，是有效解决我国养老问题的可行之路。

虚拟养老院的“苏州模式”，原名苏州市沧浪区虚拟养老院，实现多层次服务：第一层次服务，以生活照料、人文关怀、物业维修等服务为主；第二层次服务，以商务服务、粮油配送服务、爱心配餐服务等项目为主；第三层次服务，运用互联网技术，通过各类传感器，使老年人的日常生活处于远程监控状态，增加健康管理项目，构建对接智慧养老的服务平台。在科技支撑方面，“苏州模式”包括呼叫中心客户端、老人居家客户端、平台服务组件平台、通信及信息传输四部分，形成了由工单生成、工单流转、监控考评、收费查询、统计分析、服务预测六大功能模块，通过语音程控交换系统、数字化信息传输系统和数据库终端处理系统对居家养老服务对象实行会员制客户准入管理。“苏州模式”的技术核心是：“居家乐221养老服务系统”，通过对客户生活需求分析，自动生成客户所需要的服务项目，经客户确认后，养老服务中心指派服务商为客户提供上门服务。按照服务项目，系统每个月形成一份收费清单，养老服务中心按约定向客户收取服务费用，系统从客户确认服务开始即对服务过程进行全程跟踪、回访、咨询意见，并以客户满意度来考核养老服务的质量。“苏州模式”的信息系统通过主动获取老人的需求，快速编制服务计划，及时组织养老服务送达，并进行有效监控，实施规范的养老服务管理。

其二，新型养老模式在科技支撑下成长。虚拟养老院这种拥有政府、企业和社会三大主体以及科技支撑的新型养老模式，以科技惠民计划项目为平台，借助数字化管理与服务平台，通过集成数字化、网络化、智能化等关键技术，建成涵盖社区主要街道的数字化社会管理综合高度指挥平台，完善数字化虚拟养老院服务体系，建成数字化的、集社会管理与服务为一体的民生工程示范项目。运行环境建设包括：硬件平台建设，如服务器主机平台、存储平台、大屏幕显示平台、网络平台、安全平台、呼叫中心平台、视频监控共享平台、电脑终端、手段终端等；软件平台建设，如操作系统、数据库系统、GIS平台、中间件及系统软件等；业务网络，主要实现核心机房、实际监督指挥中心、指挥中心、职能部门、街道、社区及专业公司的互通互联；无线网络，提供充足的网络宽带。核心子系统建设包括：位置查询与急救指引子系统；行程跟踪子系统；智能高度子系统；短信评价子系统。

系统架构主要技术是软件系统、硬件系统、信息安全及服务系统三大块,分接入层、应用层、服务层、数据层、硬件层五个部分。

虚拟养老院的"苏州模式"有六大功能模块,形成了有服务,有监管,有分析,有预测的系统性体系,对服务的提供系统量化标准,使服务流程更具时效性。先进的信息技术始终是支撑系统不断进步与完善的核心。"苏州模式"综合应用了物联网、卫星定位、遥感影像、无线通信、视频监控、计算机网络等现代信息技术构建完善虚拟养老院,整个服务流程中都离不开科技的支撑作用。只有科学技术的强力支撑才能提高养老的服务质量和服务效率,从而进一步推动虚拟养老院复制推新进程。目前,甘肃省兰州市正迎头追赶"苏州模式",结合当地特点进行推新,但是其服务流程还不完善,科技支撑力度还不够,传统观念制约发展,资金有限,后续服务受到制约,政府以及社区职能缺位、错位都是应当注意的问题。

2. 前提:惠民政策的贯彻

其一,健全服务机制,完善服务体系。首先要建立健全服务机制,通过市场化运作机制提升服务的专业化质量和水平。其次要完善养老服务体系,梳理养老服务流程,普及养老服务技术,要让有需求的老年人掌握虚拟养老服务机制,保障每个环节的运行流畅是实现虚拟养老的关键。

其二,贯彻科技惠民政策,提升科技支撑力度。"苏州模式"的虚拟养老院,根据老年人数量多、需求广、服务要求高等特点,从硬件和软件两方面进行扩容提升,逐步实现虚拟养老服务全覆盖;拓展虚拟养老服务功能,建设位置查询与智能高度平台,完善服务质量综合评价体系,进一步调整管理策略和服务方式,不断提高服务质量。而且,通过结合国家科技部"科技惠民计划",不断提高虚拟养老服务能力。

其三,改变传统养老观念,提升养老服务质量。"苏州模式"的虚拟养老院通过网络、媒体、微博等渠道加大新型虚拟养老模式的宣传,使得居民特别是老年人转换思维方式,改变了对传统养老的观念,而且通过社区、街道等基层组织开展社区居民对虚拟养老院的了解、实地调研,对有家庭养老存在困难的居民适时提供示范服务,让这些家庭真正有养老需求时能够及时地获得有益的养老服务帮助。

3. 条件:资金渠道的拓宽

其一,资金是养老服务的"硬件"之一。随着高龄人口数量的增多,老年人对居住、医疗、护理、文化娱乐设施等方面的需求呈现出多元化、高水平趋势,这无疑对资金提出了更高的要求。当前,全国有二十多个地区实行虚拟养老模式,苏州是发源地,虚拟养老服务的经费主要依靠民政部门的投入,其余部分有的来自彩票公益金的资助等,资金来源十分有限,这种资金不足的状况严重制约着社区居家为老服务的持续发展和转型升级。

其二,社会参与的巨大动力有待"挖潜"。虚拟养老院的发展,社区、企业、政府等全社会的参与是虚拟养老院在我国各地区进行复制推广的重要动力。从"苏州模式"在外地推广的情况看,目前虚拟养老服务中的志愿者队伍普遍缺乏,社区公众的支持参与也显不足。这都使居家养老的质量大打折扣。就"苏州模式"的推广本身而言,现阶段由于虚拟养老院模式的发展仍处于探索试点阶段,运作流程有的还不够成熟,市场化运作还未建立,人力资源有的仍较为匮乏,资金来源渠道较为单一,这在很大程度上仍然需要借助政府的支持推动。

其三,拓宽资金渠道,增强服务购买意识。一是要更多地鼓励社会企业进入"夕阳红"的经济产业,多渠道地拓展老年人服务领域,满足老年人日益增长的各类服务需求;二是要更多地鼓励社会团体、企事业单位和个人向虚拟养老服务站捐资、捐物或提供无偿服务;三是要加大政府对虚拟养老院的资金投入,使更多老年人享受到政府购买和社会提供的服务;四是要更多地鼓励有经济能力的老年人自费购买较高层次的服务,通过政策扶持、资金补贴等方式,积极地倡导和鼓励社会多方力量参与养老服务产业,构建投资主体多元化、人员服务专业化的养老格局。

二、邻里"情"深

沧浪社区养老服务模式是苏州市早年的一个试点。近年来,该区区委、区政府通过不断完善服务机制,整合社会资源,深化服务内涵,积极探索新形势下养老服务和养老方式社会化的新模式,建立健全了覆盖全体老年人的养老服务民生保障新体系——"邻里情"虚拟养老院。这种以信息化为支撑的养老新模式一经推出,即引起社会各界的广泛关注并获得如潮好评。[1] 该模式的具体做法是:政府主导、引领、扶持和管理监督;依托市场化、民营化公司;以"居家乐 221 养老服务系统"为核心。值得一提的是,政府有效推动并不意味着政府的"大包大揽",沧浪区的养老服务的有益实践

〔1〕 张艳. 快速老龄化背景下苏州市社区养老服务体系建设研究——以沧浪区"邻里情"虚拟养老院为例[J]. 社会保障研究,2010(5):30-35.

为构建苏州市的社区养老服务体系,提供了现实依据。

1. 没有"围墙"的养老院[1]

其一,所谓的"养老院"里没有一个老人。沧浪区"邻里情虚拟养老院"不同于传统意义上的养老院,这个"养老院"里没有实际居住一位老人。它仅是一个居家乐养老服务中心和信息交流中心,以"居家乐221服务系统"为载体,由物业公司作为主运营商,整合优秀的社区服务企业加盟,发挥24小时管理服务的优势,为居家老人提供标准化、专业化、亲情化的全方位、全天候养老服务。虚拟养老院带给社区老人的服务内容涉及6大类53项,几乎涵盖日常生活照料的所有服务项目;这种分类服务方式,丰富了养老服务内容,满足了不同层次老年人的需求的同时,还引入ISO国际质量管理系统,对服务项目实施标准化管理,大大提高了养老服务专业化品质。

其二,这里的"养老院"根本就没有围墙。苏州市沧浪区将养老服务作为改善民生的重要内容,积极探索养老工程的新模式,其独创的"邻里情虚拟养老院"的"围墙"是虚拟的,但其"养老"却是实在的。它虽然形式上是虚拟的,却能实实在在地覆盖全区,满足各类不同家庭的养老需要。达到了"运作是科学的、服务是优质的"的营运目标。

其三,把老人送进"养老院",子女放心。虚拟养老院以低成本、高效率让老年人足不出户就能享受到人性化关爱,较好地解决了高龄、空巢、特困老人生活困难和缺乏精神慰藉等难题,满足了老年人多样化、个性化、多层次的需求,改善了老年人的生活质量。目前,沧浪区已经通过网络延伸到各个社区,一个个分站架起了"夕阳"的"彩虹",谱写着和谐社会的新篇章,真正实现"外出的子女放心,居家的老人安心"。

2. 虚拟养老的"操作化"[2]

其一,以居家养老为基础。沧浪区虚拟养老院是在居家养老的基础上的又一次创新。它是以中国电信通信技术为硬件支撑,建立起来的一个养老服务系统,居家养老对象会员制作为其基本的组织形式,是一所没有围墙的养老院。它之所以被称为"虚拟养老",是因为其服务的分配、服务的监控、服务的过程记录等,都是由一个养老服务系统来完成的,系统通过对入院老年人的生活需求进行分析,系统自动生成老年人所需要的服务项目,经

[1] 邓江秀.苏州的"虚拟养老院"[J].老年教育,2010(12):30.
[2] 李颖.苏州市沧浪区"邻里情"虚拟养老院实证研究[D].苏州:苏州大学,2009.

老人确认后由虚拟养老院指派服务人员。

其二，以信息科技为架构。沧浪区“邻里情”虚拟养老系统即“居家乐221养老服务系统”，是其运作的基本平台和重要载体。老人只需一部电话，就能享受到标准化的居家养老服务。该系统还具有分析和监控功能，工作人员可根据养老系统生成的动态数据和静态数据，发现存在的问题，进一步优化系统的结构，为服务对象提供优质服务。

其三，以上门服务为主体。系统把自动生成的工单，即各位老人所需的服务的项目、服务的时间、服务的种类要求，交给服务人员，由服务人员提供上门服务。“邻里情”虚拟养老服务站在五个街道建有居家养老服务站，即葑门服务站、友新服务站、吴门桥服务站、胥江服务站、双塔服务站等。预计2013年新建11个服务站，服务对象增加至8 000户左右，新拓展服务站站长基本已经到位，预计新增服务员300名，人员招聘压力较大。人们可以向自己所在的服务站申请服务，由服务站派服务人员到服务对象家中提供无偿、低偿或有偿的服务。

3. “邻里情”的实在养老[1]

其一，政府从“大包大揽”向“有限介入”过渡。沧浪区“邻里情”虚拟养老院，政府强力助推是基础，社会组织承接运营是关键，信息化管理系统是支撑，职业化员工队伍是保障，规范化运作机制是动力。它不再是传统的政府“包揽”式的养老，而是体现“社会化养老”的元素。现代社会发展规律表明，政府供给不可能包罗万象，必须发挥社会组织的作用，让其成为政府职能有效发挥的承接力量。通过各种社会力量的参与，让各类人群享受到特定的、必需的、个性化的养老服务。

其二，政府主导社会化运作提供实在服务。政府主导与社会参与相结合，既推动了虚拟养老服务社会化进程，也使得政府积极转变职能，强调了政府的主导性，更加重视了动员社会参与、运用政策、制度构建起具有地域特点的社会化养老服务体系。在制度保障方面，沧浪区先后出台《沧浪区加快发展养老事业意见》《沧浪区对社会化养老组织资金补贴管理办法》和《沧浪区社会组织发展扶持政策》等文件，既为社会力量发展养老服务事业指明了方向，也为社会养老组织发展提供了广阔的发展平台及前景，还极大地调动了社会参与养老服务的积极性，理顺了各方关系。

---

〔1〕 曹源. “邻里情虚拟养老院”实在养老[J]. 中国社会工作,2012(35):25–26.

其三,未来推动虚拟养老模式产业化。值得一提的是,虚拟养老院推动了行业发展。沧浪区"邻里情"虚拟养老院通过组建社会组织规范化专业服务管理,员工制职工化服务团队,主动化常态服务机制,有效地克服了目前社会上的家政企业小型化、中介化等不利于提升服务管理质量的薄弱环节,有效地提升和拓展了居家养老服务向专业化、规模化、品牌化的发展。可以预见,未来的沧浪区模式将在加大政策支持力度、增加机构运营能力,不断提高虚拟养老模式的全面发展能力的基础上,推动新一轮的虚拟养老服务产业化的新发展。

三、服务"送"时[1]

1. 以满足需求提升时效

立足老年人的需求,提供老年人以多种形式的服务。其一,树立"尽量满足不同层次、不同群体的老年人的需求"的服务工作目标。其二,根据当地特点,按照老年人的不同情况建立老年人和潜在老年人信息模块。其三,结合本社区实际服务力量情况,有针对性地开展爱心助老敬老为老的养老服务。充分体现各种养老服务需求能够得到及时的满足。

2. 以服务质量提升时效

建立志愿者服务队伍,培训提升助老敬老服务的质量。其一,针对社区现有老年人的现状,建立邻里结对"送时服务"、青年志愿者队伍爱心服务、义工亲情服务、义务信息服务等多支志愿者助老服务队伍,热心为老年人服务。其二,明确服务宗旨为"立足社区、面向老人、真诚服务、共建和谐",本着宗旨提供及时的助老爱老服务。其三,本着"四千四万"的奉献精神,千辛万苦、千方百计地为老人排难、解忧、办实事、办好事,视老人如亲人,耐心、细致、周到地为老年人提供全心全意的服务。以姑苏区葑门街道杨枝社区的"时间银行"为例,是杨枝社区于2010年尝试互助养老模式的一项创新制度。它依托社区,服务对象重点是老年人。"经营业务"主要是志愿服务,"存折"里记录的是志愿服务的时间。志愿者可以把自己的服务存入"时间银行",在需要帮助的时候,通过支取"存款"来获得其他志愿者的相关帮助。目前12名"储户"已存下几千小时的服务时间,可支取额度却为0。"只存不取"为社区出了大难题。根据"时间银行"的章程和管理办法,增加

〔1〕 张玉莲.浅谈居家养老从"送时服务"到"虚拟养老院"的认知[J].管理学家,2012(24):142.

了精神奖励内容，为年度“存款”大户颁发荣誉证书。如何盘活存量，通过时间的收支平衡，实现志愿服务的良性循环，值得进一步研讨。

3. 以服务品质赢得时效

便民利民养老服务，保障老年人群体的特殊需求得到满足。其一，坚持抓住细节提供养老服务，在切实落实“日检查、月总结、季测评”，以及居民座谈会等基础上，突出便民、利民、安民的服务。其二，社区在花园廊道、宅间路旁增设安全的座椅，在单元单门安装助行扶手，在商业网点增加引导商家送货上门的服务以保障老年人的日常生活需要。其三，社区卫生站建立老年人健康档案，专门为老年人患者实行门诊免费和上门就诊服务，社区专设老年活动中心，及时满足老年人的精神生活需求。

第三部分

现代化背景下的社会化养老体系构建

政府、民间社会和个人毕生对享有健康和幸福作出努力。政府应为推动老年人的健康和福祉创造支助性的环境，个人的责任则在于保持健康的生活方式。因此，必须让老年人能公平获得其他群体获得的所有防治、康复和护理程序。

——《经订正的老龄问题国际行动计划》第三部分（A）

第七章

蓝图：从国家到地方的《社会养老服务体系建设规划》

当前,社会化养老无论是对深度老龄化的苏州,还是对正在不断老龄化的其他地区而言,不仅关系到地方养老服务科学发展和自身经济社会的科学发展,而且关系到中国先发展地区养老制度的进一步完善,进而关系到国家的长治久安与社会发展的进步。在探索推进社会建设的进程中,我们必须准确把握新时期养老工作的新特点和新规律,绝不能拘泥于传统思维方式和思维模式,更不能止步于已有的成就,也不能被现成的工作经验所束缚,而是要不断创新发展思路,构建现代化背景下的社会化养老体系,满足人民群众对养老工作的新期待。

第一节 《社会养老服务体系建设规划(2011—2015)》[1]

我国制定《社会养老服务体系建设规划(2011—2015)》的根据主要是《中华人民共和国国民经济和社会发展第十二个五年规划纲要》和《中国老龄事业发展“十二五”规划》;为实现党的十七大确立的“老有所养”的战略目标和十七届五中全会提出的“优先发展社会养老服务”的要求,我们必须积极应对人口老龄化,建立起与人口老龄化进程相适应、与经济社会发展水平相协调的社会养老服务体系。该《规划》出台的背景主要是:我国社会养老服务体系建设仍然处于起步阶段,还存在着与新形势、新任务、新需求不相适应的各种问题,例如:缺乏统筹规划,体系建设缺乏整体性和连续性;社

〔1〕 社会养老服务体系建设规划(2011 - 2015)[J]. 中国社会工作,2012(2):10 - 14.

区养老服务和养老机构床位严重不足，供需矛盾突出。又例如：有的养老设施简陋、功能单一，难以提供照料护理、医疗康复、精神慰藉等多方面服务；有的布局不合理，区域之间、城乡之间发展不平衡；而有的政府投入不足，民间投资规模有限；有的服务队伍专业化程度不高，行业发展缺乏后劲；有的地方对国家出台的优惠政策落实不到位；有的地区服务规范、行业自律和市场监管仍有待加强；等等。另一方面，加强社会养老服务体系建设，既是应对人口、保障和改善民生的必然要求，又是适应传统养老模式的转变、满足人民群众养老服务需求的必由之路，也是解决失能、半失能老年群体养老问题、促进社会和谐稳定的当务之急，更是扩大消费和促进就业的有效途径。应当看到，在面对挑战的同时，我国社会养老服务体系建设面临着前所未有的发展机遇。随着我国综合国力的不断增强，城乡居民收入的持续增多，公共财政更多投向民生领域的同时，人民群众自我保障能力也不断提高，社会养老服务体系建设已具备了坚实的社会基础。

一、指导思想和基本原则

加强社会养老服务体系建设，已越来越成为各级党委政府关心、社会广泛关注、群众迫切期望解决的重大民生问题。我国《社会养老服务体系建设规划(2011—2015)》制定的指导思想是"以邓小平理论和'三个代表'重要思想为指导，深入贯彻落实科学发展观，以满足老年人的养老服务需求为目标，从我国基本国情出发，坚持政府主导、政策扶持、多方参与、统筹规划，在'十二五'期间，初步建立起与人口老龄化进程相适应、与经济社会发展水平相协调，以居家为基础、社区为依托、机构为支撑的社会养老服务体系，让老年人安享晚年，共享经济社会发展成果"。具体要坚持以下原则：

1. 统筹规划、分级负责

"中央制定全国总体规划，确定建设目标和主要任务，制定优惠政策，支持重点领域建设；地方制定本地规划，承担主要建设任务，落实优惠政策，推动形成基层网络，保障其可持续发展。"这是因为，加强社会养老服务体系建设是一项长期的战略任务，所以，各级政府对养老机构和社区养老服务设施的建设和发展必须"统筹考虑、整体规划"。

2. 政府主导、多方参与

一方面，"加强政府在制度、规划、筹资、服务、监管等方面的职责，加快社会养老服务设施建设"；另一方面，"发挥市场在资源配置中的基础性作用，打破行业界限，开放社会养老服务市场，采取公建民营、民办公助、政府购买服务、补助贴息等多种模式，引导和支持社会力量兴办各类养老服务设施”。同时，“充分发挥专业化社会组织的力量，不断提高社会养老服务水平和效率，促进有序竞争机制的形成，实现合作共赢”。

3. 因地制宜、突出重点

突出“以居家养老服务为导向，以长期照料、护理康复和社区日间照料为重点，分类完善不同养老服务机构和设施的功能，优先解决好需求最迫切的老年群体的养老问题”的同时，还要“根据区域内老年人口数量和养老服务发展水平，充分依托现有资源，合理安排社会养老服务体系建设项目”。

4. 深化改革、持续发展

这就是要“按照管办分离、政事政企分开的原则，统筹推进公办养老服务机构改革”，“区分营利性与非营利性，加强对社会养老服务机构的登记和监管”，坚持“盘活存量，改进管理”，不断“完善养老服务的投入机制、服务规范、建设标准、评价体系、促进信息化建设，加快养老服务专业化队伍建设，确保养老机构良性运行和可持续发展”。

二、基本内涵和功能定位

长期以来，我国实行以家庭养老为主的养老模式，但是随着计划生育基本国策的实施及经济社会的转型，家庭规模日趋小型化，普遍出现“4-2-1”的家庭结构，空巢家庭也不断增多。家庭规模的缩小与家庭结构的变化使得其养老功能不断弱化，而且对专业化养老机构和社区养老服务的需求与日俱增。“社会养老服务体系建设”从其内涵而言，一是与经济社会发展水平相适应，以满足老年人养老服务需求、提升老年人生活质量为目标，面向所有老年人，提供生活照料、康复护理、精神慰藉、紧急救援和社会参与等“设施、组织、人才和技术要素形成的网络，以及配套的服务标准、运行机制和监管制度”；二是应“以居家为基础、社区为依托、机构为支撑”，着眼于老年人的实际需求，优先保障“孤老优抚对象及低收入的高龄、独居、失能等困难老年人”的服务需求，兼顾全体老年人改善和提高养老服务条件的要求；三是应对人口老龄化的一项长期战略任务，是“坚持政府主导，鼓励社会参与，不断完善管理制度，丰富服务内容，健全服务标准”，满足人民群众日益增长的养老服务需求的持续发展过程。该建设规划着眼于构建体系建设的基本框架。

“社会养老服务体系建设”从其功能定位来说，我国社会养老服务体系主要由以下三个有机部分组成：

1. 居家养老

居家养老服务涵盖“生活照料、家政服务、康复护理、医疗保健、精神慰藉”等，以上门服务为主要形式。其中，身体状况较好、生活基本能自理的老年人，提供“家庭服务、老年食堂、法律咨询”等服务；生活不能自理的高龄、独居、失能等老年人提供“家务劳动、家庭保健、辅具配置、送饭上门、无障碍改造、紧急呼叫和安全援助”等服务；有条件的，还可以探索对居家养老的失能老人给予“专项补贴”，鼓励其配置必要的康复辅具，提高生活自理能力和生活质量。

2. 社区养老

社区养老服务是居家养老服务的重要支撑，它具有社区“日间照料”和居家“养老支持”两大功能，主要是面向家庭“日间暂时无人或者无力照护”的社区老年人提供服务。城市，可结合社区服务设施建设，增加养老设施网点，增强社区养老服务能力，打造多种形式的志愿活动及老年人互助服务，动员各类人群参与社区养老服务；农村，可结合城镇化发展和新农村建设，由以乡镇敬老院为基础，建设“日间照料和短期托养”的养老床位，逐步向区域性养老服务中心转变，并向留守老年人及其他有需要的老年人提供“日间照料、短期托养、配餐”等服务，同时，可以建制村和较大的自然村为基点，依托村民自治和集体经济，积极探索农村“互助养老”新模式。

3. 机构养老

机构养老服务以“设施建设”为重点，主要为“失能、半失能”的老年人提供专门服务，内容包括“生活照料、康复护理、紧急救援”等服务，有条件的利用自身资源优势，培训和指导社区养老服务组织和人员，提供居家养老服务，实现“示范、辐射、带动”作用，或根据自身特点，为不同类型老人提供“集中照料”等服务。其设施应符合无障碍建设要求，配置必要的附属功能用房，满足老年人的穿衣、吃饭、如厕、洗澡、室内外活动等日常生活需求。具备开展康复、护理和应急处置工作的设施条件，配备相应的康复器材，帮助老人一定程度上恢复生理功能或减缓部分生理功能的衰退。具备为老年人提供突发性疾病和其他紧急情况的应急处置救援服务能力，并且使老年人能够得到及时有效的救援，因此鼓励在老年养护机构中内设医疗机构。

三、建设任务和保障措施

《规划》明确，我国社会养老服务体系“建设目标”是到 2015 年，基本形成“制度完善、组织健全、规模适度、运营良好、服务优良、监管到位、可持续发展"的社会养老服务体系。每千名老年人拥有养老床位数达到30张,居家养老和社区养老服务网络基本健全。要改善居家养老环境,健全居家养老服务支持体系,"以社区日间照料中心和专业化养老机构为重点",通过新建、改扩建和购置,提升社会养老服务设施水平;充分考虑经济社会发展水平和人口老龄化发展程度,"十二五"期间,增加日间照料床位和机构养老床位340余万张,实现养老床位总数翻一番,改造30%现有床位,使之达到建设标准。居家养老,支持有需求的老年人实施家庭无障碍设施改造,扶持居家服务机构发展,进一步开发的完善服务项目,为老年人居家养老提供便利服务;城乡社区养老,重点建设老年人"日间照料中心、托老所、老年人活动中心、互助式养老服务中心"等社区养老设施,推进社区综合服务设施,增强养老服务功能,使日间照料服务基本覆盖城市社区和半数以上的农村社区;机构养老,重点推进"供养型、养护型、医护型"养老设施建设,县级以上城市,至少建有一处以收养"失能、半失能"老年人为主的老年养护设施,国家和省级,则建设若干具有"实训"功能的养老服务设施。此外,要提高社会养老服务装备水平,鼓励研发养老护理专业设备、辅具,积极推动养老服务专用车配备;要加强养老服务信息化建设,依托现代技术手段,为老年人提供"高效便捷"的服务,规范行业管理,不断提高养老服务水平。

建设方式上,要通过"新建、扩建、改建、购置"等方式,因地制宜建设养老服务设施;运行机制上,要充分发挥市场在资源配置中的基础性作用,为各类服务主体营造平等参与、公平竞争的环境,实现社会养老服务可持续发展;资金筹措上,社会养老服务体系建设资金需多方筹措,要多渠道解决;保障措施上,一要强化统筹规划,加强组织领导,二要加大资金投入,建立长效机制,三要加强制度建设,确保规范运营,四要完善扶持政策,推动健康发展,五要加快人才培养,提升服务质量,六要运用现代科技成果,提高服务管理水平。各地可根据本地规划,结合实际,制定本地区的社会养老服务体系建设规划。

1. 强化统筹规划,加强组织领导

充分认识加强社会养老服务体系建设的重要意义,将社会养老服务体系建设摆上各级政府的重要议事日程和目标责任考核范围,切实抓实抓好。加强协调沟通,加强对规划实施的督促检查,确保规划目标如期实现。

2. 加大资金投入,建立长效机制

公办养老机构保障所需经费纳入财政预算并建立动态保障机制。鼓励和引导金融机构在风险可控和商业可持续的前提下,创新金融产品和服务方式,改进和完善对社会养老服务产业的金融服务,增加对养老服务企业及其建设项目的信贷投入。积极探索采取直接补助或贴息的方式,支持民间投资建设专业化的养老服务设施。

3. 加强制度建设,确保规范运营

建立健全相应法律法规,建立养老服务准入、退出、监管制度,加大执法力度,规范养老服务市场行为。制定和完善相关标准,建立相应的认证体系,推动养老服务标准化。建立老年人入院评估、养老服务需求评估等制度。

4. 完善扶持政策,推动健康发展

社会养老服务设施建设纳入城乡建设规划和土地利用规划,保障土地供应,合理安排,科学布局。符合条件的,按土地划拨目录依法划拨。研究制定相关扶持政策和优惠政策,探索实施老年人护理补贴、护理保险,构建养老服务行业风险合理分担机制,建立科学合理的价格形成机制,规范服务收费项目和标准。

5. 加快人才培养,提升服务质量

有计划在高校或中职院校增设养老服务专业及课题,培训相关专业人才,提高从业人员职业道德、业务技能和服务水平。加强相关教材开发,强化师资队伍建设。完善培训政策和方法,加强养老护理人员职业技能培训,推动养老机构开发社工岗位。支持养老机构吸纳就业困难群体就业。实行志愿者注册制度,形成志愿工作联动机制。

6. 运用现代科技成果,提高服务管理水平

采取便民信息网、热线电话、爱心门铃、健康档案、服务手册、社区呼叫系统、有线电视网络等多种形式,构建社区养老服务信息网络平台,发挥平台作用;推广建立老年人基本信息电子档案,通过网上办公实现对养老机构的日常管理,建成以网络为支撑的机构信息平台,实现居家、社区与机构养老服务的有效衔接。

例如,新建小区要统筹规划,将养老服务设施建设纳入公建配套实施方案。鼓励通过"整合、置换或转变用途"等方式,将闲置的医院、企业、农村集体闲置房屋及各种类"公办培训中心、活动中心、疗养院、小旅馆、小招待所"等设施资源改造用于养老服务,并通过设备和康复辅具产品研发、养老服务专用车配备和信息化建设。公办养老机构应充分发挥其"基础性、保障性"

作用，按国家分类推进事业单位改革的总体思路，建立责任制和绩效评价制度，提高服务质量和效率。一是鼓励有条件或新建的公办养老机构实行公建民营，通过公开招投选定各类专业化的机构负责运营，负责运营的机构应坚持公益性质，通过“服务收费、慈善捐赠、政府补贴”等多种渠道筹集费用，确保自身的可持续发展。二是加强对非营利性社会办养老机构的培育扶持，采取民办公助等形式，给予相应的建设补贴或运营补贴，支持其发展，鼓励民间资本投资建设专业化的服务设施，开展社会养老服务。三是推动社会化专业机构以“输出管理团队，开展服务指导”等方式参与养老服务设施运营，引导养老机构向“规模化、专业化、连锁化”方向发展，鼓励社会办养老机构收养政府供养对象，共享资源，共担责任。

同时，要充分发挥市场机制的基础性作用，通过“用地保障、信贷支持、补助贴息和政府采购”等多种形式，积极引导和鼓励“企业、公益慈善组织及其他社会力量”加大投入、参与养老服务设施的建设、运行和管理。一方面，地方各级政府要切实履行基本公共服务职能，强化在社会养老服务体系建设中的支出责任，安排财政性专项资金，支持公益性养老服务设施建设。另一方面，民政部本级福利彩票公益金及地方各级彩票公益金要增加资金投入，优先保障社会养老服务体系建设。同时，中央设立专项补助投资，依据各地经济社会发展水平，老龄人口规模等，积极支持地方社会养老服务体系发展，重点用于社区日间照料中心和老年养护机构设施建设。

第二节　江苏省、苏州市等地方性养老服务政策

一、《江苏省政府关于加快构建社会养老服务体系的实施意见》(2011)

1. 总体要求

以满足老年人服务需求、提升老年人生活质量为目标，坚持政府主导与社会参与、家庭养老与社会养老、公益性服务与经营性事业相结合，基本建立与经济社会发展相协调、与“两个率先”进程相同步、与人口老龄化水平相适应，以居家养老为基础、社区服务为依托、机构养老为支撑、信息服务为辅助的社会养老服务体系，满足老年人养老服务需求，让老年人安享晚年生活，共享经济社会发展成果。

2. 主要目标

到 2015 年，基本形成“规模适度、结构合理、制度完善、管理规范、服务

专业、运行高效、投资多元、城乡一体”的社会养老服务体系。其中，养老服务信息管理系统、老年人居家呼叫服务系统和应急救援服务网络基本实现城乡覆盖；以县（市、区）为单位基本建立政府为符合条件的困难老年人购买养老服务制度；城市社区居家养老服务中心（站）实现全覆盖，农村社区（村）居家养老服务中心（站）建成苏南、苏中、苏北比例分别达到90%、80%、70%以上；养老护理人员持证人岗率达到60%以上；社会投资兴办的养老机构床位总数的比例达到50%以上；养老机构床位数达到每千名老年人30张以上；护理型床位占养老床位总数的30%以上。

3. 政策扶持

除“完善土地供应政策、落实税费优惠政策、健全医疗服务政策、实行政府供养和补贴政策、创新养老服务产业政策、加强组织领导、加大投入力度、强化督查指导、营造社会氛围”外，做到“六个加快”，即：“加快农村养老服务设施建设，推进养老服务城乡一体化；加快居家养老服务中心建设，推进养老服务功能多样化；加快各类养老服务机构建设，推进养老服务主体多元化；加快养老服务网络平台建设，推进养老服务手段信息化；加快养老服务人才队伍建设，推进养老服务人员专业化；加快养老服务法规制度建设，推进养老服务管理规范化”。

二、《苏州市加快发展养老服务事业的意见》(2005)

1. 基本原则

坚持“六项原则”，即服务对象公众化原则、服务方式多样化原则、服务队伍专业化原则、投资主体多元化原则、运作机制市场化原则、城乡发展一体化原则。具体要求：以面向全社会老年人服务为发展宗旨，满足广大老年人的服务需求，提高老年人的生活质量；居家养老为主、机构养老为辅，大力发展家政照料、医疗保健、护理康复、精神慰藉等多种服务项目，实行有偿、低偿、志愿服务，满足不同层次老年人的服务需求；开展养老服务职业技能培训，实行养老服务职业资格管理制度；加强政府对养老服务事业的资金投入和政策扶持，支持和资助社会力量兴办养老服务事业，形成多种所有制形式共同发展的新格局；建立养老服务事业社会化、市场化的运行机制，逐步形成自主经营、自负盈亏、自我发展的公平竞争市场；统筹城乡养老服务事业发展，促进社会公平。

2. 规划布局

各地民政部门要会同发改委、建设、规划等部门按每个镇、街道拥有养老综合服务设施总床位数不低200张(不包括县级市、区以上政府办的社会福利机构养老床位数)的原则和建设部、民政部《老年人建筑设计规范》(JGJ122-99)的建设标准规划建设当地的养老服务设施。可根据实际情况规划一处或多处、分期分批建设,并尽量安排在效能便利、环境良好、适宜人居的区域。目标任务是到2010年,全面建成以居家养老为主体、社区服务为依托、机构养老为辅助,覆盖全体老年人的养老服务保障体系,即"苏州模式"。

3. 相关机制

除进一步强化加快发展养老服务事业的组织领导,以及加快发展养老服务事业的扶持政策外,进一步完善加快发展养老服务事业的"八项机制",即:建立养老服务事业目标管理机制,建立养老服务事业经费投入机制,建立养老服务社会化运作机制,建立养老服务行业管理机制,严格养老服务的社会福利机构认定工作,建立定期检查制度,加强养老服务人员专业化培训,培育发展养老服务行业协会。

三、苏州养老发展的历史机遇与新定位

1. 历史机遇

历史阶段的新起点,为苏州市养老工作新发展、新挑战迎来了重大发展机遇。特别是2012年9月1日,苏州合并位于古城区的沧浪、平江、金阊三区成立为"姑苏区",县级市"吴江市"撤县设区,区划调整后苏州城区将直接与上海接壤,此举将有利于加强苏州中心城市首位度和辐射能力,理顺苏州古城保护和太湖整体保护开发的体制,还将降低行政管理成本和提高行政服务效能。苏州下辖五县市均是全国十强县,苏州市中心城市首位度偏弱,辐射带动能力不足,调整前苏州城区各项社会发展指标均占全市比不足四成,而调整后各项指标占比都将过半;同时,区划调整后苏州城区将直接与上海市接壤,进一步提升苏州市在接轨上海、促进长三角一体化发展中的地位和作用;而拥有部分太湖水面和岸线的吴江撤市设区,将使得吴江区既保持县域体制活力,又获得城区功能新的发展优势,并有利于理顺太湖整体保护开发体制。[1]

原沧浪区试点成功推行的"虚拟养老"苏州模式将有了更加广阔的运行和推广空间。区划调整后,姑苏区作为苏州城市"一核四城"发展格局重要

〔1〕 苏州合并三区成立姑苏区 城区将直接接壤上海.新华网,2012-09-01.

组成部分的“一核”，今后将建设成为“历史文化保护示范区、高端服务经济集聚区、文旅融合发展创新区、和谐社会建设样板区”，使“姑苏区”成为“文化高地、旅游高地、科教高地和商贸商务高地”。[1]古城三区合并为“姑苏区”后，将从人口、经济、产业、科技、人才和文化等方面全面提高中心城市的首位度。1982年，苏州市成为国务院批准的24座全国首批历史文化名城之一。姑苏区的合并，对历史街区以及古民居、古城墙、古典园林等历史遗存和古城风貌将加以统筹保护。

全国百强县排名第二的江苏省吴江市撤市设区后，苏州城区面积由原来的1 718平方公里，一跃扩大至2 910平方公里，几乎达到无锡、常州两市城区面积之和。而且，吴江区的设立，可进一步优化苏州市区行政区划结构，便于城市总体规划实施，与上海直接接壤的苏州城区将在更大范围内调整优化生产力布局，充分发挥区位优势，增强苏州中心城市的集聚、辐射和带动的功能。对于吴江而言，苏州中心城市优质公共服务资源向吴江覆盖，促进吴江社会保障、社会福利等基本公共服务与苏州市区一体化，提高苏州市城乡统筹协调发展水平，使吴江群众共享苏州中心城市发展成果。“吴江区”将着力建设“南部现代化新城区、优势产业新板块、开放创新新高地、和谐乐居新家园”，构筑苏州中心城市接轨上海的新前沿。

2. 发展定位[2]

区域发展战略定位，对苏州养老工作提出了新要求。文化养老、旅游养老、园林式养老、生态养老……摆在“大苏州时代”新一届党委政府领导的面前选择。2011年9月，在苏州市第十一次党代会上，省委常委、苏州市委书记蒋宏坤在大会报告中明确指出，未来五年内，苏州要抢抓长三角建设世界级城市群的历史机遇，进一步明确中心城市“一核四城”的发展新定位：在做优做靓苏州古城的同时，加快提升东部综合商务城、西部生态科技城建设水平，重点推进南部滨湖新城和北部高铁新城建设，全面提高中心城市首位度。将进一步放大行政区划调整的积极效应，构筑苏州中心城市接轨上海的新前沿，提升苏州中心城市发展的新实力，增创苏州中心城市改革开放的新优势，形成苏州中心城市率先科学和谐发展的新亮点。

当前，苏州正处在转型升级的关键时期，从区域发展总体战略出发，必

---

〔1〕 苏州古城三区合并设立“姑苏区”[N]. 扬子晚报，2012-09-02.

〔2〕 大苏州时代的区划变局：古城三区合并 姑苏城城市核心[N]. 现代快报，2012-09-02.

须进一步增强综合竞争力和可持续发展能力。按照国务院《长江三角洲地区区域规划》要求，苏州在建设高新技术产业基地、现代服务业基地和创新型城市、历史文化名城和旅游胜地进程中，中心城市首位度不高、辐射带动能力偏弱等问题日益凸显，越来越成为区域发展的“短板”，适时适度调整优化行政区域布局，着力完善城市空间布局、做大做强中心城市，显得更为迫切。

马中亚认为，苏州市部分行政区划调整，不仅宏观上符合国家长三角地区的发展战略，对于苏州市经济社会发展也具有重要意义。这次三区合并建立姑苏区，最直接的就是苏州古城区未来将有条件被打造成一个“大古城景区”，而保护古迹、发展旅游业应是该区的主要任务。各类古桥、古井、名人故居等在苏州古城区星罗棋布，由于地面小无法发展第二产业，三区合并后苏州可通盘考虑对古城区各类文物、历史遗迹的保护和开发，大力发展旅游经济。苏州可在保护古城的基础上，逐步降低古城区居住生活功能，引导减少常住人口，在全面充分开发利用古城的基础上，将古城区建设成集购物、娱乐、旅游、休闲、会展、文创为一体的旅游景区，鼓励民间投资创业，在区域内发展诸如“家庭客栈”、“青年旅社”等。三个区合并后，苏州古城区还可以成立一些诸如专门负责古井、古桥等修葺、保护的机构，从而使这些苏州独有的文物得到妥善维护。

这一重大行政区划调整在苏州城市发展和古城保护历史上具有里程碑式的重要意义，是对历届全市“两会”大量有关区划调整建议提案的集中回应，是苏州建市以来数次区划调整的完善深化，也是苏州在新起点上实现率先科学和谐发展和率先基本实现现代化的战略选择和客观需要。

3. 生态养老

苏州作为国际上世界级的古典园林城市的典型代表城市，突出“生态养老”能够让老年人尽情享受到“田园生活”的风味与乐趣。生态养老的最大功能，就是能够为老人们提供快乐的源泉。生态养老，相比较于传统的居家养老方式而言，通过原生态型的养老机构的建设和运行，既考虑到老年人身心养老的实际需要，又具有独特的人性化的功能，能够释放出极大的人本化善意，突显“以人为本”的和谐生态环境和优良生态资源的综合利用。

这里所谓的“生态养老”，就是通过让老年人亲自参与亲近生态环境，享受美好的大自然之美丽风光，并且能够在和谐的自然与人文环境的交融过程中彻底实现个体的生理调节、心理健康和集体的管理效能提升、整体效益发展的一种积极型、阳光型的养老方式。而且,必将在养老服务的内容、目标和举措等方面进行新的探索,不断完善“苏州模式”的养老方式。

第三节　我国养老服务的现代发展走向

我国养老服务的现代发展走向,基于我国当前的国情和发展的现状与实际,主要是逐步“全民养老”、“专业养老”和“公平养老”。

一、全民养老:〔1〕城乡养老保险向一元化全覆盖迈进

1. 制度覆盖

2009 年 9 月,全国正式启动新型农村社会养老保险试点,2011 年 6 月,全国启动城镇居民社会养老保险试点,2012 年 7 月,全国所有县级行政区全部启动实施城乡居民社会养老保险工作。“三年的时间,4.49 亿城乡居民实现老有所养”。制度覆盖到城乡居民,实现了从养老靠子女到养老靠制度的沧桑巨变。有报道说,一千天圆华夏子孙“老有所养”的千年梦。新农保和城居保两项制度覆盖全国后,加上已经推行多年的城镇职工基本养老保险,我国实现了基本养老保险制度覆盖全民,人人享有养老保障的制度体系初步形成。

“老吾老以及人之老”。制度覆盖全民,推动了社会公平正义。城乡居民养老保障制度的逐步建立,公共财政普惠城乡,消弭养老保险制度城乡差异,让更多的中低收入人群享受到改革和发展的成果,为社会的公平正义提供正能量。农村居民一直依靠家庭和土地养老,或者村集体来解决,非职业关联的城镇居民养老处于空白状态的情况,得到彻底改观;过去很长一段时间,我国的基本养老保险制度发展不均衡的状况,也得到了彻底改观。

“老有所养”大同社会的目标在制度上已经实现。

2. 全民覆盖

全民养老,任重而道远。

其一,走向全民养老,需要从制度覆盖落实到人数覆盖。今后,我们仍然需要致力于推动养老保险覆盖面的扩大,进而实现全民养老。必须清醒地认识到,作为世界上人口最多的发展中国家,我们从制度覆盖全民,到建立健全社会养老保险体系,真正实现全体人民“老有所养”的目标,还有很长

---

〔1〕 武唯. 走向全民养老[J]. 中国人力资源社会保障,2012(11):11-12.

的路要走。这是因为,虽然当前我国城乡居民养老保险覆盖人数超过4.49亿人,加上企业职工养老保险,总计覆盖人数超过7亿人,我国已经建立起了世界上最大的社会养老保险体系。但是,距离最终目标还很遥远。

其二,走向全民养老,需要统筹城乡,逐步提高待遇水平。也就是说,提高百姓福利水平,需要研究解决城乡居民养老保险与企业职工基本养老保险制度衔接整合问题,实现城乡居民与城镇职工的养老制度的自由转换。特别是要做到,社会保险权责对等,要完善参保激励机制,鼓励城乡居民早缴费、多缴费、长缴费,增加个人账户积累,以保证将来有更高可持续的养老保障水平和保障能力。

其三,走向全民养老,需要实现公共服务均等化。这主要表现在,要在提供更加方便、快捷、高效服务的基础上,精简机构、提高效能,整合现有公共服务和社会保险经办管理资源,建立健全统一的社会保险经办机构,增强基层经办服务的能力,实现城乡居民均等享受公共服务,切实把好事办好,实事办实,让广大人民群众能够充分便捷地享受到国家政策。

二、专业养老:[1]整合分散在各部门的养老保障资源

1. 大力培养专业的养老护理员

养老院奇缺正规的专业养老护理员,已经成为我国多个省份解决老年人养老问题的难题。专业养老护理员成为市场的"香饽饽"已经不再是新闻。没有专业的养老护理员,养老院的专业水平就很难得到提升。这是目前很多养老院院长们最为头痛的事。绝大多数情况下,养老院的护理员都是下岗女工或农村妇女,只能为老人提供看护、喂饭、更衣、大小便失禁清理等服务,更高层次的护理服务却无法展开。这些传统的养老护理人员由于培训和教育的限制,缺乏很多专业的养老护理知识。

2. 养老护理也是一门大的学问

养老护理工作不只是熟练工,不只是个技术活,而是要求养老护理人员懂得更多的老年人心理知识,除了有养老工作热情,还要有具体工作方式和护理方法。目前,全国开设专门的养老护理专业的并不多,真正具有养老护理专业知识者少之又少,而持有养老职业证书的专业人才可谓凤毛麟角。有的养老机构由于经费不足等具体原因,很少开展养老知识和技术等专业培训。大部分老年人只是享受到一般的生活照料服务,根本就享受不到精

---

〔1〕 李晚成. 养老院缺人才,专业养老成奢望[N]. 江西日报,2011-05-17.

神慰藉、康复保健等深层次的专业服务。然而，随着社会的不断进步发展，经济收入的不断提升，越来越多的老年人呼唤专业的护理养老服务。很多人认为，养老护理就是端尿端屎伺候人的“保姆”，工作苦累不说，还得不到社会的理解和尊重。其实，养老护理服务同样要求非常专业的学问，即使是老年人的日常护理也需要有大学问。例如，骨折或瘫痪老人的照料，没有专业的老年护理知识，老病人的康复情况就不可能良好。

3. 高尚事业呼唤消除职业歧视

随着老年人越来越多，要求越来越高，专业养老护理成为亟待解决的现实问题。专业养老是大势所趋，为了老年人的生命尊严和晚年生活质量着想，我们必须培养足够数量的更高水平的专业养老护理人员来满足社会的养老需要，满足整个社会的需求，满足老年人及其家属所愿。事实上，专业养老研究的内容很多，例如：老年护理技术基础、老年心理学、急救护理、老年病学等课程知识，都需要全面掌握。不少养老专业人士认为，专业养护员其实跟医生、教师是一样的，是一个崇高的职业，希望得到更多的社会理解和尊重，特别是希望更多的人消除其职业歧视，转变社会观念。为了让更多的年轻人从事这一高尚的职业，整个社会必须消除对养老护理人员这一职业的歧视。关键是通过舆论引导和社会宣传，最终让更多的年轻人加入到养老护理专业队伍中来。

三、公平养老：“实现同一代人的养老待遇走向公平”

1. 树立理念公平

养老保障制度是整个社会保障体系中最为核心的部分，一个国家或地区的养老保险制度的成功与否在很大程度上决定着其社会保障体系的成败。[1]公平是养老保险的基本价值理念。当前，中国养老保险制度存在公平缺陷主要体现在：农村普遍缺乏养老保险，加剧了城乡居民收入差距，而机关、事业单位及不同性质企业之间存在不同水平的养老保险制度；同时，代际之间就养老责任安排不尽合理。[2]关键是要树立公平理念，通过合适的政策选择，最终形成一个“互助共济、权利共享、代际公平”的全民普惠的养老保险制度。

公平是一个合理的社会状态，也是社会保障制度追求的目标。城镇居

---

〔1〕 李珺.基于公平角度对我国养老保障制度的思考[J].商场现代化，2010(13)：157.

〔2〕 文太林.当今养老保险中谁受益，谁受损——中国养老金保险公平之质疑[J].现代经济探讨，2009(6)：27－30.

民养老保险制度的建立覆盖了养老保险的最后盲区,实现了"人人有权享有养老保险"的理念。[1]我们必须树立公平的理念,从"权利公平、规则公平、分配公平"等方面,建立城镇居民养老保险制度。

2. 打破"双轨制"

养老金双轨制成为近年来的热点话题。关注的焦点是:是什么使得企业职工和机关事业单位人员退休后,养老金存在明显差异,"双轨制"将如何改革?中国人民大学教授、中国社会保障研究中心主任郑功成2012年4月20日在《光明日报》发表的署名文章中称,要"实现同一代人的养老待遇走向公平"。这是因为,"养老金双轨制改革如果是将两个制度立即并成一个制度,恐怕只能是画饼充饥,结果仍可能是原地踏步"。因为若将机关事业单位优厚的退休金迅速削低到企业退休人员养老金的水平,改革的阻力可想而知;若将企业退休人员的养老金待遇立即提升到机关事业单位退休待遇的水平,也会引起讨论。因此,还是在明确目标与方向的条件下,迅速启动机关事业单位的养老金承担风险制度改革,同时对企业老一代退休人员给予相应的补偿,尽快缩小两者之间的待遇差距。无论在哪种制度下都应当实现同一代的养老待遇走向公平。机关事业单位养老保险制度改革不要再做试点,而是直接全面启动。总之,"双轨制"下的现实矛盾必须尽快化解。[2]

3. 加强法律保障

加强养老保险制度的法律保障。切实将"体现公平"和"缩小社会不公平"作为立法的指导思想。扩大养老保障立法的覆盖面,一是加快农村养老保障立法的研究,制定切合农村发展实际的养老保障法律法规。二是尽快把占人口总数中绝大多数的我国农村人口纳入养老保险立法的覆盖范围。三是加快养老保障立法,以便从法律上规定养老保障的基本原则、基本内容、适用范围及管理体制等,从而规范整个社会保障制度是切实可行的。[3]

总之,我国养老服务正在经历由补缺型向普惠型、由分散型向专业服务型、城乡更加一体的系统和规范演进,更加需要有法律的保障才能完整实施。

---

〔1〕 刘亚伟.从社会公平看中国城镇居民养老保险制度建立的必要性[J].金田,2011(9):229.

〔2〕 郑功成.实现同一代人的养老待遇走向公平[N].光明日报,2012-04-20.

〔3〕 李珺.基于公平角度对我国养老保障制度的思考[J].商场现代化,2010(13):157.

第八章

实施：现代化背景下的苏州《社会养老服务促进条例》

发达地区社会建设实践明显滞后于其经济发展状况，必须把率先实现社会养老现代化作为发达地区创新社会管理的核心目标，这既是区域率先基本实现现代化的需要，又是夯实社会现代化基础的支撑。随着我国2020年全面建成小康社会后将进入年均增长近1 200万的第二个老年人口增长高峰，老龄问题将逐步呈现集中爆发态势，留给我们做战略准备的时间十分有限。[1]我国应对人口老龄化的物质、精神和制度，特别是组织体系和体制机制等各项准备亟待加强。老龄政策法规体系不健全，保障制度不完善；老龄服务体系建设刚刚起步，老年群体社会管理以及制约老龄事业发展的体制机制性问题还比较突出。这是我们做好养老服务必须始终把握的基本国情，急需通过上升为基本国策的高度加以改变。

第一节 破解养老难题急需立法保障

法律具有规范、引导、教育和保障等多种功能。在经济社会发展的不同阶段，需要立法发挥作用的重点领域也有所不同。立法通过调整社会关系、规范人们行为、设定价值目标来引领实践、推动改革、促进发展。从客观上讲，我国有关养老的社会立法十分有限。总体上看，中国养老立法的一个很突出特点是：养老保险立法层次较低，地方立法相对活跃。各省、直辖市、自治区几乎都出台了实行养老保险的地方性法规，但国家层面至今没有颁布综合性的“社会保险法”或单行的“养老保险法”，国务院除了发布几个重要

〔1〕 伊丽苏娅. 注重顶层设计 有效应对挑战[J]. 中国党政干部论坛，2012(4).

的决定外，也没有养老保险方面的行政法规出台。这种立法上的滞后状况，已不能适应市场经济和社会保障事业发展的要求，难以应对人口老龄化的挑战。

一、苏州依法享有地方立法权

1. 立法取得的主要成效

对于地方而言，立法权是一项极其宝贵的政治资源。苏州自1993年4月被国务院批准为"较大的市"，依法取得了地方立法权。地方立法的一项重要任务是，就地方可以自行决定的重大问题通过作出法律性规定予以解决，使之成为人们共同遵守的行为准则。地方立法也是中国特色社会主义法律体系中不可或缺的重要组成部分。20年来，苏州市人大及其常委会遵循"以人为本、急需为先、特色为重、质量为上"的立法思路，向社会公开征集立法项目，规章草案都在网上公开征求意见。以宪法、法律、行政法规和本省地方性法规为依据，围绕全市改革、发展、稳定的大局，紧扣当地实际，制定地方性法规与规章，积极、稳妥地开展地方立法工作。截至2012年底，苏州市人大及其常委会共制定67项地方性法规，作出45项修改决定，废止15项地方性法规，现行有效的地方性法规为52项，部分地方性法规在国内具有独创性。在现行有效的法规中，有关政治建设方面的占7.7%，经济建设方面的占21.2%，社会建设方面的占26.9%，生态文明建设方面的占28.8%，这些地方立法在调整各种社会关系，保障、引导和推进经济、政治、文化和其他建设事业发展方面，创造了良好的法制环境，提供了有力的法律保障。回顾苏州二十年来的地方立法，从以经济建设为重点，到经济与行政立法并重，再到加大社会建设和公共服务立法力度，社会进步脉络清晰，时代要求特征明显，即完善党的执政理念、转变党的执政方式、提升党的执政水平，以及推动科学发展、保障基本人权、促进社会和谐的要求。

2. 地方立法坚持的原则

坚持"不抵触、有特色、可操作、少而精"的地方立法原则，充分发挥实施性立法、自主性立法和先行性立法的地方立法功能，在解决地方实际问题上下功夫。在实施性立法上求精细，在自主性立法上求特色，在先行性立法上求示范。注重发挥立法的引领功能、先行先试作用，力求通过制度设计的前瞻和创新，引导、推动改革发展在重点领域和关键环节取得突破。鉴于我国法律在养老问题上尚存在着许多空白，使得养老服务在实际操作中呈现出无法可依，养老机构水平参差不齐，管理混乱，无序竞争，常常出现乱收费，拒收老人等情况。制定并完善相关的法律法规是我国解决养老问题的首要环节,更是建立社会养老保障体系的制度依据。在国家养老立法条件不成熟的情况下,适时进行地方立法试验,既为解决地方养老实际问题提供法制保障,又为国家统一立法积累经验。

二、苏州《社会化养老服务促进条例》

1. 现代化背景

苏州作为长三角中心地带较发达的城市,地方经济发展一直走在全国的前列。2003 年,苏州市委、市政府提出苏州要在全省争当“两个率先”先行军的决定,开启了全面建设小康社会和率先基本实现现代化的进程。苏州是小平同志建设小康社会概念和思路的重要起源地之一,被誉为小康的“故乡”,具有实现“两个率先”的思想基础。2005 年苏州全面达到了江苏省全面建设小康社会的四大类 18 项 25 个指标。当中国步入新的千年,率先完成省定全面小康社会建设指标的苏州,又被时代赋予了新的使命。中央和省委明确要求:苏州要在基本实现现代化道路上率先探索,保证时序进度上早于全省、快于全国,实现程度上高于全省、优于全国。2006 年,在苏州市第十次党代会上,苏州市提出了巩固小康建设成果、提高小康建设水平、率先基本实现现代化迈进的奋斗目标。2011 年,在苏州市第十一次党代会上,市委再次提出了“坚持科学发展建设‘三区三城’,为率先基本实现现代化而努力奋斗”的发展目标,进一步提出了今后五年,苏州经济社会发展的总体要求是“建设宜居新苏州、打造创业新天堂、共筑幸福新家园”,着力推动经济、政治、文化、社会、生态文明建设和党的建设全面协调发展,努力把苏州建设成现代化、国际化、人文宜居、创新名城,到 2014 年率先基本实现现代化。

现代化的核心是人的现代化。南京在全国率先从人的角度研究谋划一个地区和城市的科学发展和现代化进程,绘就的“人的现代化”蓝图:“到 2015 年,全市人口布局、人口结构明显优化,人口素质、生活质量显著提高;到 2020 年,初步形成人口均衡型、资源节约型、环境友好型的城市发展模式,市民生活更加幸福更有尊严。”基本实现现代化,一个重要内涵就是人民生活质量显著提升,这也是苏州追求的目标。到 2015 年,老年人居家养老、社区养老、机构养老的比例分别达到 90%、6%、4%,基本实现“老有颐养”;社区居家养老服务中心(站)覆盖率达到 100% 以上;全市养老机构床位数达到 6 万张以上。

2. 养老现代化需要立法

同国内其他地区相比，苏州人口老龄化呈现出基数大、势头猛、程度深以及超前于现代化的特征，地方经济发展、社会和谐和政治稳定受到的冲击更为严峻。截至2011年底，苏州老年户籍人口为137.3万人，占户籍人口比例的21.4%（全省为17%、全国为13.3%）。预计到2020年将达到170万人，将占户籍人口比例的25%，是人口老龄化程度最严峻的地区之一。反观现状，苏州社会养老服务业供需矛盾日益凸显。到2012年6月，全市各类养老服务机构总床位为39 672张，每千名老人拥有的床位比例低于全国19‰的平均水平和发展中国家2%～3%的水平。同时，为老年人服务的专业人才缺乏、经费投入不足、民办养老机构发展缓慢，都对全市养老服务工作提出难题。

完善法律法规是推进养老服务体系建设的重要保障。市人大常委会持续推动养老事业发展，充分发挥地方立法对经济社会发展的引领和推动作用，促进苏州养老服务工作更加法治化、长效化。2012年，苏州市人大常委会将制定《社会化养老服务促进条例》列入了市人大常委会五年立法规划中，通过完善相关法规制度，解决制约本市养老事业发展的瓶颈问题，促进养老基本民生问题的解决。作为一部事关重要民生、全国尚无先例的先行先试的地方性法规，苏州市人大继续秉持开门立法的原则，通过立法听证，能够获得新的资料并了解新的事实；通过立法听证，能够听取来自利害关系的人、有关社会团体和专家学者的意见，充分反映民意；通过立法听证，能够使立法草案在充分的讨论和审查的情况下，协调各种不同的利益关系，使草案内容能够为大多数人所接受。立法听证还是一种宣传途径，经这条途径，可以使民意得以反映和汇集，制定出高质量的精细的社会养老地方性法规。

3. 苏州地方养老可以立法

针对当前国家和省关于养老服务方面的立法都较为原则和滞后的现象，苏州市人大常委会通过制定《苏州市养老服务促进条例》地方性法规，将对全市的养老服务体系作出全面的制度性设计，明确政府、社会、家庭、社区、子女等在养老服务中的相应责任，对养老服务对象、服务内容、服务机构、服务人员及监督管理等进行制度化、规范化的界定，做到权责明确、有章可循、有法可依。苏州市人大常委会内务司法委员会认真做好立法前期调研和相关准备工作，在举行由政府相关部门、各类型养老机构、部分街道和社区养老服务组织负责人以及城市和农村不同收入、不同年龄的老年人参加的座谈会，广泛听取各方面意见的基础上，还召集相关部门和专家学者进行论证研讨，加快推进立法进程，促进苏州市养老服务工作更加法治化、长效化。

第二节 《条例》的指导思想和总体目标

历届联合国大会重视老龄问题所做的《老龄问题维也纳国际行动计划》等一系列重大决议，政府和社会重视和关注老龄问题，成立政府协调机构，制定综合战略，把老龄问题纳入国家经济和社会发展规划；提醒政府要“铭记人口老龄化是人类社会历史上前所未有的，对任何社会都是一项重大挑战”，“要采取积极的思想和行为解决人口老龄化带来的各种问题，促进社会经济协调发展”。

一、《条例》的指导思想

《条例》所称的社会化养老，也即养老保障社会化。苏州确立了政府主导、社会参与、公建民营、民办公助及政府购买服务的养老服务发展模式，逐步形成了区、街、社区三级居家养老服务网络，较好地满足了老年人多元化、个性化服务需求。党的十八大报告关于社会建设的论述，是地方创新养老服务应遵循的“顶层设计”，即“必须加快推进社会体制改革。要围绕构建中国特色社会主义社会管理体系，加快形成党委领导、政府负责、社会协同、公众参与、法治保障的社会管理体制，加快形成政府主导、覆盖城乡、可持续的基本公共服务体系，加快形成政社分开、权责明确、依法自治的现代社会组织体制，加快形成源头治理、动态管理、应急处置相结合的社会管理机制”。

为健全苏州社会化养老服务制度，保障老年人享受社会养老的合法权益，根据我国《社会养老服务体系建设规划（2011—2015）》《中国老龄事业发展“十二五”规划》以及有关法律、行政法规的基本原则，结合本地实际，制定条例。据此，苏州社会化养老服务的基本原则，一是必须确立养老服务政府负责、社会协同、公民参与的理念，充分发挥政府统筹协调的作用。养老本质上是一个社会公共问题，目前应主要依靠作为权威公共管理机构的政府来解决，并纳入社会管理和公共事务管理的范畴。结合苏州的养老现状，政府应遵循“管大放小、管少放多”的原则，使绝大部分养老服务由社会组织和个人承担。二是必须以老年人实际需求为导向，大力发展居家养老服务。以家庭为核心、以社区为依托、以专业化服务为支撑,政府购买公共服务和市场化运作相结合。满足老年人在社区内就地、就近养老、学习、活动和休息的需要,使更多老年人享受政府的关怀和照顾,提高群众对居家养老服务的参与度。三是必须积极探索多元化发展模式,加大养老机构建设力度。加强养老机构建设的统筹规划,优化养老机构的结构功能,提升服务质量,进一步加强对养老机构的管理和督导。

二、《条例》的总体目标

以"9064"养老格局为目标(即让90%的老人享受居家养老,6%的老人享受社区养老,4%的老人享受机构养老),加大政府投入和引导,广泛引入社会力量,积极打造10分钟养老服务圈。初步形成以居家养老为基础,社区养老为依托,机构养老为补充,涵盖老年人日常生活照料、医疗康复、精神慰藉等内容的养老服务体系。

一是完善养老服务政策。主要是针对"政府在引导、扶持社会化养老服务产业发展上政策不够完善"的问题,就加快养老服务机构建设,提升为老服务质量和水平,扩大养老援助对象、调整援助标准,健全土地供应、医疗服务、金融贷款、税费优惠、家庭养老支持等政策,对现行政策补充、完善和调整,突出政府主导与社会参与、政策引导与资金扶助、突出重点与适度普惠、机构建设与居家养老相结合的原则。

二是加快养老机构建设。主要是针对"养老床位总量不足、结构有待调整优化"的问题,确保到2015年,苏州全市千名老年人拥有床位达到40张,床位总数达到60 000张(需新增33 000多张养老床位)。其中,具有护理性质的养老床位占总床位数30%,民办养老床位占总床位数50%以上。为此,一定要在明确各市、区公办养老机构的建设任务,突出示范作用;要扶持民办养老机构发展,明确护理床位占比,突出骨干作用;要拓展养老机构服务功能,突出辐射作用;要制定养老设施布局专项规划,突出引领作用;要完善土地供应等政策,突出保障作用;进一步加大政策扶持力度,例如,对新建具有介助、介护性质的民办养老机构每张床位一次性建设经费补贴从5 000元提高到10 000元。

三是健全居家养老服务网络。大力推广"虚拟养老院"模式的居家养老建设,健全完善居家养老服务网络,确保到2015年,苏州全市93个街道(镇)和172个大型居民住宅小区(人数在10 000人以上)全部建有日间照料中心(托老所),城乡社区建有助餐点580家的目标,要明确在居家养老服务组织三级网络建设的同时，增加居家养老设施建设经费补贴，既要对新建、改（扩）建、基本设施符合要求的日间照料中心，不论公办或社会力量兴办，按建筑面积在200平方米、400平方米、600平方米及以上，分别一次性给予20万元、40万元、60万元的建设经费补贴，又要对社区新建具有固定场所、并配备必要设施的老年助餐点，每家一次性给予2万元的建设经费补贴，还要对完善居家养老服务组织提出具体意见，明确要求各县级市、区成立居家养老指导中心，各街道（镇）成立居家养老管理中心，社区（村）成立居家养老服务中心（站），并配备一定数量的助老协理员，以形成县级市、区为指导中心，街道（镇）为管理中心，社区（村）为服务中心（站）的三级居家养老服务组织网络。

四是加强服务队伍专业化建设。主要是针对"加强养老服务专业队伍建设，提高为老服务人员的待遇"的问题，确保在"十二五"期间实施"5332"培训工程，即利用5年时间，免费培训3 000名初级、300名中级、20名高级养老护理人员，使养老机构护理员持证上岗率达到90%以上。既要加强免费培训力度，把对养老服务机构管理和从业人员的免费培训，作为一项经常性工作持续开展下去，不断提高养老服务人员的职业素养，特别是通过免费培训，提高全市178家养老机构院长的综合管理能力，又要给予奖励补贴，对取得《养老护理员职业资格证书》的服务人员，根据取得证书等级的不同，分别给予200元、500元、1 000元的一次性经费奖励，并按服务年限不同，每月另行给予100元到800元的特岗补贴，还要落实户籍政策，对取得《养老护理员高级职业资格证书》或硕士以上学位的养老服务人员，符合一定条件的，允许本人和配偶、未成年人子女落户当地，确保护理人员队伍的稳定和服务质量的提高。

五是提高养老经费标准。主要是落实"增加养老服务经费投入，以满足不断增长的老年群体对设施、产品与服务的需要"，市政府进一步加大财政投入力度，要求各地根据户籍老年人口数，按每人每年200元（原来100元）的标准安排养老服务事业经费，并列入同级政府年度财政预算，主要用于政府养老服务建设项目、资助社会力量兴办养老机构、补贴居家养老服务组织、提供养老扶助服务、发放尊老金等，突出政府的"社会服务购买"，体现"政社互动"对于提高养老服务专业化、社会化水平的深远意义。

第三节　在“共性”中显“特色”

通过认真梳理过去几年苏州市养老服务政策文件，广泛学习借鉴先进省市养老服务经验做法，形成较完整的社会养老服务指导性规范。《条例》对全市的养老服务体系中养老服务对象、服务内容、服务机构、服务人员及监督管理等作出全面的制度性设计。

一、地方“虚拟养老”经验的法制化

既然是社会化养老促进条例，理应将探索成熟的地方经验加以制度化和法制化。实践表明，虚拟养老院是解决苏州健康、高龄、空巢、失能老人居家养老问题的有效途径。构建国有管理服务平台，推动“虚拟养老院”产业化的创新发展。

1. 研发虚拟养老院的服务系统

通过进行深入细致的调查研究，确定真实的、有效的、可操作性的服务需求，形成规模化的养老服务计划，全力研究信息平台要求的服务系统，实现为老服务质的提升。在此基础上，研发集中式管理平台的服务系统，鼓励发展跨地区连锁管理的分布式信息平台，实现养老服务量的扩张。新一代网络系统平台一期开发工作已经完成，已于 2012 年下半年在苏州全市推广。

2. 深化虚拟养老院的服务内涵

根据市场发展和老人需求状况，虚拟养老院成功实现第一层次服务，也就是基本生活照料服务，实现“初次体验、产生依赖”的亲情化关系。积极开展第二层次服务，也就是项目化商务服务，如粮油配送、老人配餐、产品团购等，实现“形成需求、市场运作”。第三层次服务，也就是适时健康监测预警服务，目前正着手市场调研、选择成熟产品、寻求合作伙伴。通过三个层次的服务，深化和拓展服务内涵，按照“产业发展”的既定目标，力争 3 年内，将标准服务产品打造成全国养老服务的新范本。

3. 组建虚拟养老院的服务机构

虚拟养老院的服务机构由两部分组成：一是为完成分布式信息平台的任务，组建为老服务的民办非企业单位。根据信息平台授权，有效实现居家服务的派单和服务质量的管控。二是为完成集中式管理平台的任务，组建现代企业制度的运营机制，授权发展和管理维护分布式信息平台，研究为老

服务项目和实现手段，实现虚拟养老院快速发展。

二、专项规划、建设管理的法制化

随着人口老龄化程度的加剧，《条例》中有必要规定，以地市中心城市或县域为单位编制养老设施布局专项规划，并与城市总体规划、分区规划、控制性详细规划做好衔接。如在新建小区和旧城改造时将养老服务设施（包括居家养老服务中心）作为社区公共服务配套设施纳入规划。据调查，苏州公办养老机构的服务对象多以自理老年人为主，提供生活照料型服务，服务的内容比较单一。民办养老机构的服务对象较为广泛，提供多元化的生活照料和专业护理等综合性服务，服务内容更加丰富和多元化。多属于单纯供养型，老年护理院比较缺乏。绝大部分养老机构提供的服务偏重于日常护理，而结合寄收养、治疗、康复、娱乐、精神慰藉与一体的养老机构发展慢、数量少、医疗设备和医护人员配备还不是很充足。由于养老机构护理功能的缺乏导致非自理老年人入住困难，最需要照顾的高龄、卧床、痴呆老年人常常因养老机构的护理条件有限没法入住。为此，《条例》应规定如下内容：

1. 拟制《苏州市区养老服务设施布局专项规划》

针对养老服务设施发展不尽均衡、布局不尽合理、无法满足老年人养老服务需求的问题，在对市区街道、社区老年人口数量以及现有养老服务设施进行调研了解的基础上，2011 年底着手制定养老服务设施布局专项规划。采取招投标的方法，选定苏州市规划信息编制中心担任市区养老服务设施布局专项规划的编制工作，这个规划将对市区养老机构、社区日间照料中心、助餐点以及居家养老服务组织进行科学合理的布局。规划制定后，对 2012—2020 年养老服务设施的进一步发展提供依据。

2. 把新增养老床位、日间照料中心和助餐点建设列入政府实事项目加以推进

从 2011 年起，把社区日间照料中心和助餐点的建设任务纳入到了政府实事项目中去，逐年将建设任务分解下达到各个市、区，力争到 2015 年全市 30% 以上的社区建有助餐点（中心城区达到 50% 以上），日间照料中心在街道以及万人以上的社区实现全覆盖。

3. 加大护理机构建设力度

2011 年 10 月，市政府出台的《关于加快推进我市社会养老服务事业发展的若干补充意见》提出：到 2015 年底，各市、区必须建有一所 200 张床位以上的、以介护或临终关怀为主的公办护理院，重点满足失能、病残、高龄困

难老人的入住需求。与此同时，大力扶持民办护理机构的发展。对新建护理床位，给予每床10 000元的建设补贴，对利用闲置房屋建设民办护理院的，按床位介助、介护性质，分别给予每床4 000元、5 000元的建设补贴；补贴经费从福利彩票公益金中解决。对收住寄养老人的民办养老机构，给予每人每月50元、120元、200元的运营补贴，补贴经费由入住老人所在地财政承担。经过人社部门审核，对符合条件的护理院及时开通医保定点。

三、政策创制与推进重点

目前苏州的养老模式主要有居家养老、社区照料和机构养老三种模式。居家养老是老年人在家中居住，并由社会提供养老服务的一种方式，既区别于机构养老，也有别于传统的家庭自然养老；它以家庭为核心，以社区为依托，以老年人生活照料、医疗康复、精神慰藉为主要内容，以上门服务和社区中心服务为主要形式。居家养老服务是把家庭养老与社会养老结合起来的一种养老模式。已有调查表明，苏州市90%以上的老年人愿意选择居家养老，50%的老人希望社区提供上门服务，这种养老模式主要针对老人自理有困难，但不愿意或无条件进机构养护的老人；高龄老人护理型养老机构的入住意愿仅为14%。居家养老本质上是一种既满足老人居家养老又能享受社会化养老服务的养老方式。2013年8月出台了《苏州市居家养老服务体系建设实施意见》，从指导思想、服务对象、服务组织、服务内容、建设要求、扶持政策、保障措施等七个方面进行规范和细化。目前苏州市存在着观念上对老年服务认识偏差、政府宣传信息公开不够等现象。苏州要在"十二五"末构建"9064"养老格局，率先形成以家庭为基础、社区为依托、信息化为辅助的城乡居家养老服务体系，必须在政府层面和地方立法层面有所突破，为社会化养老服务提供良好发展空间。

1.《条例》明确政府主导责任、民办公助，加大资金投入比例和政策扶持力度

养老可分为两个层次，一是基础型生活照料保底养老，纳入公共服务体系；二是享受型个性化养老服务由市场提供。通过购买服务或福利券等形式将公共福利目标与私人组织的高效率相结合。政府作用为形成一个使这些不同系统共同发挥作用的制度框架，实现养老行政资源、市场资源和社会资源这三个资源有效整合。首先，为社会团体提供发展空间。在政府、民间组织、企业、社区等元素构成的居家养老服务体系中，市场提供服务的主体是民间组织和企业，需要给予社会团体发展的空间，优惠政策、建立准入、项

目管理制度，探索多渠道筹集社会资金。其次，有效整合社区现有养老资源。社区为服务中枢，合理整合市场上现有的医疗服务、家政服务、健身娱乐等资源，提高社区服务资源的综合效用。如社区卫生医疗机构未纳入社区养老服务整体系统管理，与社区内其他有关养老服务机构之间缺乏经常性和制度性联系，不能更有效地发挥作用，符合条件的纳入当地医保定点机构；鼓励社会单位内部设施对外开放，最大限度发挥现有服务设施的综合效益；利用已有闲置资源如住房、厂房、商店等，通过赎买、租赁的方式，将其改造成居家养老服务设施，降低成本。

2. 完善政策法规体系，支持、规范和引导

首先，政府相应承担公共服务的角色还未能准确到位，建立起社会养老服务的公共财政政策，在土地供应、资金投入、税费减免、财政补助、社会融资、供水供电供热、免费服务等方面出台的一系列优惠政策基础上，应尽快出台全市性指导意见、支持政策和中长期发展规划，明确社会养老服务的工作性质、内容、要求，建立行业准入制和准入标准等规范。其次，培养养老服务方面的专业人才也是重点，鼓励有条件的院校开设养老服务管理相关专业及课程。再次，培育和建立长期的志愿者服务计划，借鉴香港"时间银行"养老经验，可以用老年人互助形式开展，也可以与大中小院校等社会组织合作。明确志愿者服务内容及规范，给予志愿者人员相关培训和长期激励机制，培养和建立长期的志愿者服务队伍。扎实做好已有服务项目，落实服务内容、提高服务水平。尤其是要将养老政府补贴、购买服务、高龄补助等行之有效的政策及时上升为法规和规章，将养老纳入法制轨道，以确保政策的权威性和实施的保障性。

3. 将联合国老人五项原则纳入地方多元养老促进条例

联合国大会于1991年12月16日通过"联合国老年人原则"即"独立、参与、照顾、自我充实、尊严"五项原则。有资料表明：许多市民依然认为老年人应退出社会舞台"安度晚年"，殊不知"老有所为"恰恰是老年人最高的精神需求，所以要尽快改变传统的"养老文化"，形成有利于老年人参与社会的氛围。养老要人老不离家、需求有满足，有钱敢花、没钱不怕。就苏州而言，"养""用"结合，既要推广"养"的经验，更要加大"用"的力度，养以"维稳"，用以"致富"，率先度过社会文明转型和经济文化积累的快速发展震荡期，使得老有所"值"，老有所"价"，老而不"废"。

4. 在摸清底数的基础上，为提高老年人生活保障和生活质量献计献策

根据经济发展水平和市区、远近郊区地域的考虑，选取若干个社区作为调查点，发放千份问卷，切实了解老年人总的养老服务需求，具体情况如年龄、有无养老保障（收入来源社会福利与养老金的比例）、有无肢体障碍、有无自理能力、是否空巢、平时有哪些疾病、养老满足率、机构养老入住率等都做详细的记录，同时也要对其子女的基本情况，做详细的了解。在城市社区初步建立服务设施标准化、服务人员专业化、服务内容多样化、志愿服务常规化、覆盖范围无缝化的居家养老服务网络，并随着条件成熟逐步向农村地区推广。总之，如何完善已有的养老服务模式，构建城乡多层次养老服务新模式，“养”而不至于“贫”，这是社会管理创新的重大课题，需从制度设计和管理层面引起重视。

第九章

应对：老龄化挑战的社会化养老实践路向

围绕应对老龄化挑战的社会化实践过程中所呈现出的各种突出现状和主要问题，介绍并推广各地所开展的针对性解决老龄问题的特色经验和代表性做法，试图通过理论概括和抽象提升，提出全球化背景下倡导社会化养老的具体思路举措。特别强调的是，我国当前要以紧迫的态度探索出一条有效的以社会化的养老服务应对人口老龄化问题的实践道路和理念方向。

第一节　现状问题突出

我国应对老龄化挑战，在整体层面上呈现出"未富先老"的社会现状、人口老龄化"城乡倒置"的特征性表象，以及若干家庭呈现出"空巢化"的突出问题。结构特征主要是：人口老龄化在全社会出现了年龄结构、城乡结构、区域结构、家庭结构等方面的矛盾。具体特点主要是：在年龄层面上，表现了社会"人口老龄化"现象；在经济层面上，出现了"未富先老"的养老困境；在区域层面上，呈现了人口老龄化"城乡倒置"的二元特点；在家庭层面上，出现了"空巢化"家庭的典型特征。

一、"未富先老"与"先富后老"

西方发达国家在经济发展到高水平阶段出现的人口老龄化，是在人们生育观念和生育意愿发生根本改变而使生育率自然下降、社会经济发展形成较为健全的保障体系和社会福利事业的情况下产生的，老龄化进程与社会经济发展水平基本上是同步的，是"先富后老"。而我国很多省份的老龄化很大程度上是因为计划生育政策的有效实施降低了人口出生率，因此，人口老龄化是在经济发展落后，经济基础薄弱，社会保障滞后，社会承受力很弱的情况下出现的，即"未富先老"。人口老龄化与社会经济发展水平不协调,增加了解决老年人口问题的难度。[1]

（一）社会化养老问题

就当前我国的社会化养老遭遇的问题而言,呈现出如下比较突出的现象:

1. 社会养老作用发挥有限

我国不少省份人口老龄化与经济发展的不协调对社会保障体系提出了挑战,不管是城市还是乡村,完整的社会养老保障体系都尚未建立,稳定的社会保障资金筹措机制尚未形成,专业的工作人员还很缺乏。生活服务及医疗、公共设施等也不能满足庞大老年人口数量的需要。调研发现,社会养老院床位不足,入住率低,且在营运过程中还面临传统观念阻挠、社会制度不够完善、工作人员素质不高、管理经验不足、资金短缺等方面的困难。私人办的老年公寓不多,民办养老实体空白,发展困难。

2. 家庭养老不堪重负

调研情况表明,西部不少省份 60 岁及以上老年人主要生活来源一半以上靠家庭成员供养,靠离退休金、养老金的也不多,而不少人是靠低保维持生活。我国长期以来实行计划生育的政策,家庭规模越来越小,独生子女将要承担过重的赡养义务。再加上当前社会压力不断增大,"4－2－1"型家庭结构使得一对夫妇要供养 4 位老人,不论是家庭收入,还是时间精力,都难以满足老年人的养老需求。以社区为中心的各项社会福利和社会服务事业受制于经济发展的水平,无法起到补充家庭养老功能不足的作用,传统的家庭养老模式势单力薄,但又不得不在很大程度上依靠家庭养老。老年人口高龄化的发展趋势也使独生子女的养老能力和传统的家庭养老模式受到严峻的挑战。

3. 养老资金筹措渠道单一、资金缺口大

老龄工作的开展主要是在各级老龄委、民政部门,基础工作在各办事处社区和村镇。尽管各级党政领导都很重视老龄工作的开展,投入资金不少,但目前我国西部不少省份老龄工作的资金筹措渠道多数只限于上级拨款,资金投入还存在很大的缺口。有调研表明,目前我国西部不少省份对高龄老年人的生活补助仍无法满足需要,但是不管是提高补助标准还是扩大补助面,政府都将面临很大的资金压力。

---

[1] http://www.gsjsw.gov.cn/html/qyhz/10_40_52_438.html.

（二）贫困问题

就贫困问题而言，我国西部不少省份不管是城镇还是农村，老年人口问题常与贫困人口问题纠缠在一起，使问题更难解决。尤其是在农村，养老保险制度基本不存在，家庭承担了几乎全部的农村老年人口的生活、医疗保障等负担。其中，有些省份农村经济尤为落后，有很多贫困村、贫困县，贫困面占三分之一甚至更高。由于残疾人指标在体力、智力上不明确，使得部分地区很多残疾人家庭享受了低保，就不能享受残疾人补助，而享受了残疾人补助就不能再申请低保。其中，贫困地区的老年人口问题的解决困难更大。

（三）维权问题

随着老龄化程度的加深，老年人所需要的社会服务业，衣、食、住、用、行等各种消费品，以及养老院、托老所等机构的需求急剧扩大，由此刺激了老龄产业的发展。但也有一些不法经营者，以专营老年消费品、为老年人提供服务为名，进行诈骗。在调研中了解到，有些不法商贩利用乡村老年人消息闭塞、监督不力等空子，打着当地老龄委的旗号，走进乡村进行劣质保健品、次等品的推销，或进行募捐、提供虚假服务等，骗取老年人的自有养老金。在城镇，有些私人养老院完全以盈利为目的，缺少专门的法律监督，很容易发生侵犯老年人权益的事件。老年人口维权难的问题，不仅造成了老年人的经济损失，严重的医疗诈骗还会对老年人的身体造成伤害、延误治疗等。我国部分省份目前还没有专门的为老年人维权的法律组织，许多法规还是20世纪末出台的，部分条款已经不适应当前经济社会及老龄事业发展的需要。人口协会、老龄委等组织并不具备法律上的权力和威慑力，维权力度有限。很多老年人的合法权益遭受侵害后，没有行之有效的维权手段，有的甚至因此丧失了经济来源和生活保障。例如，在一些相对落后地区，对于子女因赡养老人而产生的纠纷，司法部门的处理也没有法律上的依据，致使当事人的困难始终得不到解决。

（四）再就业问题

老年人自身“发挥余热”的工作需求得不到满足。由于男性到了60岁，女性50至55岁往往都是“强制退休”，部分经济条件较差但精力旺盛的老年人，仍然有劳动的愿望和能力，希望继续实现自身的价值。由于当前生活节奏的加快，生活压力的增加，有的老年人选择继续从事劳动赚取收入以减轻下一代甚至下下一代的生活压力。还有一些自身生活困难的，且家庭养老无法满足最低生活需要的老年人，不得不通过各种手段谋求就业。解决老年人口的再就业已成为新的社会问题。在当前整个社会就业困难的严峻形势下，大批的老年人参与到就业与再就业的竞争中来，必然会增加社会就业和再就业的压力。

（五）城乡差异问题

1. 老年人口问题存在着明显的城乡差异

（1）在城镇，三分之二以上的老年人口有稳定的离退休工资，其关心的问题主要是三个方面：医疗问题、娱乐设施不足问题及心灵慰藉人文关怀问题。在医疗方面，在职人员工资水平的提高，推高了医疗成本。有的报销制度仍然缺乏针对性和科学性，只有住院者才能报销一定比例的住院费，在平时小病的治疗、身体检查方面并没有直接的针对老年人的优惠或者照顾。在娱乐设施方面，不少城市社区基础设施不健全，没有老年人专用或长期开放的活动室等娱乐设施，老年人的体育锻炼、娱乐等需求得不到满足。在心灵慰藉、人文关怀方面不够，随着社会生活节奏加快，使得整个社会对老年人较为冷漠，许多退休职工多年来得不到原单位的慰问和照顾，得不到应有的尊重和照顾。

（2）在农村，老年人在身体和精神上都承担着甚至比青壮年还沉重的压力。老年农民基本上都没有离退休工资可拿，他们丧失了耕种能力之后，几乎没有任何的经济来源，只能依靠家庭养老。况且我国不少省份的农村经济发展相当落后，农村老年人口不仅最低生活、及时的医疗难以保障，绝大多数由于村中青壮年劳动力外出打工，还要承担抚养孙子孙女、繁重的农业劳动等重担。在部分地区的农村，80 岁及以上高龄老人的养老尤其严峻，老年人口补贴标准仍不能满足高龄老人的实际养老需要。残疾老年人、鳏寡老年人、少数民族老年人等问题，在农村都极为严峻。

2. 在城乡内部，老年人生活状态也存在严重的两极分化现象

比如，在一些省份的少数民族地区，老年人口一般都有宗教生活的意愿，生活条件好的少数民族老人的老年生活基本上就是宗教活动为主。有些贫困五保户、下岗职工等生活条件困难的少数民族老年人，虽然有参加宗教生活的愿望，但是迫于生活的压力，不得不继续从事临时性的工作或者以收破烂、接受救助、甚至乞讨方式度过晚年。

二、人口老龄化“城乡倒置”〔1〕

人口老龄化的城乡倒置，是指在一个国家或地区的农村经济发展水平

---

〔1〕 http://www.1think.com.cn/crisis/201211/2012110614407.shtml.

远低于城镇的情况下，农村人口老龄化水平却高于城镇，即农村老年人口在农村总人口数中所占比例要大于城市老年人口在城市人口总数中所占的比例，农村人口老少比大于城市的现象。

之所以称为“倒置”，就是说城市并没有由于经济发展水平更高而反映出有更高的老年人口比例，反而是农村的老年人口比例高于城市的现象。分析这种人口老龄化程度城乡差异变化的原因，既有经济社会发展的影响，也有人口自身发展规律的作用。

人口老龄化“城乡倒置”现象是一个国家或地区社会经济发展与人口发展相互影响和作用的综合结果。从长远看，虽然我国人口老龄化程度的“城乡倒置”现象会随着国家或者区域人口结构的变化而最终消失，但这一转变过程中，我国社会经济和人口发展都将受到深远的影响，因而，需要采取一系列的社会经济和人口政策，以缓和人口结构与社会经济发展之间的矛盾。

（一）背景

我国20世纪末开始进入老龄化社会。从2000年到2008年，我国65岁及以上的老年人口从约1.27亿增长到1.33亿，占总人口的比例从7.0%提高到8.3%。到2008年，我国60岁及以上老年人口占全球老年人口的21.4%，相当于欧洲60岁及以上老年人口的总和。人口老龄化年均增长率高达3.2%，约为总人口增长速度的5倍，65岁及以上的老年人口占总人口比例的8.3%，已经超过7.5%的世界平均水平。

随着人口老龄化的进一步发展，我国农村人口老龄化程度高于城市的现象开始引起学术界的关注，这种城乡人口老龄化程度的差异也是我国人口老龄化的显著特征之一。由于近年来我国工业化和城市化进程不断加快，大量农村年轻劳动力向城市转移，导致人口老龄化出现城乡倒置现象，即在经济发展水平农村远低于城镇的情况下，农村人口老龄化水平却高于城镇。到2011年底，农村老龄化水平高于城市1.24个百分点，到2028年，将高于城市11个百分点，到2050年前后，全国约有28个省区的农村老年比例高出城市20%以上。

总体看，我国人口老龄化城乡差异大，农村老年人口不管是数量还是比重都大于城市。据统计，2008年我国65岁及以上人口占总人口的比重为8.3%。按城乡分，2008年我国城市、镇和乡村65岁及以上人口占总人口的比重分别为9.66%、8.77%和9.79%。

（二）特征

1. 普遍性

人口老龄化程度农村高于城市的现象在日本、美国、英国、澳大利亚等世界各地都曾普遍出现。一些发达国家人口发展的历史经验表明，人口老龄化程度的城乡差异现象还是比较普遍的。但是，我国人口老龄化城乡倒置的情况有其自身的特点。

（1）农村老龄化更严重。我国人口老龄化城乡倒置的基本特征是农村经济发展水平远远低于城镇，但人口老龄化水平却高于城镇。据统计，在20世纪90年代末期，我国城镇居民可支配收入是农村居民纯收入的2倍多；到2009年，我国城镇居民人均可支配收入为17 175元，农村居民人均纯收入5 153元，城乡居民收入比扩大到3.3∶1。我国城乡经济发展和居民收入的差距仍然比较大。与此同时，农村人口老龄化程度却日益高于城市，形成人口老龄化城乡倒置现象。目前，我国农村老年人口已经达到8 557万人，占老年人口总数的65.82%，农村的老龄化水平高于城镇1.24个百分点。

（2）城乡倒置时间长。我国人口老龄化城乡倒置现象将会持续较长时间。1993年，我国农村人口老龄化程度低于城市，农村老年人口比重为5.92%，城市为6.39%。1995年，我国农村人口老龄化接近于城市，农村老年人口比重为6.68%，城市为6.96%。到2000年，我国农村65岁及以上人口的比例为8.1%，已经高于城镇的人口老龄化水平。进入21世纪后，这种人口老龄化城乡倒置现象的发展趋势一直处于上升状态，随着经济的发展，越来越多的青壮年劳动力涌入城市，使得未来几十年内，人口老龄化程度农村高于城市的现状不会得到改变。

2. 长期性

我国至少要经历半个世纪以上的人口老龄化城乡倒置现象。据预测，我国城乡倒置的状况将一直持续到2040年，到21世纪后半叶，城镇的老龄化水平才将超过农村，并逐渐拉开差距。这是中国人口老龄化不同于发达国家的重要特征之一。

（三）原因

1. 从老龄化的人口学因素来分析

农村人口年龄结构的变化是我国人口老龄化城乡倒置的内在原因。新中国成立以来，我国在较短时间内完成了人口转变过程，即实现了从“高出生率、高死亡率和高自然增长率”到“低出生率、低死亡率和低自然增长率”的再生产类型的转变。我国农村人口的再生产类型也逐渐转变，与此同时，则是农村老年人口比例迅速提高。我国人口再生产类型正在由过渡型向现代型转变。青少年人口数量减少，人口老少比增大，这也是人口老龄化的表现之一。实施计划生育基本国策以及农村很多育龄夫妇生育观念的转变，农村人口出生率及自然增长率也不断下降。因此，农村必然出现人口老龄化过程。

2. 从老龄化的社会经济因素来分析

以城市到农村为主体的城乡间人口迁移流动是我国人口老龄化城乡倒置的直接原因。改革开放以来，我国经济增长速度逐渐加快，生产力水平不断提高，我国产业结构和就业结构都发生了根本性的转变。从 2005 年的数据来看，我国第一产业就业人员 33 970 万人，占全国就业人员的 44.8%；第二产业 18 084 万人，占 23.8%；第三产业 23 771 万人，占 31.4%。这样的变化对于农村来说，既是机遇又是挑战。很多农村劳动力选择离开第一产业而到城镇第二、第三产业就业。据预测，21 世纪前 30 年，我国快速的人口城市化步伐将使每年乡城人口转移的规模保持在 1 400 万 ~1 500 万人，30 年累计乡城转移人口预计将达到 4.6 亿以上，其中 70% ~80% 是劳动年龄人口，这将使城市人口老龄化程度得以相对减缓。可以认为，乡城人口迁移和流动是造成我国目前的农村人口老龄化程度高于城市的根本原因。

（四）剖析人口老龄化“城乡倒置”视角下的养老问题

1. 我国城乡养老保障制度亟待完善

我国城乡养老制度尚不健全，而农村实行老年社会保障制度起步较晚。在我国，由于长期的二元体制下的城乡社会保障制度安排，城镇的老年人社会保障制度建立较早并日益完善。虽然目前我国城镇地区养老保障尚有很多不足之处，但总体来说要明显地好于农村。在建立、完善我国老年社会保障制度的过程中，如何建立切实可行的农村老年养老保障制度，真正提高农村老年人的生活质量，是我国农村养老保障制度面临的问题之一。最近几年，我国农村老年社会保障制度建设取得了很大的进展，但是，同我国庞大的农村人口总数和日益增长的人口老龄化程度相比，尤其是人口老龄化水平城乡倒置背景下，如何完善城乡养老保障制度，缩小城乡间养老保障的制度差距，让广大的农村老年人像城市老年人一样得到基本社会养老保障，是城乡养老保障制度的必然要求。

2. 农村家庭养老保障面临压力

尊老、敬老是中华民族的传统美德，家庭养老制度也是我国沿袭数千年的传统养老保障方式。目前，我国农村老年人的养老方式仍然以家庭养老为主。据统计，目前，农村每8个劳动力就要供养一个老人，而预计到2050年，每2.5个劳动力就要供养一个老年人。由于目前我国城乡经济社会发展水平还存在很大的差距，在人口老龄化城乡倒置的社会背景下，农村人口老龄化带给每个农村家庭的养老负担也会加重。家庭养老功能和养老意愿都呈下降趋势是目前中国家庭养老保障模式面临的普遍性问题。主要表现为：无论具有抚养义务的成年子女还是老年人自身，都有较强的独立居住意愿；子女流动性增强、家庭结构趋于小型化，使家庭养老在客观上出现人力资源的不足；传统养老观念正在发生深刻的变迁。

3. 农村留守老人照料问题日益突出

据预测，我国农村人口在30年后将减少到4亿，与此同时，留守老人比重日益增大。全国老龄委发布的《全国城乡失能老年人状况研究》显示，2010年农村留守老人约4 000万，占农村老年人口的37%，老年人照料问题日益突出。全国城乡部分失能和完全失能老年人约3 300万，占总体老年人口的19%。据统计，我国外出农民工每年以500万速度增长。农村劳动力外出务工，提高了农民的经济收入，但是，也使得照料农村留守老人的人力资源日益短缺。由于家庭成员往往对孩子的照护和经济投入要高于老人，外出务工虽然使家庭收入得到改善和提高，但投入到改善老年人生活条件上的资金却很少。因此，农村留守老人照料问题将日益突出。

4. 农村社会化养老服务发展滞后

社会化养老是社会发展到一定阶段的产物。农村社会化养老是指农村老年人的赡养方式由家庭向社会的转化过程。社会化养老不仅能够为老年人提供食宿，还可以让老年人有娱乐活动的项目和场所，群居式生活方式也让老年人互相之间可以当作交流的对象，排除因子女不能陪伴身边而产生的孤独感。改革开放以来，随着农村社会和经济的全面发展，截至2005年底，农村乡镇敬老院共有29 681个，总床位89.5万张。在一些比较富裕的农村，开始发放农民退休金或养老金。随着居民生活水平的提高和人们养老意识的不断变化，农村社会化养老服务业也正取得快速发展。但是，农村社会化养老服务机构在数量和质量上仍远远不能满足农村的养老需求。值得一提的是，虽然我国人口老龄化程度的“城乡倒置”现象会随着国家或者区域人口结构的变化而消失，但这一转变过程中，我国社会经济和人口发展都将受到深远影响。所以，仍需要采取一系列的社会经济和人口政策，以缓和人口结构与社会经济发展之间的矛盾。

三、老龄人口“空巢化”〔1〕

在人口老龄化问题的讨论中，人们通常把无子女和有子女但已从父母家庭中相继分离出去，只剩下老年人独自生活的家庭形象比喻为“空巢家庭”。随着社会老龄化程度的加深，空巢老人越来越多，已经成为不容忽视的社会问题。

1. 原因

当前我国城乡社会“空巢老人”现象的形成，其原因有很多方面：子女进城务工经商，或在外地参加工作，与父母不生活在一起；子女从农村走进城市，父母因思想观念、生活习惯难转变而不愿跟随子女独守农村；无子女，或子女意外死亡而造成的完全意义上的“空巢老人”；子女双全，由于代际关系，生活难处或子女不尽孝道、遗弃老人而产生的独居老人。

2. 趋势

21 世纪是我国人口老龄化、空巢化高速发展时期。“十一五”期间，我国 60 岁及以上老年人口持续增长，2010 年达 1.74 亿，约占总人口的 12.78%。伴随老龄化、高龄化出现的“空巢化”具有快速发展之势。据有关部门提供的资料，最近 10 年，我国空巢家庭一直呈上升趋势。目前，我国城乡至少有 2 340 万老人独守空巢，老年人的平均空巢率已达四分之一。“空巢老人”群体的不断扩大，给社会保障带来了严峻的挑战与考验。这个群体在生活照料、精神慰藉、经济支持和安全隐患诸多方面都存在不少问题。为了解决这些问题，是回归传统，继续提倡“居家养老”，弘扬孝道，重建三世同堂或四世同堂的大家庭，还是采取积极对策，与国际接轨，走社会化养老道路，存在着不同意见、建议或争论。

3. 应对

长期以来，我国的社会福利制度是在计划经济体制的框架内运行，政府主要为“三无”、“五保”、孤残人等最困难的群体直接提供救济型服务。近年来，随着经济发展和社会变革，单位办福利、办社会的功能逐渐向社区剥

〔1〕 http://hxd.wenming.cn/blog/2009-12/09/content_75403.htm.

离，人们的生活方式开始由“单位人”向“社区人”转变。同时受计划生育和现代化进程的影响，传统的几代同堂已逐步解体，老少分住、家庭小型化已成为必然趋势，家庭保障和照料功能逐渐向社会转移；加之人口老龄化加剧，带来庞大的养老服务需求，人们的生活水平提高，也需要更高层次、更多类型的福利服务。这些都迫切需要对现有的社会福利体制进行改革，对中国特色的养老模式加以改进，以适应新时期社会发展的需要。在养老福利服务方面，大力推行养老服务社会化，是应对人口老龄化挑战的有效之策，也是解决空巢老人这个社会难题的关键。

第二节　推广各地经验

我们应当看到，家庭养老清静，社会养老新鲜，社区养老亲近。不同的养老模式具有不同的优势。尽管不同时期或不同地区的老年人群，往往具有不同的养老模式选择的偏好。但是，对于“未富先老”者而言，一定要有充满“阳光”心态的自信、“积极”养老的态度与享受“健康”的决心。

一、资源价值再造

“老”是客观事实，也是客观规律使然，然而针对“富”的评价标准和个体感受，仍然是可以人为地转移或主动地予以替代的。我们要相信每个人都具有其独特性和不可替代性，每个人都具有别人所不具有或者不能充分具有的优势。例如，就资源而言，城乡居民有的有房，有的有地，这些资源都是可以被再利用、再转换、再创造的。当然这里的“房”可以理解为位于特定城乡的房产，只是某种空间占有权而已。但是，这些所谓的“占有权”对其他人来说，就是可以转换的资源。我们完全可以突破“房”或“地”的有形认知，延伸到对其他资源的价值转换与价值再发现。通过价值的再创造、再利用，来解决自身养老过程中资金不足的现实问题。下文仅以“房”、“地”为例进行阐述。

（一）以“房”养老

1. 以“房”养老的模式

以“房”养老也被称作“住房抵押反向贷款”或住房“倒按揭”，俗称以房养老。它是指有住房所有权的老年人，在不放弃自己的居住权的前提下，把住房抵押给银行、保险公司等相关的金融机构，以此每月或一次性获得一笔资金，一直持续到房主逝世。自北京首次提出以来，以房养老概念迅即成为全民焦点，同时也争议不断。[1] 山东、沈阳等地相继效仿。

(1) 以房养老的时代背景。

其一，处于人口结构深刻转移时期，中国人口老龄化问题严重，探索适合国情的多渠道社会化养老办法成为业内人士的共识。中国数亿人口的养老，需要的是天文数字级的财富，对于尚不富裕的中国，显然是心有余而力不足的。在公共财政无力全面扶持养老的情况下，以房养老也算是暂时解决养老问题的有力补充。

其二，以房养老的实质，是老年人将自己名下的产权房，以实物资产的方式通过产权交易的途径进行一次性或分批次地置换，获得养老资金进行养老融资。毕竟，毕生为房所累，到了老年后，通过房子反哺养老，也不失为一种好的回报。

其三，近年来我国经济社会发展迅速，老龄化问题日益突出。长期的城乡二元结构下，多数职工享受到"低工资、高福利"政策，或多或少解决了住房问题，每个家庭至少拥有一套住房。随着房改的推进，房产成为家庭最大的资产。以房养老，可以成为现实。部分取代养儿防老和货币养老，意义重大而且积极。

(2) 以房养老的面临困境。

其一，配套的法律法规不成熟，金融机构犹豫不决。以房养老需要通过民政局、房管局、人社局、金融和保险机构等多家部门共同制定具体政策和实施细则方可落实。在法律法规还不明确配套的情况下，政策层面的难题有待突破。金融机构担心"二手房"价格下行，毕竟倒按揭与正按揭正好相反，时间越长风险越大。对于国内中长期房地产市场价格走势、人均寿命等关键因素仍然难以预测。

其二，70 年产权制约市场，适用人群范围较小。我国住宅用地使用年限 70 年，是金融机构银行和保险公司普遍担心的内容。土地使用权出让合同约定的期限届满，按照城市房地产管理法的规定，土地使用者未申请续期或虽申请续期但未获批准的，土地使用权将被国家无偿收回。老年房产大都剩余年限不多，给付能力有限。而没房也没有钱的独居老人居多。以房养老还涉及继承问题。

其三，养老观念较陈旧，养老机构尚不完善。对于中低收入群体而言，

[1] 冯永华. 以房养老：一种新型的养老模式[J]. 学理论，2011(36)：70－71.

以贷款养老并不现实，而以房养老必须将房子抵押给银行等金融机构。在传统养儿防老的观念下，把自己多年居住的"祖房"不留给子孙，自己于心不忍，似乎于理也不合，很多年轻人和老年人都难以接受。养老机构不完善主要表现为，好的养老机构收费太高，需要托关系才能进入；而差的养老机构服务又不到位，相比之下，很多老人又不愿意离开自己的老祖屋。

(3) 以房养老的实施前景。

其一，"以房养老"国外早有经验。美国已有20年的以房养老做法，发放对象是62岁的老年人，以房产抵押贷款；加拿大对于超过62岁的老年人可将房屋抵押给银行，只要房产主权不变，不搬家、不卖房，可以直至享尽天年，由后人处理房产时折还贷款；新加坡对60岁以上的老年人把房屋抵押给有政府背景的公益性机构或金融机构，由这些机构一次性或分期支付养老金。

其二，"以房养老"相对比较现实。作为一种补充性的养老方式，以房养老的模式得到了越来越多的老年人的首肯。实地调研中，很多老年人表示，实在没有办法之时，自己不妨亲自一试。"以房养老"模式引起了越来越多的人的关注，房屋在承担居住功能的同时，也将肩负着养老的储备功能，不少人正通过房产"投资"来为自己未来的养老作准备。

其三，"以房养老"属于大势所趋。"以房养老"既是现实需要，更是大势所趋。人终将变老，这是人的自然规律使然。为社会贡献一辈子的老年人，守着老房子，老无所依，孤老终生，如果把自己居住的这个房屋通过某种方式获得资金，替代形成自己养老的支撑力量无疑是值得的。自己仍然居住在这个老房子里，而只是将房产抵押给有关机构，过世后产权由这些机构处置，抵押变现并结算利息，"剩余价值"则交给其后人继承。

对于以"房"养老，最为形象生动的表达是"60岁前人养房，60岁后房养人"。当然，相对而言，"以房养老"模式是更加适合于我国城镇居民的养老主要选择。2013年9月，国务院出台《关于加快发展养老服务业的若干意见》中提出开展"以房养老"试点，目的是探索符合国情、满足老年人不同需要、供老年人自主选择的养老保险产品。

2. 类似"倒按揭"模式

"有钱"的养老问题好解决，"没钱但有房"的养老也能解决，问题是"没钱又没房"的老年人如何解决养老问题呢？本文试图提出以下类型的养老模式的探索方向。

(1) 资源型养老模式。拥有资源的老年人,可以将所拥有的资源换取养老资金。

(2) 知识型养老模式。拥有知识的老年人,可以将所拥有的知识换取养老资金。

(3) 其他交换型养老模式。既无特殊资源又无特别知识的老年人,可以通过相关的可交换的有形物质或无形信息进行资产兑现或资源交换。

(二) 以“地”养老

资源型养老,强调资源的重要性。例如,在养老问题的解决方面,“城市以房,农村以地”来进行养老的自我保障。由于政策等多方面的原因,我国城镇房屋相对值钱一些,而在广大的农村,土地相对比房屋更加值钱一些。房屋是生活资源,土地可是生产资料。就农村而言,以“地”养老的模式,发挥农民自身所长,不妨是值得探索的农村养老新方向。

1. 以“地”养老的模式[1]

(1) “以地养老”现实的考量。

其一,“以地养老”的新含义。近年来,《辽宁省老年人权益保障条例》提出在建立健全覆盖城乡的老年社会保障制度时,开展住房反向抵押贷款的“以房养老”和农村“以土地养老”等新的保障制度试点业务。实行了从“以房养老”到“以地养老”的新的制度的构建,这对农村养老问题的解决提供了新思路和方向。所谓“以地养老”,是指“将土地作为生产资料在市场上实现增值,进而作为农村养老保障体系的有效补充”。也就是说,“农民以土地承包经营权进行流转,用流转收入来保障养老的做法”。这种“以地养老”的方式,既不是传统意义上的“农民参与土地家庭联产承包经营,以劳动收入来保障养老”的“以土地为核心的养老保障机制”,也不是“农民承包经营的土地被国家征用,政府给农民补偿来保障养老”的养老模式。

其二,“以地养老”主要模式。常见的以地养老模式有:土地信托、反向抵押、责任田养老保险、抽地等。土地信托:借用信托制度中权利主体和利益主体相分离的特性,将财产的管理职能交由他人,最终实现自身意图。例如,当农民无力亲自耕种或不愿意耕种自己所拥有的土地时,将土地的使用权通过信托的方式交由他人来管理使用,指定自己为受益人,便可达到保障

---

[1] 许小莺.我国农村以地养老政策及其法律思考——老龄化背景下的土地流转问题研究[J].漳州师范学院学报(哲学社会科学版),2013(1):44-49。

自身基本生活支出和医疗支出的费用的目的。[1] 反向抵押：把农村集体土地使用权反向抵押贷款保障养老资金。例如，由农村集体经济组织将农村集体土地使用权抵押给银行、保险公司等金融机构，通过对农村集体土地进行评估后，把农村集体土地使用权的残值分摊到农村集体适龄村民预期寿命年限中，按月或年支付现金给农村集体经济组织，作为其成员养老基金的有效补充。[2] 责任田养老保险：即把老年人责任田作为投保金投向农村养老基地的养老保障方式。例如，老年人将属于自己的责任田带入养老基地，作为养老保险的基本金，与子女养老、集体养老、国家养老合并，作为一种综合性的社会化养老方式。[3] 抽地：即当地政府规定男性 60 岁、女性 55 岁后，可将分配的土地还给集体（简称抽地），从而获得每人每年 1 万元的养老补助金。这是我国西南某省 S 村的尝试。集体收回的部分土地被用作新生儿的土地分配。[4]

其三，"以地养老"的评价。交易性："以地养老"建立在土地承包经营权能够在市场上自由流转的基础之上。随着老龄化进程的加快，我国农业生产人口日益衰老，农村社会保障制度的缺陷又使得农村养老面临困境。原来担负着农民生存保障的土地在新的历史条件下成为保障农民养老的重要资源。必要性：一方面，农村人口贫困老龄人口数量多，未富先老现象十分突出；另一方面，农村养老保险制度存在许多缺陷，难以提供养老保障。可行性：我国目前的社会保障体系对农村老年人口提供的社会保障极其有限，但他们手中拥有城镇人口缺少的生产要素——土地。活用这些土地资源，能够为农村养老提供有效补充资金。而且农村土地制度设计之初，农村土地即有社会保障功能，如此操作，也符合土地集约化、规模化经营的要求。

（2）"以地养老"存在的问题。

其一，失地担忧的内心制约。"土地是农民的命根子"，这是传统农村土地保障的观念。农村老年人口由于不具有在城市就业的优势，一旦经济来

---

〔1〕 白玉琴. 土地信托——农村养老方式的新探索[J]. 深圳大学学报（人文社会科学版），2012(3)：128－133.

〔2〕 王平达. 农村集体土地使用权反向抵押：我国农村新型养老保险新视角[J]. 河北法学，2011(1)：148－155.

〔3〕 田雪原，王金营，周广庆. 老龄化——从"人口赢利"到"人口亏欠"[M]. 北京：中国经济出版社，2006：234－237.

〔4〕 李德穗，冶联凤. 从土地养老到联合养老：文化影响与法制保障[J]. 农村经济，2012(7)：67－70.

源没有保障时,便会死守土地耕作以寻求基本生活必需品等物资。“以地养老”模式的实际执行,必须是在能够充分满足其养老的实际需要时才能兑现。

其二,立法限制的客观阻碍。我国《农村土地承包法》规定的承包期较长。同时,农业生产投资大,周期长。家庭承包获得的土地经营权不得抵押,难以在金融市场中获得资金支持,而且这个经营权,虽然可以流转,但一旦转出后,没有继承人或继承人转为非农业户口时,就会被集体组织收回土地,使得经营者自觉风险较大。

其三,政府推动的现实难题。一方面,“农民集体”的概念不能缺位,“农民集体权利”不能虚化,“农村集体组织”要发挥其创建集体经济,用集体收入再分配而提供更好的福利和保障的功能。另一方面,当前我国农村大多数地区集体经济组织解体,或者名存实亡,直接导致部分乡村干部实际掌握着大片的土地所有权,形成“以权谋私”等腐败现象。

此外,集体角色的缺失使得“以地养老”的实践困难重重。如何把我国最大的集体集团——农民集体改革成为适合市场机制的农民集体,既祛除其政治性,又根除以权谋私,通过政府的引导和推动,为实现农业主体的现代化,我们仍有很多工作要做。

(3)“以地养老”顶层的设计。

其一,市场主导的土地资源的本质还原。发展规模经济,必然要依托市场。然而,中国农民往往是市场中的弱势群体,在市场交易中经常处于不利地位,由于市场信息以及知识背景等的原因,单个农民很难在契约谈判中保证自身利益的最大化。事实上,没有充足的资金投入,养老问题往往难以最终解决。农民集体,作为土地资源这一生产资料的使用权经营者,在人多地少、人地关系矛盾冲突,人均耕地面积随着人口猛增而急剧下降的情况下,形成了土地资源的稀缺性,土地资源再配置显得更加重要。唯有在保障农村土地适度规模经营的前提下,提高农村土地利用效率,鼓励农民适当流转部分土地,才能实现土地资源更好的配置效益。

其二,土地成片流转如何助推农村养老。土地,必须与劳动者结合,才能产生巨大能量。土地集中成片流转,在“以地养老”的模式试点中,可以采取“土地股份合作制”和“反租倒包”的形式进行,把大片土地出租给种植大户或农业生产公司。而参与股份合作制的老年人可以定期分取股东红利。这样,既实现了农村土地的有效集中,进行规模化和产业化经营,又能够让老龄农民凭股份收取红利,保障养老。一方面,土地与劳动者的结合保证了生存;另一方面,土地与劳动力的相对分离也能够保障老年人的养老。

其三,"以地养老"模式及其法律对策。确保"以地养老"模式的良性循环,关键要有法律保障和支撑。一方面,要坚持土地用途管制,严控农村土地改为建设用地;建立完善的农村土地市场,确定农村土地使用权的抵押。另一方面,要变革农村集体组织,推动农业主体现代化;明确土地法律责任,严惩土地违法行为。

2. 类似土地资源"换养老"模式

(1) 孝道伦理资源。孝道伦理资源是我国土生土长的传统文化资源,在养老问题的解决中值得借鉴使用。

其一,传统孝道伦理在我国家庭养老中的作用。传统孝道是我国传统道德文化的重要组成部分。"孝亲"精神是我国独具特色的文化现象。在我国传统孝道文化中,有许多"敬老"、"养老"的思想和举措,并由此形成中华民族养老敬老的思想文化传统。我国传统孝道作为伦理道德准则和行为规范,在我国传统养老中起到了保障、凝聚、调控和稳定社会的作用。家庭养老作为中国社会的一种优良传统,它是"以家庭为核心,以子女为载体,以老年人'年老体弱、失去劳动能力'而坐享天伦之乐为目标"的一种养老模式。"孝"的观念作为家庭养老的道德准则,确实对子女的行为构成了约束,因而就从子代方面保证了家庭养老的实行。[1]

其二,传统孝道文化对家庭养老作用的局限性。[2]进入新世纪以来,我国人口老龄化日趋加深。就农村家庭养老而言,传统孝道作为中国一贯传承下来的美德始终在影响着农村的家庭养老问题。"老有所养"、"老吾老,以及人之老"成为中国传统社会沿袭下来的基本道德追求,而这种道德追求则是以家庭养老为主要的实现形式。但是,随着时代的发展与变迁,人们的思想观念在潜移默化的社会变革中也发生了转变。当前,由于受市场经济和价值多元化的冲击,"孝"在家庭养老中的功能渐被削弱,突出表现在"尊老养老观念淡化、长幼地位颠倒、不尽赡养义务和虐待老人、侵犯老人合法权益"等方面。特别是当前我国农村养老主要是靠家

---

〔1〕 杨珞.传统"孝道"有我国农村家庭养老中的作用[D].曲阜:曲阜师范大学,2010.

〔2〕 黎永红,潘剑锋.传统孝道文化对农村家庭养老作用的局限性——以湖南省永州市农村家庭养老调研为例[J].中南林业科技大学学报(社会科学版),2012(4):57-62.

庭养老，随着市场经济的发展和计划生育政策的进一步落实，以及现代价值观的变化等因素的影响，传统的家庭养老功能日趋削弱。因此，随着我国提前进入人口老龄化社会，大力弘扬传统孝道仍有其重要的现实意义。要切实解决我国农村家庭养老问题，必须积极利用传统孝文化有利因素，充分发挥传统孝道的养老功能。在解决农村家庭养老问题的同时，既提高农村老人生活质量，又有利于实现社会稳定，促进社会主义新农村建设和全面实现小康。

(2) 丰富的社会生活经验。相对于“资源型养老”的“交换性”而言，“知识型养老”也具有可“交换性”。丰富“知识型”的生活经验和广泛的可利用的“人脉资源”都是老年人所具有的巨大财富。未必都需要以金钱的数量来度量再行交换，但确实可以在惠眼者面前发挥生活经验等“知识”方面的功用。例如，有的老年人对某段历史亲身经历，通过挖掘或许有巨大的社会价值。还有的老年人有自己的喜好或偏爱，有的喜欢收藏、创作等，相关藏品或作品或许价值不菲。还有的老年人具有古董、玉石或其他方面丰富的鉴定经验，一旦发挥其价值，功不可量。除了古董、字画等以外，更重要的是这些古董、字画背后那“活”的历史和“真实”的记载。有了这个“知识型”的“杠杆”资源，后辈们很多在生活中的问题，在中国这块讲究人情世故的土地上，有时是完全可以得到解决的。不少年轻人，正是通过挖掘素不相识的老年人的潜能或通过父母的某种经验从而让自己走向成功之道。

(3) 其他可供交换的养老资源。“孝道”文化以“人伦”为基础，但是在现实的家庭养老中，父母子女之间，还需要一种互惠的交换。父母抚养子女，期待自己在年老时能够得到子女的帮助和支持。从而形成一种家庭内的“服务资源转移”情境。其核心是“互惠互助”。前提是拥有资源的主体具备交换能力，各自所拥有的资源可供交换。例如，老年人帮着子女“照看”孩子，操持家务，子女加倍工作奉养亲人，共享天伦之乐，真是其乐融融。可供交换的养老资源十分丰富，关键在于眼光和挖掘。

二、城乡养老统筹

(一) 养老保险统筹模式

1. 城乡统筹背景下养老模式设计

(1) “农民工”的特殊角色。在“城乡倒置”的人口老龄化养老现实中，建立和实施城乡统筹的养老保险制度是当前和未来一定时期内我国社会保障制度的发展方向，而能否打破城乡隔离，进而实现农民工养老保险制度的正常流转和有效对接将是这一制度的重要突破口。[1]事实上，我国将长期面临老龄化加快的严峻现实，但城乡的社会保障制度存在较大差距。在推进城乡统筹战略的背景下，统筹城乡养老保障制度迎来重大历史机遇。我国农村养老保险制度经历了探索、发展、整顿和新型农村社会养老保险试点等四个发展阶段，尤其是城乡统筹过程中，农村养老保险制度取得了卓有成效的发展。[2]

其一，农民工养老问题是实现城乡统筹养老的重要突破口。农民工养老保险模式能否适应城乡统筹发展，这是问题的关键所在。目前部分省市试行的农民工养老保险制度带有明显的地域性、封闭性和过渡性。[3]

其二，在社会保障城乡统筹视角下设计农民工养老保险制度，要求农民工养老保险不仅要实现农民工群体内的统筹互济，而且要实现与城镇、农村养老保险的统筹对接。由于现实条件所限，一步实现农民工养老保险与城乡养老保险的统筹对接根本不可能做到，所以，城乡统筹视角下设计农民工养老保险只能根据农民工自身的特点和现实需要，因地制宜，逐步推进。[4]

(2) 新农保的特殊背景。养老保险是社会保障制度的重要组成部分。[5]我国养老保障体系建设遵循了"先城市后农村"的路径，农村养老保障的滞后使农村家庭面临沉重的养老负担。养老保险"城乡分割"，不仅削弱了基本养老保险的功能，也不利于经济社会发展。首先，养老保险城乡统筹是改革养老保险"城乡二元分割"现状的重要举措。城镇基本养老保险制度是我国最早建立的养老保障制度，它的不断完善是养老保险"城乡统筹"的基础。其次，"新型农村养老保险"的推行，扩大了养老保险制度的覆盖范围，使养老保险"城乡统筹"成为可能。

---

〔1〕 段胜. 基于城乡统筹视角下的农民工养老保险转移对接问题研究[J]. 保险职业学院学报,2012(5):79-81.

〔2〕 高庆鹏,李沁洋. 城乡统筹进程中的农村养老保险发展[J]. 农业经济,2012(12):111-113.

〔3〕 李友根,朱晓菱. 城乡统筹背景下的农民工养老保险模式设计[J]. 生态经济,2010(10):70-74.

〔4〕 薛惠元,王翠琴. 城乡统筹视角下的农民工养老保险制度设计[J]. 贵州财经学院学报,2008(3):58-62.

〔5〕 孙宝沙. 新农保背景下的养老保险城乡统筹研究[D]. 北京:北京师范大学,2011.

2. 新农保是城乡统筹养老保险的起点

（1）“老农保”农村养老保险的问题。我国1991年开始探索的“老农保”，一直没有具体明确各级政府所应承担的责任。虽然农村和城镇最终都没有达到预期的目的，但是“老农保”的推行，为“新农保”的完善，积累总结了许多宝贵的经验。“老农保”的特征是基本上“中央财政不出钱”，由于政府出钱不到位，所以到后来就做不下去了。

（2）“新农保”农村实施的迫切性。城乡二元社会体制的中国，农村很多年轻人都到城里打工了，城市感觉老龄化的压力不太大。而农村由于年轻人大都进了城，使得老龄人的经济来源、服务料理、情感慰藉等养老问题变得十分突出。即使给农村老人发钱，由于老人要留钱防老，不敢消费，所以，农村消费激发不出来，农村内需拉不动。相反，如果农村有保障了，农民就敢去消费。随着两亿多农民工进城务工，农村老人空巢化严重，传统的养儿防老、土地保障养老都已经靠不住了。对那些丧失劳动能力的老年人，必须有一个国家保障机制。于是，农村养老保险正当其时。2009年9月4日，国务院办公厅发布《国务院关于开展新型农村社会养老保险试点的指导意见》，明确“探索建立个人缴费、集体补助、政府补贴相结合的新农保制度，实行社会统筹与个人账户相结合，与家庭养老、土地保障、社会救助等其他社会保障政策措施相配套，保障农村居民老年基本生活”的任务目标。

（3）“新农保”农村实施具体步骤。城乡统筹社会保障从“新农保”开始。首先，确保“新农保”政策落实到位，中央政府的财政要落实到农村农民头上；其次，确保“新农保”的财政资金到位，明确各级政府的责任做好资金落实工作；第三，确保“新农保”管理队伍建设运行良好，具体事情要有具体人落实做好。[1]

（二）养老保障统筹模式

1. “城乡统筹”养老保障

以三峡库区为例，三峡库区移民养老保障是三峡百万大移民工程后期扶持工作的核心问题之一，事关库区民生发展及社会稳定和谐。在当前重庆市作为国家城乡统筹综合配套改革实验区，全面推行城乡统筹发展的大背景下，

〔1〕 刘芙，五韶春，李仁容. 城乡统筹社会保障发展的起点——新型农村养老保险［J］. 农村经济，2009（10）：88.

做好库区移民养老保障工作,解决移民养老的实际问题,成功探索出一条大型水利工程建设移民养老保障机制具有重要意义。其成功经验:〔1〕

(1) 政策的有力支持。健全的政策体系对库区移民养老保障工作的开展起到了决定性的引导作用。

(2) 各级政府的高度重视。各级政府的高度重视及部门间的密切配合,是库区养老保障工作取得阶段性成绩的关键。

(3) 宣传工作透彻到位。认真贯彻上级部署,对移民养老保险开展了大量细致深入的宣传动员工作。

(4) 城乡统筹功效显著。城乡统筹的推进给予了库区移民养老保障工作广阔的开展空间和特殊的条件支持。

2. 从"城乡统筹"到"城乡一体化"

我国基本养老保障已经从"城乡统筹"迈向"城乡一体化"。这是我国社会养老保障发展新阶段的必然转变过程,"新农保"推广加速了这一过程。基于"新农保"的推广,打破了"城乡二元格局",推进了城乡全覆盖,统一了城乡筹资标准与偿付水平,实现了城乡衔接与异地转移,整合了城乡管理资源。这种基本养老保障正在由"城乡统筹"迈向"城乡一体化"。当然,"一体化"过程还没有完全消除基于身份和人群划分的制度定位。而且,财政支撑全覆盖和提高保障水平仍然有难度。同时,与其他养老保障关系转续、基金管理和平台建设还有待进一步完善。面对城乡养老保障发展新阶段的重点从"统筹"向"一体化"的转换,统筹城乡养老保障一体化还应当注意以下方面:〔2〕

(1) 深化改革传统城乡户籍管理制度,取消基于身份和人群划分的制度规定。

(2) 有效实现城乡养老保障制度并轨,优化城乡养老保障转续机制。

(3) 深化改革公共财政体制,加大公共财政投入和划清财政投资比例。

(4) 不断完善管理整合,加强基金管理机制和信息管理平台建设。

3. 城乡统筹的农村社会养老保障:制度选择与政府责任

农民养老是个大问题。中国正处于从家庭养老向社会养老保障的转型过程之中。尽管政府和学术界都已认识到了中国建立正规养老保障制度的

---

〔1〕 丁恒.城乡统筹背景下三峡库区移民养老保障问题研究——以重庆市万州区高粱镇安置点为例[J].长春理工大学学报(社会科学版),2012(6):47-49.

〔2〕 高君:基本养老保障从城乡统筹迈向城乡一体化——基于浙江德清县新农保推广的思考[J].西北农林科技大学学报(社会科学版),2013(3):132-135.

必要性和重要性。然而,在中国特有的制度环境和约束条件下,如何构建正规养老保障制度、政府责任是什么等问题都迫切需要予以回答。[1]围绕农村养老保障制度建设这一主线,我们需要解答的问题是:为什么我国农村未能建立正规养老保障制度?建立何种制度?如何实现强制性制度变迁?根据城乡统筹发展和农村人口老龄化等趋势,我们需要的是有利于"实现养老制度功能(减贫、收入再分配和烫平个人消费)的农村多层次公共养老保障制度"框架,并且要具体分析"制度运行的制约因素和关键问题",以及实现这一制度安排的路径和城乡融合的政策。

三、倡导流动养老

(一)养老资源交易模式

1."换房养老"

社会情绪选择理论告诉我们,社会交往对于生存的重要性,以及行动的动机,活动的目标的重要意义。有房者可以房交换养老,有地者可以地进行置换,而对于无房无地又没有产业者如何养老,一定也有其有效的办法。以换房养老为例,对于有房产资源的老年人而言,也是不得已的举措。通过换房,有效解决养老问题。例如,可以采取"大房换小房"等方法[2],把位于市中心的大房换到地理位置稍偏的小房,以适宜老年人居住为标准,无须追求大面积和房间数量,同时从差价中额外获取资金用于养老。对老年人养老需求而言,尽可能选择上下楼方便,出行交通便利的房屋。

2."空间置换"

例如,城里的老年人到农村去养老,城里老年人总有可以选择的余地。只要自己能够接受,子女方便,有的愿意接触更多的新朋友,让自己"行动"起来。有些老年人喜欢到农村去认自己喜欢的人做"干"儿子、做"干孙子",其乐融融,乐得其所。

3."心态养老"

选择快乐的心态,总是阳光明媚。把良好的心态传递出去,再接受反馈回来。这使得良好的心态成为一种资源。心态资源由内心所生,却能够为需要的人服务。让更多的人以更好的心态生存发展,让老年人在充满健康的心态环境中安享晚年。用良好的心态感染更多的人,形成整个社会健康

---

〔1〕 黄庆杰.城乡统筹的农村社会养老保障:制度选择与政府责任[D].北京:中国社会科学院研究生院 2009.

〔2〕 赵烨.养老换房有技巧[J].商业故事,2009(5):63.

发展和进步文明的积极氛围。

（二）空间交换时间模式

1. 生存环境“交换”

借助空间转换，获取新的养老环境。通过环境改变心态，通过良好心态促进健康养老。如前所述，不同的生存环境，或许有其不同的生存价值。旅游者通常有“换步即景”的感受。通过不同的生存环境的交换，或许能够让他人产生新的灵感。例如，对于喜欢创作者可以与特定场景的老年人临时“交换”生存环境，让创作者换位思考，创作出更加适合老年人的恬静空间与美好生活，等等。

2. 生活环境“租赁”

借助全球化背景下的多媒体技术、网络技术和信息技术等，让更多的老年人愿意加入到虚拟世界中来。当然，要教会老年人如何防止上当受骗，如何识别交友陷阱，等等。生活场景的价值，可以通过虚拟的“出租”来增值。例如，有的愿意开发老年游戏，以及开发相关老年软件。把老年生活当作开发资源利用起来，培养更多的人喜欢老年软件开发。

3. 生产环境“变更”

让更多的人认识到老年产业的美好前景。让更多的年轻人愿意投入到老年产业中来。并且，让更多的人愿意在老年产业的投资中获取自己应有的回报。同时，也在为自己的老年生活，加倍生产老年产品，提升老年产品的品牌。除了生理的感受外，特殊场景“活动”以及“静止”的身体感受，思想，思维，信息，网络的结合，让更多的老年人成为美好生活的“宝”中之宝。

（三）养老意识的“流动”模式

1. “融入”社会的养老

老龄化社会问题，需社会化养老解决。关键是加大政府投入办好公立养老机构，以社区为依托创办居家型养老院。只有“走社会化养老之路”，才是解决我国老龄化社会问题的一个有益尝试。[1]就养老社会化问题的进一步调研中了解到，目前虽然不少敬老、养老机构为老年人提供了养老之所，但要让老年人达到精神上的满足则距离尚远。特别是一些素质较高的老年人，虽然年事已高，可依然充满对事业成功的渴望，对多姿多彩生活的向往。调研还发现，要关心老年人的幸福，可以社区为依托，采用幼儿园式的管理

〔1〕 http://news.xinhuanet.com/mrdx/2006-03/03/content_4252800.htm.

办法，在社区内开展托老服务。与此同时，仍然要加大政府投入，努力办好公立养老机构；投资主体多元化，服务对象公众化；落实优惠政策，扶持民办养老机构；以社区为依托，创办居家型养老院；培训合格的护理人员，提高服务工作水平；制定相应的法律法规，规范养老产业；等等。

2. “反映”民生的养老

人大代表基层探民意，村民最忧老无所养。倾听民声、探访民意，为新农村建设建言献策。

（1）要尽快建立农村养老保险制度。近年来大批农村青壮年流入城市打工，农村“空巢”老年人的养老保障成为难题。深入基层农村发现，现在村民们最大的担忧是“老无所养”，政府应该在农村养老保险制度建设中发挥更重要的职责，积极探索农村养老保障的新模式，让农民也可以像城镇职工一样领取养老保险金。

（2）农资价格要尽快稳定，村民的增收路才能越走越稳。我国有些山区，耕地少、林地多，不少以前是远近闻名的穷村，随着农业税费减免、林业改革的推进，村民们收入大幅增加，乡亲们的心愿是“税费免了、林权活了，希望农资能降下来，农业机械化补贴能提上去”。

（3）村民们企盼解决看病难、看病贵的问题。虽然开展了农村合作医疗制度试点工作，但是在农村，农民的基本医疗得不到保障，因病致贫情况仍然比较突出。“村民们小病花三五千、大病花上万元的情况还很多，有的农民看个病几乎得花掉一年的收入”！政府应加大对农村合作医疗的投入，同时积极鼓励社会、团体和个人捐助，多渠道增强基金实力，逐步提高参保病人的补偿水平以确保制度的健康持续发展，对农村五保户、贫困户农民实行医疗救助，“切实解决农民看病难问题，真正使新农村建设带给农民实惠”。

3. “树立”新理念的养老

（1）以社会化的养老服务应对人口老龄化。[1]一直以来，中国的老人生活照料都主要依靠家庭提供。但是，以“孝文化”为伦理基础的家庭照料是与农耕社会的生产方式和生活方式相一致的，即所谓“父母在，不远游”，这才能承欢膝下，共享天伦之乐。这种服务照料方式与现代社会的生产方式和生活方式是不相适应的。譬如，家庭规模的小型化、独生子女家庭的普遍化，都不利于传统的家庭照顾。

---

〔1〕 http://www.chinavalue.net/Finance/Article/2009-12-23/189896.html.

(2) 大规模的人口流动更使子女对老人的照料鞭长莫及。在以社会化大生产为经济基础的现代社会中，必须以社会化的福利服务体系来完成对老年人全面的服务照料。但这需要大力宣传，突破传统文化的束缚，宣传在现代社会中子女应该怎样尽孝。不然，“孝文化”反倒成为羁绊社会化服务发展的障碍，甚至会酿成悲剧惨祸。

(3) 搞好老年社会服务事业，不是加大投入多办服务机构，一味地增加床位数就行。在宏观层面，要将体制、机制和法制的问题一一理顺；在中观层面，要解决养老院的自我生存和发展的问题和老年人及其家庭的需求和有效需求（支付能力）的问题；在微观层面，加强老年服务机构的科学管理和提升老人入住服务机构的意愿，这些都要尽力去做工作。

(4) 从小更新理念。让更多的年轻人，愿意从小就培养自己的“养老意识”，做到针对养老问题的提前谋划，立志“以服务换养老”，形成在自己的“养老银行”中不断储蓄。知识型养老，社会岗位置换，以及投资型养老，养老交易，借助生活经验，有形资金、空间地点、无形精神，使得老年人不是社会的“废物”，而是有用的“宝”，时间换寿命，空间换时间，房产换空间，资源换房产，真正使得“老年就是资源”。尽其天年，宜其生存，产业发展。无论是物质、基础，还是精神、文化以及制度、法律，都更加适合老年人的生存。

第三节　提升思路举措

如何从“未富先老”向“未老先富”的社会转变是一个大问题。就我国而言，人口老龄化的加速到来，既是实行计划生育政策的结果，也是医疗卫生事业发展、生活水平提高、人口平均寿命延长的结果，更是一种必然的社会发展趋势。就我国部分地区而言，它是在较低的经济发展与较低的保障水平的背景下发生的，对今后的社会经济发展将会产生很大的影响，需要给予高度的关注，特别是要采取相应的措施和对策，妥善解决社会化养老的问题。

一、解决“先老”与“先富”的关系

(一) 针对“老龄化”问题的对策[1]

1. 统筹解决人口问题，进行合理的人口规划

2006 年年底我国出台《中共中央、国务院关于全面加强人口和计划生

〔1〕 http://www.gsjsw.gov.cn/html/qyhz/10_40_52_438.html.

育工作统筹解决人口问题的决定》，综合分析了我国经济社会和人口发展趋势，为保证到“十一五”期末，全国人口总量（不含香港、澳门特别行政区和台湾省）控制在13.6亿人以内，必须坚持计划生育基本国策和稳定现行生育政策不动摇。部分省份在坚持计划生育基本国策和稳定现行生育政策的前提下，为统筹解决人口问题已经创造了一些条件，各地区必须重视老龄化问题，提前规划和认真研究应对老龄化的挑战。

2. 家庭养老和社会养老相结合

要大力发展经济。提高居民的可支配收入，可以提高家庭养老的能力，从根本上解决老年人口的生活问题。要发挥政府的作用，建立一个公平与效率兼顾、基金来源多渠道、城乡有别、社会养老与家庭养老相结合、多层次的养老保障社会体系。要鼓励私人养老机构的建立，并形成利益导向机制，充分发挥市场的作用。要加大全省各地敬老院、老年公寓、老年活动室、老年大学等的建设，老年人服务设施建设由过去的政府投入为主转向集体、企业、个人等共同投入为主，大力发展全省民营老年福利机构建设。应当看到，养老事业是整个社会的焦点问题，除了政府的投入，还应当走社会化发展的道路，倡导“社会化养老”模式。

要努力实现服务主体、服务客体、资金筹措、服务队伍、服务管理的“社会化”；要提倡城市集中供养、农村分散供养为主的方式，保障老龄人的基本生活；要通过城市和农村最低生活保障体系的建立和完善，将孤寡老人、五保老人、病残老人、无业老人、贫困老人、低保老人、空巢老人等全部纳入最低生活保障体系，使所有的贫困老年人达到“老有所养、老有所医”。

3. 开发老龄资源，发展老龄产业

据有关学者预测，我国部分省份在今后几年中老年人口比重还将保持持续增长的趋势，持续增长的老年人口的消费需求将很旺盛。随着老龄人口的增加，老龄产业将成为一个具有较强吸引力的朝阳产业，发展老龄产业大有可为。应当抓住老年人口的增多和预期寿命延长的机会，通过市场机制引导社会资源不断向老年人需要的饮食业、保健业、旅游业、医药业、教育业和各种服务业转移以促使老龄产业的发展。与此同时，老年人具有丰富的社会经验、专业知识和劳动技能，老年人力资源是整体人力资源的一个重要组成部分，应当有计划、有组织地开发和利用老年人力资源。可以实行弹性退休制度，可以加强对老年劳动力的教育和培训。

4. 关注老年人心理需求

应当说，老年人为国家的经济建设付出了青春，作出了巨大的贡献，一旦离开工作岗位可能会情绪低落，如果得不到尊重，就会产生悲观情绪，甚至不愿出门，长期下去，则会引起抑郁和消沉，为疾病埋下祸根。全国各省、直辖市、自治区的各事业单位、各部门、各街道办事处、各社区(村)委员会，都要积极开展为老年人排忧解难办实事活动，促进尊老、爱老、敬老风气的形成。要关心老年人生活和心理需求，逢年过节要组织人员慰问、给予生活上的帮助和精神上的慰藉。目前，随着全国各地老年文体活动站点的增加，极大地丰富了城乡老年人的业余文化生活。

(二) 针对“未富先老”问题的建议

1. 发展社区医疗服务

特别是要解决好老年人普遍反映的“看小病困难”的问题，必须尽可能地在城镇或者农村，建立专门服务于老年人的医院门诊和社区医疗服务。社区卫生服务可以用最少的资源，以最灵活的方式，向一定区域内的多数人群，提供最基本的卫生服务。可以将社区医疗服务与居家养老相结合，并通过加大政府财政投入，招募文化素质较高的社区医疗服务人员。

还应当建立高龄老年人健康档案，定期组织医护人员为本地高龄老年人开展巡诊、送医、送药上门服务等。

2. 提供低保老人生活补贴

要按照政府分级负责、财政分级负担的原则，各省、市(州)和县(区、市)分别对高龄老年人发放高龄生活补贴，并建议将目前各省份对高龄老人补贴的起点年龄适当降低，扩大老年人口补贴的覆盖面。逐步实现60岁以上老人免费乘公交，免费游览公园；将城乡符合低保条件的老年人全部纳入低保范围。对低保老人，建立城乡生活无保障老年人长效救助机制，将城乡符合低保条件的“三无”和“五保”老年人全部纳入最低生活保障范围。对病残老年人，应从智力和体力上分别制定明确的标准，对于有能力劳动的病残老人，给予其残疾人补助；对于病残程度严重，丧失劳动能力的病残老人，应当给予残疾人补助和低保户补助“双重补助”。财政状况较好的地区可考虑对80岁以上老年人提供高龄生活补贴。经济基础好的乡镇、行政村可发放高龄补贴或为老年人提供集体福利，扩大高龄补贴发放范围；还应当在省补助标准的基础上提高对高龄老年人的生活补贴。

3. 加强法制建设

部分省份的执法检查发现，有些地方对老年人权益保障法学习宣传还停留在较浅层面，一些公民缺乏对老年人应有的尊重和关爱，不尽赡养义务，歧视、虐待和遗弃老年人，侵害老年人财产权益的现象时有发生。养老保险制度、医疗保险制度覆盖面窄，保障水平低，保障范围和标准城乡差距大的问题仍很突出。为了切实维护老年人权益，要不断提高思想认识，深化法制宣传。强化尊老敬老社会风尚，形成全民孝老、敬老、养老、助老风气；应尽快制定养老法、医疗保险法、社会救济法、社区服务法、老年人住宅法和老年福利法等。形成法律体系，强化法治管理，真正做到有法可依，使老年事业走上法制化、规范化、科学化轨道。

4. 提高专业人员质量和数量

老年人问题的根本解决，离不开基层工作人员的具体工作。要让所有从事养老助老服务的工作人员，接受专业的教育和技能培训，使其可以提供知识化、年轻化、技能化、标准化的专业服务，从而提高养老服务的质量。我们还要尽可能地给基层领导一定的话语权和决策权。有关调研过程中，我们也发现，只有基层领导能真切感受老龄工作的难处，也只有基层领导能如实反映老年人的迫切需求，能够提出许多建设性的意见。当前很多基层领导面临很大的困难，需要各地各部门给予关注。

二、大力促进“城乡一体化”的发展

（一）针对“城乡倒置”冲突的对策[1]

1. 建立健全覆盖城乡的全方位社会养老保障体系

我们都知道，养老保障体系主要包括老年人养老保险、老年社会福利保障、老年人的社会救助及优抚保障等不同层次的养老保障制度安排。在我国社会主义市场经济的体制下，传统的农村家庭养老保障方式已经远远不能满足老年人的养老需求。我们要建立“多层次型”的养老保险模式，根据不同的经济保障目标，综合运用各种养老保险形式，形成老年经济保障制度。我国是一个有着尊老、敬老优良传统的国度，尽管几千年的儒家文化和传统伦理观念对“尊老”、“敬老”的理解中掺有糟粕，但弘扬传统家庭养老文化仍然具有积极的现实意义。今后较长时间内，我国必将逐步形成老年人自我养老、家庭养老、社会化养老等各种养老保障方式同时存在、互为补

〔1〕 http://www.1think.com.cn/crisis/201211/2012110614407.shtml.

充的多层次的城乡养老保障体系，从而构成我国现代养老体系的基本框架。

2. 提高农村非农产业就业吸纳能力

可以明显感觉到的是，我国人口老龄化城乡倒置的根本原因是农村青壮年劳动力人口向城镇的迁移流动，农村劳动力进城务工造成农村地区老少比高，留守农村的老年人因为子女不在身边而不能受到很好的照顾。对于农民来说，土地一直是他们赖以生存的生产资料，但是由于农产品价格低，家庭生产模式产量低，造成农民收入低，所以才会放弃土地生产，进城务工。改革开放初期，我国乡镇企业一度吸纳了大量的农村剩余劳动力，但是随着城乡经济结构的转变，乡镇企业的就业吸纳能力不足。2005 年，我国提出了社会主义新农村建设规划，强调了提高农村基础设施建设，旨在推动农村工业化及农业产业化发展。在一些农村地区，农民充分利用闲暇的时间就地就近从事二、三产业，这样的农民被称为兼业农户。兼业农户不仅不放弃土地生产，还利用一年中不能从事耕种的农闲时间从事一些兼业，既增加了收入，又降低了农业生产的不确定性带来的风险。事实上，在一些经济较发达的地区，"兼业农户"确实占了较大的比重。

3. 加快完善农村基本养老保险制度

回顾既往，早在 1990 年初期，我国就开始农村社会化养老保险的试点工作。但是，由于实施过程中遇到的种种原因，直到今天，我国农村基本养老保险制度一直没有建立起来。当然，这其中既有资金的筹措问题，也有一系列的传统体制的制约。可是，目前由于农村家庭的收入水平还相对较低，随着人口老龄化程度的加深，农村家庭养老的经济负担势必加重，甚至多数有老人家庭还不能有多余的资金来缴纳养老保险。面对这样的状况，我们国家仅仅给予政策支持还是远远不够的，而应该是采取一系列积极的宏观财政政策，进一步促进工业"反哺"农业，城市"反哺"农村，并探索"多元化"的农村养老保险资金筹措渠道，提高农民参加养老保险的意愿和能力。

（二）加强"为老服务"及其战略建议

1. 促进农村社区"为老服务业"发展

我国城镇社区"为老服务业"起步较早，在一些地区也取得了长足发展。而相比之下，我国农村社区"为老服务业"还比较滞后。由于受一些传统观念的影响，以及目前农村集体经济实力的制约，现阶段我国农村社会化养老发展仍然滞后，不仅数量上不能满足养老的需求，在质量上也不能保证老年家庭的需要。随着农村人口老龄化水平的日益提高，以及农村社会经济的发展，积极发展农村社区“为老服务业”有助于解决人口老龄化社会问题，促进人口与经济、社会的协调发展。积极引导和支持农村社区养老机构建设。针对目前越来越多的农村“空巢老人”，社区照料和机构养老既可以提高农村老年人的生活水平，又可以减轻外出务工劳动力的后顾之忧。随着农村经济社会的发展，农村老年人的养老服务需求也会日益多元化，老年人的生活不单单是需要吃饱穿暖这些基本的生活上的保障，还需要精神上的满足。所以，积极促进农村“为老服务产业”的发展势在必行。

2. 制定实施人口均衡型社会发展战略

从更长远来看，我国的人口发展在不同的历史阶段始终面临着具有时代特征的问题和挑战。经过几十年计划生育工作，在进入21世纪我国的人口总量控制问题取得巨大成就的同时，人口的结构问题日益凸显，并引起党和政府部门以及专家学者的普遍关注。2005年，中共十六届五中全会提出了建设资源节约型、环境友好型社会（简称“两型”社会），促进经济发展与人口、资源、环境相协调的战略思想应当明确，人口与资源环境是一个国家经济社会发展过程中密切相关的基本要素。在提出资源节约、环境友好型社会建设目标后，国内学者在此基础上提出了建设“人口均衡型”社会的“三型社会”建设思想，并认为“人口均衡型”社会在“三型社会”建设中处于主导地位。可见，建设“人口均衡型”社会的目标是对我国多年来人口调控理论思考与政策实践的精准概括。应对我国人口结构老龄化的诸多现实与长远问题，当前根本的办法之一就是尽快通过调整人口发展相关政策，来优化未来人口结构。由于人口发展的惯性作用，以及人口发展与社会、经济发展的相互关系，这将是一项长期、复杂的战略性问题。为此，我们必须从战略的高度认识中国人口的年龄结构、城乡结构和区域结构等一系列问题。通过人口和计划生育政策适时适度调整，有效解决人口结构问题，在继续稳定现行生育政策的同时，积极探索建立人口数量控制与结构优化的新机制，制定实施“人口均衡型”社会发展战略已经势在必行。

三、从“家庭养老”走向“社会养老”

（一）针对“空巢化”现象的再认识[1]

明确树立“养老服务社会化是解决‘空巢老人’问题的发展方向”的理念。

---

〔1〕 http://hxd.wenming.cn/blog/2009-12/09/content_75403.htm.

1. 社会化养老的必然性

从我国人口老龄化趋势看，养老服务必须走社会化道路。

（1）现实基数大。新中国建立至今的半个世纪的时间里，中国人口的平均寿命由建国时的40多岁增至现今70多岁，且在庞大的人口基数下，截至2012年底，我国老年人口已达1.94亿，老龄化水平达到14.3%。

（2）未来速度快。今后一个时期，老龄人口还将以每年3%的速度增长，而加快推进养老服务社会化，是应对人口老龄化、缓解社会福利供需矛盾的有效手段，也是加快建立健全老年服务体系的迫切需要。

（3）客观现状急。要满足老年人口对养老服务需求，必须走社会化的道路。这是因为，对于空巢老人来说，靠邻里帮助不是根本办法，要求子女丢下工作，陪伴老人更是不现实的。对于生活能够自理，或夫妇一方身体健康的，问题不大，但对于高龄老人，特别是其中的“空巢老人”，最好的办法还是依托社会养老机构。

2. 社会化养老的可行性

从社会转型、家庭养老功能弱化来看，养老服务必须走社会化道路。

（1）随着经济发展和社会的变革，家庭养老功能正在逐渐弱化。家庭养老功能弱化主要原因：子女数的减少；代际居住方式的变化，即从过去的共居转向分居；劳动力社会参与率的提高和社会竞争因素的介入使得不少做子女的陷入某种角色冲突，即“事业人士”和“孝顺子女”角色的冲突。

（2）随着生活方式的转变，更多的年轻人愿意用经济和物质的方式赡养老人。这不是简单的道德批判所能解决的。事实上，传统的家庭养老、家庭照顾和家庭模式，都在不同程度上发生着深刻的变化。从20世纪70年代末开始，有4亿领了独生子女证的儿童，待他们结婚之后，形成了“4-2-1”格局。就算他们都与其中一方的父母生活在一起，还有一半家庭的老人必须面对空巢。

（3）农村老人与儿女分居的比例更大。据有关资料透露，全国有25.8%的老年人因子女远走高飞而独守空巢。与此同时，当前单身的、不要孩子的夫妇增多，若干年后，我国将有一大批丧偶和独身老人进入独居老年人行列，成为特殊的老年人群体，他们既无家庭，更无儿孙辈的照顾，他们日常生活的照料在相当大程度上要依赖社会。大力推进社会养老已是大势所趋、势在必行。

3. 社会化养老的必要性

从老年人的心理需要看,社会化养老也是必由之路。更多的人主张以居家养老为主,认为老年人的物质需求不是主要问题,而是缺少关爱。老年人需要子女的关怀呵护,嘘寒问暖。社会化养老的替代作用必不可少。

(1) 代沟。其实两代人之间的思想认识、价值观念的矛盾是客观存在的,子女长期生活在老人身边,也不一定能解决老人的心理慰藉。社会化养老则可以让老年人在一起相处,他们有更多的共同语言。

(2) 替代。子女也不可能长期守护在父母身边,即使是子女经常看望老人,一旦子女离去,老人则会陷入更深的思念之中。有适合老年人年龄特征的文体活动和心理沟通,有经过培训的养老专业人员的护理和关照,则更能满足老年人的生活和心理的需求。

(3) 适应。当前老年人的心态也在逐渐发生变化,有更多的老年人为了减轻子女的负担,体谅年轻人的创业艰辛。有的老人愿意托身于社会养老机构。根据 2012 年苏州市的一份调查显示,30% 的老人愿意进机构养老。

(4) 理解。很多已经进入退休年龄者表示愿意进养老机构,而不愿意与子女生活在一起。有很多子女虽然表示愿意把老人留在身边一起生活,但是最后还是把老人送到了养老机构。

(5) 观念。在农村,"养儿防老"的观念虽然根深蒂固,然而目前由于存在实际的压力,这种观念也在开始转变。据安徽省一项调查,约 20% 左右的农民不再依靠养儿防老,他们尽可能地省吃俭用、节约储蓄以备老年之需。

(二) 针对"空巢化"问题的建议

1. 沟通强化

提倡社会化养老,与发扬传统道德并不矛盾。很多情况是,在外地工作和生活的子女,节假日回到父母身边,陪老人聊天,经常给老人写信打电话。解决"空巢老人"精神上的孤独感,能使老人更好安度晚年。

(1) 独立。对于老年人自身,从思想上摆脱中国传统文化影响,减轻对子女的心理依恋。降低对子女回报父母期望水平。特别是子女到了"离巢"的年龄,要有充分的心理准备,逐步减少对子女的依恋状态。

(2) 自强。要及时地充实新的生活内容,尽快找到新的替代的角色,如培养兴趣爱好。又如建立新的人际关系。调整生活方式,参与各种社会活动和公益性劳动等。

(3) 引导。有的老年人受“养儿防老”传统观念影响,只要有儿女,即使不在身边,也不愿意离开家庭到养老机构去生活。他们认为那是“绝后”的人去的地方,很不体面。所以,他们再苦再难,也要在“空巢”中生活。

(4) 深化。要帮助老年人转变这种落后的传统观念。这也是使“空巢老人”走出困境的一条出路。当然前提是把包括农村在内的养老机构建设好。

2. 宣传重点

(1) 对象。社会化养老服务,主要就是针对“空巢老人”。

(2) 意识。夫妇健康的低龄老人、子女在身边的家庭,未必需要社会化养老。

(3) 目标。为了真正解决空巢老人问题,必须走社会化养老的道路。

3. 规划突出

随着我国老龄化社会进程的加快,国家应及早做出规划,分层次加快各类养老院的建设。

(1) 公办。大力发展国家主导的公益、福利、普惠、经济、面向困难群体的公办养老院。资金筹措可以采取多种渠道,包括国家财政拨款、社会慈善、企业和个人捐赠。公办养老院要普及,要免费接收无经济来源的孤寡老人养老。国家应该责无旁贷地承担年老体弱、行动不便的空巢老人养老问题。

(2) 民办。鼓励社会、企业和个人开办民办养老院。由于养老院具有公益性质,要降低收费标准,面向普通民众,应该给予税收优惠政策。允许发展高端养老院,适应高端人群的需求。

(3) 支持。养老费的筹措采取灵活的方式,国家财政、社会慈善(企业和个人捐赠)、个人交钱、离退休金以及空巢老人房子出租金抵押支付养老费。

当社会化养老表现出更强大的引领力量,当经济发展融入了更多的社会人文因子,我们有充足理由相信,养老服务正在成为推动社会发展的重要力量,凝聚起可持续幸福发展的充足后劲。

附录一

《社会养老服务体系建设规划（2011—2015）》

国办发〔2011〕60号

为积极应对人口老龄化，建立起与人口老龄化进程相适应、与经济社会发展水平相协调的社会养老服务体系，实现党的十七大确立的“老有所养”的战略目标和十七届五中全会提出的“优先发展社会养老服务”的要求，根据《中华人民共和国国民经济和社会发展第十二个五年规划纲要》和《中国老龄事业发展“十二五”规划》，制定本规划。

一、规划背景

（一）现状和问题

自1999年我国步入老龄化社会以来，人口老龄化加速发展，老年人口基数大、增长快并日益呈现高龄化、空巢化趋势，需要照料的失能、半失能老人数量剧增。第六次全国人口普查显示，我国60岁及以上老年人口已达1.78亿，占总人口的13.26%，加强社会养老服务体系建设的任务十分繁重。

近年来，在党和政府的高度重视下，各地出台政策措施，加大资金支持力度，使我国的社会养老服务体系建设取得了长足发展。养老机构数量不断增加，服务规模不断扩大，老年人的精神文化生活日益丰富。截至2010年底，全国各类收养性养老机构已达4万个，养老床位达314.9万张。社区养老服务设施进一步改善，社区日间照料服务逐步拓展，已建成含日间照料功能的综合性社区服务中心1.2万个，留宿照料床位1.2万张，日间照料床位4.7万张。以保障三无、五保、高龄、独居、空巢、失能和低收入老人为重点，借助专业化养老服务组织，提供生活照料、家政服务、康复护理、医疗保健等服务的居家养老服务网络初步形成。养老服务的运作模式、服务内容、操作规范等也不断探索创新,积累了有益的经验。

但是,我国社会养老服务体系建设仍然处于起步阶段,还存在着与新形势、新任务、新需求不相适应的问题,主要表现在:缺乏统筹规划,体系建设缺乏整体性和连续性;社区养老服务和养老机构床位严重不足,供需矛盾突出;设施简陋、功能单一,难以提供照料护理、医疗康复、精神慰藉等多方面服务;布局不合理,区域之间、城乡之间发展不平衡;政府投入不足,民间投资规模有限;服务队伍专业化程度不高,行业发展缺乏后劲;国家出台的优惠政策落实不到位;服务规范、行业自律和市场监管有待加强等。

(二) 必要性和可行性

我国的人口老龄化是在"未富先老"、社会保障制度不完善、历史欠账较多、城乡和区域发展不平衡、家庭养老功能弱化的形势下发生的,加强社会养老服务体系建设的任务十分繁重。

加强社会养老服务体系建设,是应对人口老龄化、保障和改善民生的必然要求。目前,我国是世界上唯一一个老年人口超过 1 亿的国家,且正在以每年 3% 以上的速度快速增长,是同期人口增速的五倍多。预计到 2015 年,老年人口将达到 2.21 亿,约占总人口的 16%;2020 年达到 2.43 亿,约占总人口的 18%。随着人口老龄化、高龄化的加剧,失能、半失能老年人的数量还将持续增长,照料和护理问题日益突出,人民群众的养老服务需求日益增长,加快社会养老服务体系建设已刻不容缓。

加强社会养老服务体系建设,是适应传统养老模式转变、满足人民群众养老服务需求的必由之路。长期以来,我国实行以家庭养老为主的养老模式,但随着计划生育基本国策的实施,以及经济社会的转型,家庭规模日趋小型化,"4-2-1"家庭结构日益普遍,空巢家庭不断增多。家庭规模的缩小和结构变化使其养老功能不断弱化,对专业化养老机构和社区服务的需求与日俱增。

加强社会养老服务体系建设,是解决失能、半失能老年群体养老问题、促进社会和谐稳定的当务之急。目前,我国城乡失能和半失能老年人约 3 300万,占老年人口总数的 19%。由于现代社会竞争激烈和生活节奏加快,中青年一代正面临着工作和生活的双重压力,照护失能、半失能老年人力不从心,迫切需要通过发展社会养老服务来解决。

加强社会养老服务体系建设,是扩大消费和促进就业的有效途径。庞大的老年人群体对照料和护理的需求,有利于养老服务消费市场的形成。

据推算，2015年我国老年人护理服务和生活照料的潜在市场规模将超过4 500亿元，养老服务就业岗位潜在需求将超过500万个。

在面对挑战的同时，我国社会养老服务体系建设也面临着前所未有的发展机遇。加强社会养老服务体系建设，已越来越成为各级党委政府关心、社会广泛关注、群众迫切期待解决的重大民生问题。同时，随着我国综合国力的不断增强，城乡居民收入的持续增多，公共财政更多地投向民生领域，以及人民群众自我保障能力的提高，社会养老服务体系建设已具备了坚实的社会基础。

二、内涵和定位

（一）内涵

社会养老服务体系是与经济社会发展水平相适应，以满足老年人养老服务需求、提升老年人生活质量为目标，面向所有老年人，提供生活照料、康复护理、精神慰藉、紧急救援和社会参与等设施、组织、人才和技术要素形成的网络，以及配套的服务标准、运行机制和监管制度。

社会养老服务体系建设应以居家为基础、社区为依托、机构为支撑，着眼于老年人的实际需求，优先保障孤老优抚对象及低收入的高龄、独居、失能等困难老年人的服务需求，兼顾全体老年人改善和提高养老服务条件的要求。

社会养老服务体系建设是应对人口老龄化的一项长期战略任务，是坚持政府主导，鼓励社会参与，不断完善管理制度，丰富服务内容，健全服务标准，满足人民群众日益增长的养老服务需求的持续发展过程。本建设规划仅着眼于构建体系建设的基本框架。

（二）功能定位

我国的社会养老服务体系主要由居家养老、社区养老和机构养老等三个有机部分组成。

居家养老服务涵盖生活照料、家政服务、康复护理、医疗保健、精神慰藉等，以上门服务为主要形式。对身体状况较好、生活基本能自理的老年人，提供家庭服务、老年食堂、法律服务等服务；对生活不能自理的高龄、独居、失能等老年人提供家务劳动、家庭保健、辅具配置、送饭上门、无障碍改造、紧急呼叫和安全援助等服务。有条件的地方可以探索对居家养老的失能老年人给予专项补贴，鼓励他们配置必要的康复辅具，提高生活自理能力和生活质量。

社区养老服务是居家养老服务的重要支撑,具有社区日间照料和居家养老支持两类功能,主要面向家庭日间暂时无人或者无力照护的社区老年人提供服务。在城市,结合社区服务设施建设,增加养老设施网点,增强社区养老服务能力,打造居家养老服务平台。倡议、引导多种形式的志愿活动及老年人互助服务,动员各类人群参与社区养老服务。在农村,结合城镇化发展和新农村建设,以乡镇敬老院为基础,建设日间照料和短期托养的养老床位,逐步向区域性养老服务中心转变,向留守老年人及其他有需要的老年人提供日间照料、短期托养、配餐等服务;以建制村和较大自然村为基点,依托村民自治和集体经济,积极探索农村互助养老新模式。

机构养老服务以设施建设为重点,通过设施建设,实现其基本养老服务功能。养老服务设施建设重点包括老年养护机构和其他类型的养老机构。老年养护机构主要为失能、半失能的老年人提供专门服务,重点实现以下功能:1. 生活照料。设施应符合无障碍建设要求,配置必要的附属功能用房,满足老年人的穿衣、吃饭、如厕、洗澡、室内外活动等日常生活需求。2. 康复护理。具备开展康复、护理和应急处置工作的设施条件,并配备相应的康复器材,帮助老年人在一定程度上恢复生理功能或减缓部分生理功能的衰退。3. 紧急救援。具备为老年人提供突发性疾病和其他紧急情况的应急处置救援服务能力,使老年人能够得到及时有效的救援。鼓励在老年养护机构中内设医疗机构。符合条件的老年养护机构还应利用自身的资源优势,培训和指导社区养老服务组织和人员,提供居家养老服务,实现示范、辐射、带动作用。其他类型的养老机构根据自身特点,为不同类型的老年人提供集中照料等服务。

三、指导思想和基本原则

(一) 指导思想

以邓小平理论和"三个代表"重要思想为指导,深入贯彻落实科学发展观,以满足老年人的养老服务需求为目标,从我国基本国情出发,坚持政府主导、政策扶持、多方参与、统筹规划,在"十二五"期间,初步建立起与人口老龄化进程相适应、与经济社会发展水平相协调,以居家为基础、社区为依托、机构为支撑的社会养老服务体系,让老年人安享晚年,共享经济社会发展成果。

(二) 基本原则

1. 统筹规划、分级负责。加强社会养老服务体系建设是一项长期的战略任务，各级政府对养老机构和社区养老服务设施的建设和发展统筹考虑、整体规划。中央制定全国总体规划，确定建设目标和主要任务，制定优惠政策，支持重点领域建设；地方制定本地规划，承担主要建设任务，落实优惠政策，推动形成基层网络，保障其可持续发展。

2. 政府主导、多方参与。加强政府在制度、规划、筹资、服务、监管等方面的职责，加快社会养老服务设施建设。发挥市场在资源配置中的基础性作用，打破行业界限，开放社会养老服务市场，采取公建民营、民办公助、政府购买服务、补助贴息等多种模式，引导和支持社会力量兴办各类养老服务设施。鼓励城乡自治组织参与社会养老服务。充分发挥专业化社会组织的力量，不断提高社会养老服务水平和效率，促进有序竞争机制的形成，实现合作共赢。

3. 因地制宜、突出重点。根据区域内老年人口数量和养老服务发展水平，充分依托现有资源，合理安排社会养老服务体系建设项目。以居家养老服务为导向，以长期照料、护理康复和社区日间照料为重点，分类完善不同养老服务机构和设施的功能，优先解决好需求最迫切的老年群体的养老问题。

4. 深化改革、持续发展。按照管办分离、政事政企分开的原则，统筹推进公办养老服务机构改革。区分营利性与非营利性，加强对社会养老服务机构的登记和监管。盘活存量，改进管理。完善养老服务的投入机制、服务规范、建设标准、评价体系，促进信息化建设，加快养老服务专业队伍建设，确保养老机构良性运行和可持续发展。

四、目标和任务

（一）建设目标

到2015年，基本形成制度完善、组织健全、规模适度、运营良好、服务优良、监管到位、可持续发展的社会养老服务体系。每千名老年人拥有养老床位数达到30张。居家养老和社区养老服务网络基本健全。

（二）建设任务

改善居家养老环境，健全居家养老服务支持体系。以社区日间照料中心和专业化养老机构为重点，通过新建、改扩建和购置，提升社会养老服务设施水平。充分考虑经济社会发展水平和人口老龄化发展程度，“十二五”期间，增加日间照料床位和机构养老床位340余万张，实现养老床位总数翻一番；改造30%现有床位，使之达到建设标准。

在居家养老层面，支持有需求的老年人实施家庭无障碍设施改造。扶持居家服务机构发展，进一步开发和完善服务内容和项目，为老年人居家养老提供便利服务。

在城乡社区养老层面，重点建设老年人日间照料中心、托老所、老年人活动中心、互助式养老服务中心等社区养老设施，推进社区综合服务设施，增强养老服务功能，使日间照料服务基本覆盖城市社区和半数以上的农村社区。

在机构养老层面，重点推进供养型、养护型、医护型养老设施建设。县级以上城市，至少建有一处以收养失能、半失能老年人为主的老年养护设施。在国家和省级层面，建设若干具有实训功能的养老服务设施。

提高社会养老服务装备水平，鼓励研发养老护理专业设备、辅具，积极推动养老服务专用车配备。

加强养老服务信息化建设，依托现代技术手段，为老年人提供高效便捷的服务，规范行业管理，不断提高养老服务水平。

（三）建设方式

通过新建、扩建、改建、购置等方式，因地制宜建设养老服务设施。新建小区要统筹规划，将养老服务设施建设纳入公建配套实施方案。鼓励通过整合、置换或转变用途等方式，将闲置的医院、企业、农村集体闲置房屋以及各类公办培训中心、活动中心、疗养院、小旅馆、小招待所等设施资源改造用于养老服务。通过设备和康复辅具产品研发、养老服务专用车配备和信息化建设，全面提升社会养老服务能力。

（四）运行机制

充分发挥市场在资源配置中的基础性作用，为各类服务主体营造平等参与、公平竞争的环境，实现社会养老服务可持续发展。

公办养老机构应充分发挥其基础性、保障性作用。按照国家分类推进事业单位改革的总体思路，理顺公办养老机构的运行机制，建立责任制和绩效评价制度，提高服务质量和效率。

鼓励有条件或新建的公办养老机构实行公建民营，通过公开招投标选定各类专业化的机构负责运营。负责运营的机构应坚持公益性质，通过服务收费、慈善捐赠、政府补贴等多种渠道筹集运营费用，确保自身的可持续发展。

加强对非营利性社会办养老机构的培育扶持，采取民办公助等形式，给予相应的建设补贴或运营补贴，支持其发展。鼓励民间资本投资建设专业化的服务设施，开展社会养老服务。

推动社会专业机构以输出管理团队、开展服务指导等方式参与养老服务设施运营，引导养老机构向规模化、专业化、连锁化方向发展。鼓励社会办养老机构收养政府供养对象，共享资源，共担责任。

（五）资金筹措

社会养老服务体系建设资金需多方筹措，多渠道解决。

要充分发挥市场机制的基础性作用，通过用地保障、信贷支持、补助贴息和政府采购等多种形式，积极引导和鼓励企业、公益慈善组织及其他社会力量加大投入，参与养老服务设施的建设、运行和管理。

地方各级政府要切实履行基本公共服务职能，强化在社会养老服务体系建设中的支出责任，安排财政性专项资金，支持公益性养老服务设施建设。

民政部本级福利彩票公益金及地方各级彩票公益金要增加资金投入，优先保障社会养老服务体系建设。

中央设立专项补助投资，依据各地经济社会发展水平、老龄人口规模等，积极支持地方社会养老服务体系发展，重点用于社区日间照料中心和老年养护机构设施建设。

五、保障措施

（一）强化统筹规划，加强组织领导。从构建社会主义和谐社会的战略高度，充分认识加强社会养老服务体系建设的重要意义，增强使命感、责任感和紧迫感，将社会养老服务体系建设摆上各级政府的重要议事日程和目标责任考核范围，纳入经济社会发展规划，切实抓实抓好。各地要建立由民政、发展改革、老龄部门牵头，相关部门参与的工作机制，加强组织领导，加强协调沟通，加强对规划实施的督促检查，确保规划目标的如期实现。鼓励社会各界对规划实施进行监督。

（二）加大资金投入，建立长效机制。对公办养老机构保障所需经费，应列入财政预算并建立动态保障机制。采取公建民营、委托管理、购买服务等多种方式，支持社会组织兴办或者运营的公益性养老机构。鼓励和引导金融机构在风险可控和商业可持续的前提下，创新金融产品和服务方式，改进和完善对社会养老服务产业的金融服务，增加对养老服务企业及其建设项目的信贷投入。积极探索拓展社会养老服务产业市场化融资渠道。积极探索采取直接补助或贴息的方式，支持民间资本投资建设专业化的养老服务设施。

（三）加强制度建设，确保规范运营。建立、健全相关法律法规，建立养老服务准入、退出、监管制度，加大执法力度，规范养老服务市场行为。制定和完善居家养老、社区养老服务和机构养老服务的相关标准，建立相应的认证体系，大力推动养老服务标准化，促进养老服务示范活动深入开展。建立养老机构等级评定制度。建立老年人入院评估、养老服务需求评估等评估制度。

（四）完善扶持政策，推动健康发展。各级政府应将社会养老服务设施建设纳入城乡建设规划和土地利用规划，合理安排，科学布局，保障土地供应。符合条件的，按照土地划拨目录依法划拨。研究制定财政补助、社会保险、医疗等相关扶持政策，贯彻落实好有关税收以及用水、用电、用气等优惠政策。有条件的地方，可以探索实施老年护理补贴、护理保险，增强老年人对护理照料的支付能力。支持建立老年人意外伤害保险制度，构建养老服务行业风险合理分担机制。建立科学合理的价格形成机制，规范服务收费项目和标准。

（五）加快人才培养，提升服务质量。加强养老服务职业教育培训，有计划地在高等院校和中等职业学校增设养老服务相关专业和课程，开辟养老服务培训基地，加快培养老年医学、护理、营养和心理等方面的专业人才，提高养老服务从业人员的职业道德、业务技能和服务水平。如养老机构具有医疗资质，可以纳入护理类专业实习基地范围，鼓励大专院校学生到各类养老机构实习。加强养老服务专业培训教材开发，强化师资队伍建设。推行养老护理员职业资格考试认证制度，五年内全面实现持证上岗。完善培训政策和方法，加强养老护理员职业技能培训。探索建立在养老服务中引入专业社会工作人才的机制，推动养老机构开发社工岗位。开展社会工作的学历教育和资格认证。支持养老机构吸纳就业困难群体就业。加快培育从事养老服务的志愿者队伍，实行志愿者注册制度，形成专业人员引领志愿者的联动工作机制。

（六）运用现代科技成果，提高服务管理水平。以社区居家老年人服务需求为导向，以社区日间照料中心为依托，按照统筹规划、实用高效的原则，采取便民信息网、热线电话、爱心门铃、健康档案、服务手册、社区呼叫系统、有线电视网络等多种形式，构建社区养老服务信息网络和服务平台，发挥社区综合性信息网络平台的作用，为社区居家老年人提供便捷高效的服务。在养老机构中，推广建立老年人基本信息电子档案，通过网上办公实现对养老机构的日常管理，建成以网络为支撑的机构信息平台，实现居家、社区与机构养老服务的有效衔接，提高服务效率和管理水平。加强老年康复辅具产品研发。

各地可根据本规划，结合实际，制定本地区的社会养老服务体系建设规划。

附录二

《江苏省政府关于加快构建社会养老服务体系的实施意见》

苏政发〔2011〕127 号

各市、县(市、区)人民政府,省各委办厅局,省各直属单位:

为深入贯彻党的十七届五中全会精神和胡锦涛总书记对江苏工作“六个注重”新要求,全面落实省委关于实施“民生幸福工程”的总体部署,不断满足广大老年人养老服务需求,努力提升老年人的幸福感和满意度,现就加快构建社会养老服务体系提出如下实施意见。

一、深刻认识加快构建社会养老服务体系的重要意义

(一) 重要意义。社会养老服务是政府主导、社会参与、区别于传统家庭养老的新型养老服务方式。我省 1986 年进入老龄化社会,比全国早 13 年。2010 年底,全省 60 岁及以上老年人口 1 300 多万,占户籍人口总数的 17.4%,老年人群体呈现基数大、增速快、寿龄高、空巢多等特点,迫切需要社会提供多样化、多层次的养老服务。近年来,全省各地紧紧围绕老年人服务需求,积极发展社会养老服务事业,取得了明显成效。但是,我省社会养老服务还存在总量供给不足,结构不合理,服务水平不高等问题,社会养老服务供需矛盾仍然十分突出。加快构建社会养老服务体系,不断满足广大老年人日益增长的养老服务需求,是又好又快推进“两个率先”的重要方面,是细化落实“民生幸福工程”的重要举措,是惠及百姓的民心工程、德政工程,对于加快转变经济发展方式,推动基本公共服务均等化,维护社会公平正义,保持社会和谐稳定,具有十分重要的促进作用。各地各有关部门要充分认识新形势下加快构建社会养老服务体系的重要性和必要性,进一步增强责任感和紧迫感,采取更加有力的措施,切实把社会养老服务体系建设提高到一个新的水平。

二、进一步明确构建社会养老服务体系总体要求和主要目标

（二）总体要求。坚持以邓小平理论和“三个代表”重要思想为指导，深入贯彻落实科学发展观，按照党的十七届五中全会“优先发展社会养老服务”的要求和省委实施“民生幸福工程”的部署，以满足老年人服务需求、提升老年人生活质量为目标，坚持政府主导与社会参与、家庭养老与社会养老、公益性服务与经营性服务相结合，基本建立起与经济社会发展相协调、与“两个率先”进程相同步、与人口老龄化水平相适应，以居家养老为基础、社区服务为依托、机构养老为支撑、信息服务为辅助的社会养老服务体系，满足老年人养老服务需求，让老年人安享晚年生活，共享经济社会发展成果。

（三）主要目标。到2015年，基本形成规模适度、结构合理，制度完善、管理规范，服务专业、运行高效，投资多元、城乡一体的社会养老服务体系。

——城市社区居家养老服务中心（站）实现全覆盖；农村社区（村）居家养老服务中心（站）建成比例：苏南达到90%、苏中达到80%、苏北达到70%以上；

——养老机构床位数达到每千名老年人30张以上；

——社会投资兴办的养老机构床位占养老床位总数的比例达到50%以上；

——护理型床位占养老床位总数的30%以上；

——养老服务信息管理系统、老年人居家呼叫服务系统和应急救援服务网络基本实现城乡覆盖；

——养老护理人员持证上岗率达到60%以上；

——以县（市、区）为单位基本建立政府为符合条件的困难老年人购买养老服务制度。

三、全面落实社会养老服务体系建设各项任务

（四）加快农村养老服务设施建设，推进养老服务城乡一体化。按照统筹城乡发展的要求，切实加大对农村养老服务的投入，推动公共服务资源向农村养老服务倾斜。改善农村敬老院服务设施，扩大服务范围，在确保“五保”供养对象生活的前提下，拓展社会寄养、日托照料、支撑区域内居家养老服务等多种功能，逐步向区域性养老服务中心转型。各地在规划新农村建设中，要把老年人服务场所和老年集中居住生活区作为重要功能配置。鼓励利用个人、集体空置房或空闲地，通过政府、集体、社会和个人出资的办法，建立小型互助式老年集中居住生活区、小型托老所和幸福院等，并实行规范管理，确保安全运行。加快老年人医疗、教育、文化、体育等相关服务设施建设，满足农村老年人多方面服务需求。

（五）加快居家养老服务中心建设，推进养老服务功能多样化。充分发挥居家养老基础性作用，大力发展社区居家养老服务中心，整合各类服务资源，为老年人提供送上门的居家服务和走出家门的社区服务。“十二五”期间，各街道（乡镇）要依托综合性社区服务中心，全面建成具有一定规模、功能较强的居家养老服务中心。大力推进城乡社区居家养老服务中心（站）建设，到 2015 年，城市社区居家养老服务中心（站）实现全覆盖；农村社区（村）居家养老服务中心（站）建成比例苏南达到 90%、苏中达到 80%、苏北达到 70% 以上。强化社区居家养老服务中心功能，为老年人提供短期托养、日间照料以及助餐、助洁、助浴、助医、助行、助购等生活服务，同时兼顾老年人文化娱乐、学习教育、体育健身、精神关爱、社会参与、权益维护等多种需求。各地要通过购买公益性岗位等办法，为社区居家养老服务中心（站）配备专职管理人员。积极采取购买服务、资金补助、提供场所等扶持措施，引导和鼓励社会组织、家政服务企业参与居家养老服务。积极发挥老年人组织、志愿者组织作用，为老年人提供优质的志愿服务。创建养老服务示范社区，为老年人营造良好的生活服务环境。

（六）加快各类养老服务机构建设，推进养老服务主体多元化。适应老年人集中养老的需求，大力扶持社会投资兴办的养老机构发展，继续推进公办养老机构建设，扩大养老床位总量，到 2015 年，养老机构床位数达到每千名老年人 30 张以上。落实各项扶持和优惠政策，大力支持社会力量兴办养老机构，对社会投资兴办的护理型养老服务机构予以重点扶持。到 2015 年，社会投资兴办的养老机构床位占养老床位总数的比例达到 50% 以上。鼓励将基础条件较好的闲置厂房、学校空置房、私人住宅等改建为护理院和托老所等养老机构，各有关部门应予积极支持。支持有条件的医疗机构参与养老机构建设，为老年人提供护理、康复、保健等服务。优化养老床位结构，提高护理床位比例，优先保障失能半失能等困难老年人服务需求。到 2015 年，护理型床位占养老床位总数的 30% 以上。力争通过 5 年的努力，形成高、中、低档配套，养、护、助功能齐全，公办、社会投资兴办、合作经营等多种形式共同发展的养老服务机构体系。

（七）加快养老服务网络平台建设，推进养老服务手段信息化。充分利用现代信息技术和现有网络资源，努力为广大老年人提供高效便捷的养老服务。“十二五”期间，依托城乡社区综合服务管理信息平台，基本建成上下贯通、左右连接、覆盖全省的养老服务信息网络和管理系统，实行统一软件标准、统一操作流程，实现信息共享、业务协同。重点支持老年人居家呼叫服务系统建设，为老年人提供应急等多种需求呼叫服务。到2015年，养老服务信息管理系统、老年人居家呼叫服务系统和应急救援服务网络基本实现城乡覆盖，其中，困难老人的呼叫服务系统安装、服务费用由当地政府承担。

（八）加快养老服务人才队伍建设，推进养老服务人员专业化。大力发展养老护理职业教育，有计划地在高等院校和中等职业学校增设养老服务相关专业和课程，开辟养老服务培训基地，加快培养老年医学、康复、护理、营养、心理等方面的专业人才，提高养老服务从业人员的职业道德、业务技能和服务水平。制定从业人员职业技术等级评定制度，推行从业人员职业资格认证和持证上岗制度。大力实施“养老护理员培训工程”，今后5年，分别培训20 000名初级、2 000名中级、200名高级养老护理人员。逐步提高从业人员的工资福利待遇，认真落实养老服务人员社会保险政策。

（九）加快养老服务法规制度建设，推进养老服务管理规范化。根据国家法律法规和政策规定，研究出台我省相关地方性法规、规章和规范性文件，形成具有江苏特点的养老服务法规政策体系。建立健全养老服务准入、监管、退出制度，促进养老服务业健康有序发展。认真执行养老服务设施建设标准，建立老年人服务机构基本规范。进一步细化生活照料、康复护理、医疗保健、心理关爱等各项具体服务项目的内容和标准，规范养老服务行为。抓紧制定社会养老服务效果评估办法，实行等级评定制度。加强居家养老服务中心（站）规范化建设，完善居家养老服务中心（站）建设标准和指标评估体系。积极探索养老服务标准化管理体系建设，大力推动各类标准在养老服务行业的贯彻运用。

四、不断完善社会养老服务体系建设的扶持政策

（十）完善土地供应政策。各地应当根据城乡建设总体规划和养老服务设施建设规划，将老年服务设施建设用地纳入当地土地利用总体规划和年度计划并予以优先安排，切实保障老年服务设施建设合理用地需求。按照有关规定，养老机构建设应当采取划拨方式供地的，一律划拨供地；应当采取有偿方式供地的，可采取“双向竞价”、“综合评标”等多种方式合理控制地价，切实降低建设成本。

（十一）落实税费优惠政策。认真落实老年服务机构税收减免政策，对养老院提供的养老服务免征营业税，对非营利性的老年服务机构符合条件的免征企业所得税。养老机构自用房产、土地，暂免征收房产税、城镇土地使用税。对新建老年服务设施的市政公用设施配套费酌情给予减免。个人通过非营利性社会组织和政府部门向福利性、非营利性养老机构的捐赠，在缴纳个人所得税前准予全额扣除。企业对养老机构的公益性捐赠支出符合规定的，在年度利润总额12%以内的部分，准予在计算应纳税所得额时扣除。养老服务机构使用水、电、燃气、暖气、有线电视、固定电话，有关单位应当按照居民用户标准收取费用，有初装费的应当减半收取。

（十二）健全医疗服务政策。支持在养老机构内设置或合作设立医疗站点，对符合条件的要纳入城镇职工（居民）基本医疗保险和新型农村合作医疗定点范围。加快推进城乡医保省内异地就医联网结算，方便老年人看病。基层医疗卫生机构应当免费为辖区内老年人建立居民健康档案，定期为老年人提供健康管理服务。鼓励和引导社区卫生服务机构转变服务模式，主动为长期卧床、70岁以上和独居等行动不便老人提供上门服务。

（十三）实行政府供养和补贴政策。对城市“三无”、农村“五保”老人，采取政府集中供养和分散供养的方式，保障其基本生活不低于当地居民平均生活水平。县级以上地方人民政府向80周岁以上的老年人发放尊老金，其中，100周岁以上老年人的尊老金由省人民政府负担。各地可根据经济社会发展情况，扩大发放范围、提高发放标准。各市、县（市、区）建立政府购买养老服务制度，对符合条件的高龄、独居、失能半失能困难老年人经过评估，采取政府购买服务方式，为他们入住养老机构、接受社区居家养老服务或者签约委托亲友、邻里服务提供支持。具体办法另行研究制定。落实老年人各项优待服务政策，为老年人乘坐城市公共汽车和地铁，进入政府投资主办的公园、公益性文化设施、旅游景点、公共体育健身场所提供免费或优惠服务。

（十四）创新养老服务产业政策。研究制定养老服务产业政策，大力推进养老服务产业发展。适当扶持经营性养老机构发展，通过土地参股等方式，支持养老服务机构资产进入资本市场运作。鼓励国有资本与社会资本合资合作兴办养老服务机构，积极支持民间投资兴办或参与兴办养老服务机构。公办养老机构可采用服务外包、委托管理、合作经营等方式吸引社会参与。着力培养一批大型老年服务龙头企业，打造一批老年服务知名品牌。积极探索养老护理保险，推行养老服务意外保险。

五、建立健全社会养老服务体系建设的保障措施

（十五）加强组织领导。各级人民政府要高度重视社会养老服务体系建设，将其列入重要议事日程，及时研究部署，明确发展目标，制定政策措施，抓好责任落实。各地要将养老服务体系建设纳入本地区经济社会发展总体规划和年度计划，纳入政府目标管理和绩效考核，纳入政府年度重点工作和为民办实事项目，加大推进力度，确保取得实效。进一步建立健全社会养老服务体系建设的领导体制和运行机制，形成政府主导、民政部门主管、老龄工作机构协调、相关部门各司其职、社会广泛参与的工作格局。

（十六）加大投入力度。各级人民政府要加大对养老服务事业的投入，建立养老服务事业经费增长机制。省财政在现有基础上，进一步加大对各类养老机构、社区居家养老服务中心（站）等养老服务体系建设的投入，2012年，用于社会养老服务体系建设的资金增加到4亿元。增加福利彩票公益金、体育彩票公益金对社会养老服务的投入，积极鼓励社会资金、慈善捐赠支持社会养老服务体系建设，形成多元化的投入机制。

（十七）强化督查指导。进一步理顺老龄工作管理体制，加强老龄工作机构建设。各级老龄委要充分发挥组织协调、调查研究、检查指导职能，督促相关法规政策和工作任务的落实。老龄委相关成员单位要切实履行工作职责，加强沟通、密切协作，努力形成推进社会养老服务体系建设的整体合力。政府主办的养老机构要充分发挥功能作用，协助政府相关部门做好养老服务指导、评估、培训等工作。各地、各有关部门要定期对社会养老服务体系建设政策措施落实情况进行督促检查，对社会养老服务体系建设规划执行情况进行评估，并向社会公布。

（十八）营造社会氛围。围绕建设社会主义核心价值体系，大力弘扬中华民族传统美德，在全社会深入开展敬老、爱老、助老教育。各级、各部门要认真学习、宣传、贯彻《中华人民共和国老年人权益保障法》和《江苏省老年人权益保障条例》，增强全社会保护老年人权益的法律意识。机关、企事业单位和社会团体要把敬老、爱老、助老宣传教育作为干部职工思想道德建设的重要方面。教育部门要把敬老、爱老、助老作为中小学德育教育的重要内容。宣传、文化等部门要加大宣传力度，及时报道各地、各部门发展养老服务事业的好经验、好做法。各地要结合文明社区、文明村镇、文明家庭等创建活动，开展各种形式的敬老活动，树立和表彰先进典型，形成人人尊重、关心、帮助老年人的良好社会风尚。

各地各有关部门要根据本意见精神，结合实际，制定具体实施办法。

附录三

苏州市《关于加快推进我市社会养老服务事业发展的若干补充意见》

苏府〔2011〕195 号

各市、区人民政府，苏州工业园区、苏州高新区管委会；市各委办局，各直属单位：

为进一步完善社会养老服务体系，健全社会养老服务机制，大力发展老年社会福利事业，不断满足老年人日益增长的养老服务需求，努力提升老年人的幸福感和满意度，根据中央、省有关文件精神和苏州市老龄事业发展“十二五”规划，结合办理市人大“加快发展社会养老服务业”议案，现就加快推进我市社会养老服务事业发展提出如下若干补充意见。

一、总体目标

以不断满足多元化养老服务需求、提升老年人生活质量和幸福指数为目标，大力加强养老机构设施建设，大力拓展为老服务功能，大力提升社会养老服务保障水平，基本形成组织健全、制度完善、设施先进、投资多元、服务规范、城乡一体、人民满意的社会养老服务体系，逐步实现养老服务由特定人群向社会公众拓展，社会福利由“补缺型”向“适度普惠型”转变，“老有所养”向“老有颐养”、“老有乐养”跨越。到 2015 年，基本形成“9064”养老服务格局，即全市老年人口中，90% 的老年人享受由社会化服务提供的自助式养老；6% 的老年人享受由日间照料中心等服务组织提供的互助式养老；4% 的老年人享受由养老机构提供的集中式养老。在更高层次上建立健全以居家养老为主体、社区照料为依托、机构养老为支撑、各类为老服务组织协调发展、覆盖城乡的社会化养老服务网络。

二、重点任务

(一) 加快养老机构建设。坚持政府主导与社会参与原则,到2015年,全市千名老年人拥有养老床位达到40张,床位总数达到6万张。其中,具有护理性质的养老床位占总床位数30%以上。社会投资兴办的养老机构床位占养老总床位50%以上。

1. 加快公办养老机构建设。市级建有1所1 000张床位以上的公办示范性养老机构。各市、区建有1所400张床位以上的公办示范性养老机构和1所200张床位以上的、以介护或临终关怀服务为主的公办护理院,重点满足失能、病残、高龄等困难老年人入住需求。

2. 鼓励民办养老机构发展。加大扶持力度,落实相关政策,积极鼓励和扶持多种类型的民办养老服务机构建设。

3. 拓展城乡养老机构功能。改善现有敬老院、福利院基础设施,在做好"三无"和"五保"人员集中供养的基础上,通过增加服务项目、拓展服务功能,鼓励向社区开展延伸服务,使养老机构为周边居家老人,特别是失能、空巢老人提供短期居住、日间照护、配餐助餐、文化娱乐、心理慰藉等服务,让更多的社区老年人共享机构的优质资源。

(二) 推进居家养老服务。到2015年,在全市居家养老服务中心(站)实现全覆盖的基础上,所有街道(镇)和大型居民住宅小区(人数在1万人以上)全部建有日间照料中心(托老所)。城乡社区建有助餐点580家,覆盖面达30%以上,其中,中心城区75家,覆盖面达50%以上。有条件的农村社区建有小型互助式老年集中居住生活区。

1. 加快设施建设。完成日间照料中心(托老所)、助餐点建设任务。日间照料中心配备20张以上的休息床位及相应的服务设施;助餐点提供老年人就餐和送餐服务。

2. 完善服务组织。各市、区成立居家养老指导中心;各街道(镇)建有居家养老管理中心;社区(村)建有居家养老服务中心(站)。

3. 健全医疗服务。市区和各市建有1所以上老年病专科医院或在综合医院设立老年病专科病区。建立就近、便捷、覆盖城乡老年人的公共卫生、医疗服务体系。

(三) 提升为老服务质量。到2015年,完成各类养老机构和居家养老服务组织负责人的轮训;养老机构护理员持证上岗率达90%以上。

1. 实行岗位免费培训。到2015年,实施"5332"培训工程,利用5年时间，全市免费培训3 000名初级、300名中级、20名高级养老护理人员。

2. 建立人才激励机制。建立养老从业人员工资待遇与专业技能等级挂钩制度，吸引更多的人才从事养老服务工作。

3. 设立养老服务特岗补贴。凡持有《养老护理员职业资格证书》的从业人员，根据服务年限，各级财政给予相应的特岗补贴。

三、政策措施

（一）制定老年服务设施布局专项规划。根据《苏州市老龄事业发展“十二五”规划》，结合各地实际，编制市区（七区）和各市老年服务设施布局专项规划。通过科学布局、合理设点、分类实施，将养老机构、日间照料中心（托老所）、助餐点等建设项目逐一落实到各个街道（镇）、社区（村），确保完成“十二五”期间的各项任务。市区养老设施布局专项规划由市民政部门会同市规划部门共同编制，由市政府颁布；各市根据市专项规划原则、目标、任务和本地实际，编制相应的养老服务设施布局专项规划。同时，规划主管部门在规划编制与规划管理中予以落实。

（二）完善土地供应政策。各地应根据城乡建设总体规划和养老服务设施布局专项规划，优先安排老年服务设施合理用地需求。其中，对政府投资建设的养老机构用地，实行划拨方式供地；对社会力量投资新建的养老机构用地，采取有偿方式供地，同时要合理控制地价，切实降低建设成本。利用闲置房屋开办养老机构，必须保证房屋使用安全，并经民政部门同意和符合城市利用总体规划的前提下，国土部门根据规划许可材料报经县级以上人民政府批准后，办理相应用地手续。经县级以上民政、卫生部门同意筹建的养老机构、护理院，消防部门予以审查批准。

（三）鼓励扶持民办养老机构发展。凡新建具有介助、介护性质的民办养老机构，每张床位给予10 000元的一次性建设经费补贴；对利用闲置房屋改（扩）建新增生活能自理、介助和介护床位继续按每张2 500元、4 000元、5 000元给予建设经费补贴。以上建设补贴由原分三年拨付调整为分两年各按50%的比例拨付，从养老机构开办运营当年给付。以上建设经费补贴由各级财政和各级福利彩票公益金列支。提高民办养老机构运营补助标准，将原每张介助、介护床位月运行补贴从80元、100元分别提高到120元、200元。运营补助经费由入住老人户籍所在地政府承担。

（四）健全医疗服务政策。经苏州市、各市（区）卫生行政部门审批成立的护理院及养老服务机构内设的医疗机构，凡符合条件的，社保部门及时给予医保定点。发挥社区卫生服务机构作用,建立家庭责任医师制度,完善社区医生上门服务制度,实现老年人健康档案建档率95%以上。

(五) 增加居家养老设施补贴。凡新建、改(扩)建的日间照料中心(托老所),不论公办或社会力量兴办的,休息床位达到20张以上,具有配(就)餐室、阅览室、文体活动室、健身康复室、医疗保健室及其他附属设施的,按建筑面积在200平方米、400平方米、600平方米及以上,各级政府分别一次性给予20万元、40万元、60万元的建设经费补贴。对服务功能、服务项目达到要求,建设面积尚未达标的老年日间照料中心(托老所),酌情给予补贴。凡社区新建具有固定场所,并配备冰箱、微波炉、灶具、就餐桌椅器皿、清洗消毒设备等必要设施的老年助餐点,各级政府一次性每家给予2万元的建设经费补贴。日间照料中心(托老所)和老年助餐点运营经费补贴仍按苏府规字〔2010〕4号文件执行。

(六) 扩大养老援助对象。对日常生活需要介助或介护的独生子女家庭中困难老人、苏州市范围内无子女照顾或子女残疾的困难老人,援助年龄从原规定的年满70周岁以上降低到60周岁以上。

(七) 调整养老援助标准。对纳入政府养老援助服务的介助、介护老人,由每人每月给予450元、600元补贴的养老援助标准,调整为每月给予500元、700元,以服务券形式给予养老援助对象。

(八) 加强专业队伍建设。积极引入社会工作者开展为老服务,凡养老服务组织吸纳具有社工专业资格人员从事为老服务的,按社区工作者奖励办法给予相应奖励。依托市人社局培训指导中心定点的培训基地和苏州卫生职业技术学院,对养老服务人员实行免费培训。凡持有《养老护理员职业资格证书》的服务人员,在同一为老服务机构工作1年以上,每月给予100元特岗补贴;工作年限每增加1年,月特岗补贴增加100元,工作年限在10年以内,最高补贴不超过500元;11年以上,月补贴800元。凭用人单位与从事养老服务人员签订的劳动合同、社保缴费证明进行补贴。已享受公益性岗位的,不再享受特岗补贴。取得初级、中级、高级职业资格证书的人员,给予每人200元、500元、1 000元的一次性奖励,奖励经费由各级福利彩票公益金列支。鼓励为老服务组织实行员工制,建立服务人员凭职业资格等级得到提升使用、凭业绩贡献确定收入的激励机制。设立养老服务单位集体户口。凡取得《养老护理员高级职业资格证书》或硕士及以上学位的养老服务人员,被养老服务单位合法聘用连续工作满2年以上,且同时段参加社保,并拥有合法固定住所的允许其本人和配偶、未成年子女落户;无固定住所的允许其本人落户在养老服务单位集体户口。鼓励子女、亲属或邻居照顾老人。凡政府援助养老的老人,其援助经费可以给予服务老人的子女、亲属或邻居。

(九)提高养老经费标准。各级人民政府根据经济社会发展水平和老龄事业发展需要,加大对老龄事业的资金投入。按上年度60周岁以上的户籍老年人数,以每人每年200元的标准安排养老服务事业经费(不含各级政府原来对“三无”、“五保”老人的保障经费),列入同级政府年度财政预算。养老服务事业资金主要用于政府养老服务项目建设、资助社会力量兴办养老机构和居家养老服务组织建设、对特殊困难老年人提供“援助服务”等。加大福利彩票公益金对养老服务事业的资助力度,每年安排一定的福利彩票公益金用于支持市社会福利总院建设、居家养老服务项目及老年人人身意外伤害商业保险。

(十)提供金融贷款服务。不论公办还是社会力量兴办养老机构,金融部门应当给予支持。凡具有本市户籍、登记失业人员兴办养老服务机构,已领取工商营业执照,并符合条件的,可以申请5万元小额担保贷款,规模较大的可以放宽到10万元,期限为两年,由财政按规定给予贴息。小额担保贷款的反担保措施、利率、管理、考核与服务,按照我市小额担保贷款有关管理办法执行。

(十一)落实税费优惠政策。认真落实老年服务机构税收减免政策,对福利性、非营利性的老年服务机构免征营业税,符合条件的免征企业所得税。老年服务机构用水、用电、用气按居民收费标准执行。对新建的老年服务设施,免收市政基础设施费等行政事业性收费。

(十二)加快信息服务建设。按照总体规划、分步实施、重点突破、互连互能的原则,筹建为老年人提供紧急救助、生活帮助、精神慰藉等服务的公共信息平台。重点建立老年人呼叫系统,为有服务需求的老年人提供呼叫应急服务。基本实现全市80周岁以上独居、空巢家庭老年人居家呼叫系统和应急救援网络全覆盖,其中,困难老人的呼叫系统安装、服务费用由当地政府承担。

(十三)高度重视精神关爱。各级福利彩票公益金留成中每年安排一定经费,用于组织开展老年人文化教育、文艺活动、舆论宣传、心理咨询、疾病康复、志愿服务等精神关爱活动。积极扶持养老机构和社区建立老年心理服务组织，充分发挥志愿者和老年人组织作用，到2015年，全市新建100个以上老年心理咨询室，为老年人提供优质的心理服务。市本级立足现有条件，通过改造或整合现有资源等形式，建立市老年活动中心。

（十四）建立行业管理体系。城乡老年协会实现全覆盖。建立养老机构建设质量标准和等级评估标准。健全养老服务行业规范标准和管理制度，明确服务内容、服务形式，规范收费标准。建立养老服务行业协会，通过协会加强行业自律和自我管理。完善养老服务业准入、退出、投诉受理、奖惩等机制。对接受政府资助的为老服务组织，必须建立健全规范的会计核算制度和财务管理制度，年度会计报表实行审计报告制度。加强养老机构服务队伍建设，制定岗位专业标准和操作规范，加大服务人员职业道德教育和专业知识、岗位技能培训力度。

（十五）落实机构人员编制。加强老龄工作组织体系建设，明确专职人员，落实工作职责。街道（镇）也应明确专人负责老龄工作，加强对社会养老服务建设的指导协调和督促检查。设立公益性岗位的助老协理员，全面承担居家养老服务工作，各市、区居家养老指导中心配备4~5名、街道（镇）居家养老管理中心和日间照料中心（托老所）配备2~3名、社区（村）居家养老服务中心（站）和老年助餐点配备1~2名。

原有关养老服务业发展的政策意见，与本意见不一致的，按本意见执行。平江、沧浪、金阊三区按现行财政体制执行。

各市要根据本意见精神，结合实际，另行制定实施意见。

附录四

苏州市《关于加快推进我市社会养老服务事业发展的若干补充意见》的操作办法

为贯彻落实《关于加快推进我市社会养老服务事业发展的若干补充意见》及相关文件精神，进一步促进我市养老服务事业的健康快速发展，特制定本操作办法。

第一条 本办法所指的养老机构是指政府、企事业单位及社会组织和个人举办的专门为老年人提供住养、护理康复、临终关怀等服务并经相关部门登记确认的机构。要求享受政府社会福利政策的养老机构，须经县级市、区民政局认定。养老机构按服务功能分自理（被服务的老人日常生活行为完全自理，不需依赖他人护理）、介助（被服务的老人日常生活行为需依赖扶手、拐杖、轮椅和升降等设施帮助）、介护（被服务的老人日常生活行为需依赖他人护理）和综合性护理等四种类型。各地政府主办的社会福利养老机构可用"××福利院"、"××敬老院"的名称；社会组织和个人主办的社会福利养老机构一般采用"苏州市××养老院"、"苏州市××老年公寓"、"苏州市××护老院"、"苏州市××护养院"等名称。

第二条 本办法所指的居家养老服务组织是指依托街道社区服务中心、社区居（村）委会服务站、社区卫生服务中心（站）组建或以社会组织和公民个人名义举办，专门为社区居家老年人提供日托照料、家政料理、康复护理、精神慰藉、医疗保健等服务，并符合非营利性规定条件经民政部门"民办非企业单位"登记的机构。

居家养老服务组织分服务中心、服务站两类。服务中心是指依托街道（镇）社区服务中心组建或社会组织和公民个人举办、并有20名以上专业服务人员队伍（社区卫生服务中心和卫生服务站不作要求）、具有为老年人居家养老提供直接服务功能的机构，名称统一为"苏州市××区××居家养老服务中心”、“苏州市××区××日间照料中心”、“苏州市××区××助餐点”。服务站是特指依托社区居（村）委会服务站组建，主要协同服务中心受理服务咨询、申请，跟踪服务质量，组织社区活动，为老年人居家养老提供间接服务的机构，名称统一为“苏州市××区××社区（村）居家养老服务站”、“苏州市××区××社区（村）日间照料中心”、“苏州市××区××社区（村）托老所”、“苏州市××区××社区（村）助餐点”。

第三条 养老机构扶持政策。对持有《社会福利机构设置批准证书》的养老机构，日常经营享受以下扶持政策：

（一）建设补贴。对新建设的具有介助、介护性质的民办养老机构，一次性建设补贴为 10 000 元/床；对利用闲置房屋改（扩）建新增生活能自理、介助、介护床位的民办养老机构，一次性建设补贴分别为 2 500 元/床、4 000 元/床、5 000 元/床。对取得 ISO 质量体系认证的各类养老机构给予 5 万元的一次性奖励性补贴。

上述三项补贴，均由所在市、区民政局进行审核。经费拨付方式：从养老机构开办运营并取得《社会福利机构设置批准证书》起，分两年拨付。

（二）运营补贴。对民办养老机构收住生活能自理、介助、介护老人，按老人入住天数换算成月计算，分别给予 50 元/月、120 元/月、200 元/月的运营补贴。

农村敬老院在保证“三无”、“五保”对象入住的前提下，收住本市户籍寄养老人，参照民办养老机构给予运营补贴。

运营补贴经费由入住老人户籍所在地政府承担。各养老机构在每年的 1 月份向老人户籍地民政局提出结算上年度运营补贴的申请，并提交下列材料：入住老人身份证、户口簿复印件；入住老人登记信息：入（出）院时间、老人监护人联系电话、护理收费票据复印件等。

运营补贴的发放与考评结果相结合。养老机构所在地民政局应于每年 12 月底前会同财政、卫生、物价、人社、消防等部门完成对所在地养老机构的综合考评，并及时公布考评结果。考评结果分为四档：优秀、良好、合格、不合格。考评优秀的全额发放运营补贴；良好 80%，合格 70%，不合格则不予发放。

各市、区民政局和财政局审核后，于 3 月底前完成上一年度运营补贴的拨付工作。

凡接受政府资助的养老机构必须建立规范的会计核算和财务管理制

度，设置财务管理和核算机构，并健全内控制度，年度会计报表实行审计报告制度。养老机构自行委托会计事务所进行年度审计并出具审计报告，该审计报告送财政和民政部门。养老机构财务人员必须持有会计从业资格证书，人员配备符合互相牵制原则；对不具备自行核算条件的，可委托具有资质的会计代理记账机构实行委托代理记账，对不能提供上年度财务审计报告的养老机构，对其暂停或取消政府资助。

第四条 居家养老扶持政策。居家养老服务组织享受以下扶持政策：

（一）建设补贴。新建、改（扩）建日间照料中心（托老所），休息床位达到20张以上（含），具有配（就）餐室、阅览室、文体活动室、健身康复室、医疗保健室及其他附属设施，按建筑面积200、400、600平方米，分别给予20、40、60万元的一次性建设补贴，在建成并投入使用的当年拨付。对服务功能、服务项目达到要求，但建筑面积未达标的，酌情给予建设补贴。对取得ISO质量体系认证的居家养老服务组织（包括社区卫生服务中心、站）给予5万元的一次性奖励性补贴。对配备冰箱、微波炉、灶具、就餐桌椅器皿、清洗消毒设备等必要设施的老年助餐点，给予2万元的一次性建设补贴。

（二）运营补贴。日间照料中心、托老所，服务老年人数达到20人以上的，补贴2万元/年；服务人数每增加10人，增加1万元；补贴最高不超过10万元/年。服务人数不足20人的酌情给予补贴。对开办时间在一年以上的助餐点，视服务人数多少，给予1～5万元/年的补贴。对每年固定服务（连续时间6个月以上）老人达到一定数量的居家养老服务组织给予经费补贴，其中对社区卫生服务中心（站）以外的居家养老服务组织按固定服务每50户老年人家庭不低于5 000元/年的标准给予补贴，对经卫生部门批准的社区卫生服务中心（站）按固定开设每50户老年家庭病床不低于1万元/年的标准给予补贴。

（三）申请拨付办法。每年1～2月份是上年度建设补贴、运营补贴的申请时间，日间照料中心（托老所）、助餐点、社区卫生服务中心、居家养老服务中心（站）向所在市、区民政局提供建设补贴、运营补贴的相应证明材料，经各市、区民政局、财政局审核后，于3月底前拨付上年度的建设、运营补贴。

所在地民政局每年会同财政、卫生、物价、人社、消防等部门完成对所在地养老服务组织的综合考评，并及时公布考评结果。考评结果分为四档：优秀、良好、合格、不合格。考评优秀的全额发放运营补贴；良好80%，合格

70%，不合格则不予发放。

民政、卫生、人社、财政等部门按各自职责，加强对居家养老服务组织的指导和督查。

第五条 居家养老援助服务。对居家养老的特殊困难老年人实施养老援助服务工作。

（一）援助对象。年满60周岁且日常生活需要介助或介护的“三无”和“五保”对象、低保和低保边缘孤寡老人、市级以上劳动模范、重点优抚对象（领取定期抚恤金或者补助金，且无固定收入的残疾军人、复员军人、带病回乡退伍军人、参战退役人员和烈士遗属、因公牺牲军人遗属、病故军人遗属）、归国华侨、“二无”（无子女、无劳动能力）困难老人、独生子女家庭的困难老人、苏州市范围内无子女照顾或子女残疾的困难老人。其他符合援助条件的生活困难老人。

（二）援助标准。按照介助老人500元、介护老人700元的标准，每月发放养老援助券。

（三）申请流程。符合养老援助条件的对象向社区居家养老服务站提出申请，填写居家养老援助、机构养老援助服务申请表，社区初审并公示后，报街道审核并经所在市、区民政局审批后，服务券由社区服务站发放。

服务券仅可抵用养老服务费用，不得作为其他用途，否则民政部门不予兑付。服务券可在市区范围内通用。居家养老服务组织、养老机构定期到发放服务券的民政部门结算，民政部门经核准后应及时兑付。

符合养老援助条件的老人，可与亲属或邻居签订照顾协议，约定照顾义务。协议经社区居家养老服务站见证后，其养老援助经费可直接支付给照顾老人的子女、亲属、邻居。如子女、亲属、邻居不履行照顾义务，社区居家养老服务站在征得老人同意后可停发养老援助经费，并帮助安排居家养老服务人员为老人提供服务。

第六条 养老服务专业人员队伍。在养老机构、居家养老服务组织从事养老专业服务人员享受以下扶持政策：

（一）持证上岗奖励。对当年参加养老护理员培训，取得初级、中级、高级职业资格证书的护理从业人员，给予每人200元、500元、1 000元的一次性奖励。各地在支付奖励资金后，应在相应的职业资格证书上加注“××民政局已发放奖励”。

（二）特岗补贴。凡持有《养老护理员职业资格证书》的养老服务人员

（事业编制人员除外），在同一养老服务机构工作 1 年以上，且与工作单位签订劳动合同、交纳社会保险（达到退休年龄仍从事养老护理工作，可不交纳社会保险），凭相关证明材料，给予 100 元/月的特岗补贴，工作年限每延长 1 年，月特岗补贴增加 100 元。在同一养老服务机构连续工作年限在 10 年以内（含 10 年），月特岗补贴最高不超过 500 元；在同一养老服务机构连续工作年限 10 年以上的，月特岗补贴为 800 元。特岗补贴由各级财政承担。

（三）申请与发放。各养老服务机构每年 1 月份将本单位符合条件人员的材料，连同人员工资发放表一并报所在市、区民政局和人社局审核。特岗补贴均补贴至用人单位，不直接发至个人。

特岗补贴按月结算，实施动态管理，对享受特岗补贴人员的变动情况，养老机构、居家养老服务服务组织实行月报表制度，逐级汇总上报至市民政局。享受特岗补贴人员如不从事养老护理工作，则停止发放特岗补贴。

各养老机构、居家养老服务服务组织应将特岗补贴的审核发放记录妥善保管，同时进行财务处理。

特岗补贴是给予养老护理服务人员的补贴，发放及管理工作接受市财政、审计部门和各级纪检监察机关的监督。严禁任何养老服务机构克扣、挪用该项经费，对弄虚作假、欺骗冒领特岗补贴的，一经发现，停止对该单位的各类政府资助，追回不应发放的特岗补贴。

各区财政分摊比例，按现行财政体制执行。

本操作办法自 2013 年 1 月 1 日起实行。

参考文献

著作类

[1] 吴玉韶,等.中国老龄事业发展报告(2013).北京:社会科学文献出版社,2013.

[2] 吴玉韶."科技助老"继续行动.中国老龄工作年鉴,2010.

[3] 施祖美.老龄事业与创新社会管理.北京:社会科学文献出版社,2013.

[4] 秦谱德,等.应对人口老龄化战略研究.北京:社会科学文献出版社,2012.

[5] 高兴民.人口流动与社会保障制度困境.北京:中国经济出版社,2012.

[6] 徐新,张钟汝.城市老龄社会政策的演进及挑战.桂林:广西师范大学出版社,2012.

[7] 周乃翔,等.中国苏州发展报告(2012 苏州蓝皮书).苏州:古吴轩出版社,2013.

[8] 人力资源和社会保障部社会保障研究所.苏州市社会保障发展报告,北京:中国劳动社会保障出版社,2013.

[9] 魏礼群,等.社会管理创新案例选编.北京:人民出版社,2011.

[10] 万军.公平社会建设.北京:国家行政学院出版社,2013.

[11] 邬沧萍,杜鹏.老龄社会与和谐社会.北京:中国人口出版社,2012.

[12] 邬沧萍,姜向群.老年学概论.北京:中国人民大学出版社,2006.

[13] 邬沧萍.中国人口老龄化:变化与挑战.北京:中国人口出版社,2006.

[14] Esping-Andersen, G., 1990, The Three Worlds of Welfare Capitalism, Cambridge: Polity Press.

[15] 阿历克斯·英格尔斯.人的现代化.成都:四川人民出版社,1985.

[16] 叶响群.中国社会养老保障:困境与抉择.北京:社会科学文献出版社,2004.

[17] 张良礼.应对人口老龄化:社会化养老服务体系构建及规划.北京:社会科学文献出版社,2006.

[18] 曹焱,于晓杨.社会养老案例解析.北京:中国社会出版社,2009.

[19] 蔡林海.日本社会养老服务体系的成功经验与启示,上海:上海科技教育出版社,2012.

[20] 董红亚. 养老社会化“嵊州模式”研究. 北京:中国社会科学出版社,2010.

[21] 董红亚. 中国社会养老服务体系建设研究. 北京:中国社会科学出版社,2011.

[22] 李一宁,等. 民生幸福工程. 南京:江苏人民出版社,2013.

[23] 杨玲. 美国、瑞典社会保障制度改革的比较分析. 武汉:武汉大学出版社,2006.

[24] 于洪. 外国养老保障制度. 上海:上海财经大学出版社,2005.

[25] 周弘. 国外社会福利制度. 北京:中国社会出版社,2004.

[26] 穆光宗. 家庭养老制度的传统与变革. 北京:华龄出版社,2002.

[27] 姜向群. 老年社会保障制度. 北京:中国人民大学出版社,2005.

[28] 周伟文. 社区、家庭、老人互助式养老模式选择. 北京:学习出版社,2000.

[29] 周秋光,曾桂林. 中国慈善简史. 北京:人民出版社,2006.

[30] 李兵,张恺悌. 中外老龄政策与实践. 北京:中国社会出版社,2010.

[31] 李兵. 社会服务研究. 北京:知识产权出版社,2012.

[32] 李迎生. 当代中国社会政策. 上海:复旦大学出版社,2012.

[33] 泰德·C. 费晓闻(Teb C. Fishman). 揭秘老龄化,吴礼敬等,译. 北京:机械工业出版社,2011.

[34] 张世鹏,殷叙彝. 全球化时代的资本主义. 北京:中央编译出版社,1998.

[35] 苏珊·特斯特. 老年人社区照顾的跨国比较. 周向红,张小明,译. 北京:中国社会出版社,2002.

[36] 曾毅. 老年人口家庭、健康与照料需求成本研究. 北京:科学出版社,2010.

[37] 张健,陈一筠. 家庭与社会保障. 北京:社会科学文献出版社,2000.

[38] 姚远. 中国家庭养老研究. 北京:中国人口出版社,2001.

[39] 夏建中. 社区工作. 北京:中国人民大学出版社,2009.

[40] 闫坤. 中国养老保障制度研究. 北京:中国社会科学出版社,2000.

[41] 易松国. 社会福利社会化的理论与实践. 北京:中国社会科学出版社,2006.

[42] 刘芳. 香港养老. 北京:中国社会出版社,2010.

[43] 谢克华. 政府间财政转移支付制度研究(区域发展与服务贸易丛书). 杭州:浙江大学出版社,2011.

[44] 郑秉文. 中国养老金发展报告. 北京:经济管理出版社,2012.

[45] 李本公. 中国人口老龄化发展趋势百年预测. 北京:华龄出版社,2007.

[46] 曹健,王云斌. 老年人权益保障法律制度比较研究. 北京:中国政法大学出版社,2012.

[47] 李超. 老年维权之利剑——老年人法律保障制度研究. 上海:上海人民出版社,2007.

[48] 郅玉玲. 和谐社会语境下的老龄问题研究. 杭州:浙江大学出版社,2011.

[49] Nancy R. Hooyman and H. Asuman Kiyak. 社会老年学:多学科的视角. 周云等,

译. 北京:中国人口出版社,2007.

[50] 全国老龄工作委员会办公室. 第二次老龄问题世界大会暨亚太地区后续活动会议文件选编. 北京:华龄出版社,2007.

[51] 谢联辉. 全球行动:迎接人口老龄化 联合国老龄话题文件汇总. 北京:华龄出版社,1998.

[52] 于学军. 中国人口老化的经济学分析. 北京:中国人口出版社,1995.

[53] 国家人口发展战略研究课题组. 国家人口发展战略研究报告. 北京:中国人口出版社,2007.

[54] 李德顺. 价值新论. 北京:中国青年出版社,1993.

[55] 袁贵仁. 对人的哲学理解,北京:东方出版社,2008.

[56] 陶国枢. 现代老年医学答疑. 北京:军事医学科学出版社,1996.

[57] 全国老龄工作委员会办公室. 中国老龄法律法规文件汇编. 北京:华龄出版社,2010.

[58] 花菊香. 社会政策与法规,北京:社会科学文献出版社,2002.

[59] 叶海平. 李东妮. 社会政策与法规,上海:华东理工大学出版社,2000.

[60] 陈功:我国养老方式研究. 北京:北京大学出版社,2003.

[61] 路遇. 新中国人口五十年. 北京:中国人口出版社,2004.

[62] 张彩. 老龄化社会与老年广播. 北京:中国传媒大学出版社,2007.

[63] 蒋涛. 人口与历史. 北京:人民出版社,1998.

[64] 中国老龄协会,中国老年学学会. 中国的养老之路. 北京:中国劳动出版社,1998.

[65] 王康. 社会学词典. 济南:山东人民出版社,1988.

论文类

[1]卜谦祥,巢飞. 虚拟养老院——对解决农村社区养老问题的有益探索. 社会保障研究,2011(3).

[2] 乔耀章,冀海英. 社会管理格局中的“幸福联盟”——基于对苏州沧浪区“邻里情”幸福联盟的调查. 华东经济管理,2009(7).

[3] 张艳. 快速老龄化背景下苏州市社区养老服务体系建设研究——以沧浪区“邻里情”虚拟养老院为例. 社会保障研究,2010(5).

[4] 严晓萍. 美国社区养老服务公共设施建设与启示. 社会保障研究,2009(4).

[5] 伊丽苏娅. 注重顶层设计 有效应对挑战. 中国党政干部论坛,2012(4).

[6] 雷雯. 社区照顾框架下的老年人服务——从制度分析层面看社区照顾及其制度构建. 经济与社会发展,2006(9).

[7] 邹静. 德国老年人的“上门服务”. http://www.women.org.cn/allnews/1003/

736. html.

[8] 张恺悌. 全国城乡失能老年人状况研究. 人民日报,2011-03-01.

[9] 党俊武. 中国城镇长期照料服务体系研究. 南开大学博士论文,2007.

[10] 吴薇,郑妍. 天津南开区望园老人院创新居家养老模式老人可"走读"养老院. http://www.022net.com/2011/11-16/501732263252725.html.

[11] 寿璐,等. 老年人照料的真正难点. 中国社会导刊,2007(2).

[12] 王伟. 日本家庭养老模式的转变. 日本学刊,2004(3).

[13] 姚远. 对家庭养老概念的再认识. 人口研究,2000(5).

[14] 窦玉沛. 加快建立社会养老服务体系. 社会保障制度,2011(2).

[15] 郭志刚. 中国高龄老人的居住方式及其影响因素. 人口研究,2002(1).

[16] 彭华明,黄叶青. 福利多元主义:福利提供从国家到多元部门的转型. 南开学报,2006(6).

[17] 黄源协. 台湾社区照顾的实施与冲击. 台大社工学刊,2001(5).

[18] 李由甲. 我国政府间财政转移支付制度的缺陷分析及优化策略. 东方企业文化,2011(8).

[19] 白力威. 优化政府间转移支付制度的理论与对策建议. 南开大学财政学博士学位论文,2009.

[20] 谷成,周大鹏. 基于财政均等的中国政府间财政支付制度优化. 预测,2011(3).

[21] 朱方,秦玲. 优化政府间转移支付制度与缩小公共服务差距研究. 山东省农业管理干部学院学报,2007 (4).

[22] 安体富,任强. 政府间财政转移支付与基本公共服务均等化,经济研究参考,2010(47).

[23] 朱晓峰. 论政府信息资源生命周期管理,中国图书室学报,2006(3).

[24] 曾海莲. 基于内容管理的政府信息资源的开发与利用. 图书馆学研究,2008(7).

[25] 刘强,吴江. 政府信息资源分类共享方式的研究. 中国行政管理,2004(10).

[26] 邓灵斌. 基于知识管理的我国政府信息资源公共获取研究. 情报杂志,2008(3).

[27] 朱庆华,杜佳. 信息公开制度对政府信息资源管理工作的影响. 情报理论与实践,2006(2).

[28] 郑国忠,贾雅琴. 政府科技公共服务平台项目扶持中的风险机制. 福州行政学院学报,2011(3).

[29] 谭思明,五淑琴,王春琴. 面向政府决策的竞争情报服务平台的构建. 现代情报,2007(11).

[30] 毕华东,许韬. 构建公共服务平台 创新社会管理体制——宁波市海曙区构建公共服务型政府的制度安排、模式创新与路径选择. 公安学刊——浙江警察学院学报,2011(6).

[31] 罗开梅,徐勤山.贵州民族地区农村养老的选择——以现行计划生育政策下三都水族自治县为例.学园,2010(13).

[32] 乔扬.从计划生育政策的弊端看农村空巢老人养老保障问题.中国经贸,2011(24).

[33] 王桂新.生育率下降与计划生育政策的应用——对我国实行计划生育政策的认识与思考.南京社会科学,2012(10).

[34] 刘日.建议计划生育政策试行"奖一、放二、禁三".安徽行政学院学报,2011,02(3).

[35] 方嘉珂.德国养老新动向——公司化 保险化 法制化 外籍化.社会福利,2009(7).

[36] 窦元.德国养老保险市场与寿险业发展情况介绍.中国保险,2011(1).

[37] 于秀伟:从"三支柱模式"到"三层次模式"——解析德国养老保险体制改革.德国研究,2012(2).

[38] 青木.德国征年龄税补养老金,政府法制,2012(23).

[39] 李俊飞.德国个税递延养老保险改革及述评——以里斯特改革为例.武汉金融,2012(3).

[40] 陈飞飞.德国公众股与个人养老保障.财经问题研究,2012(6).

[41] 龙玉其.不同类型公务员养老保险制度的比较与启示——以英国、德国、新加坡为例.现代经济探讨,2012(5).

[42] 施锦芳.日本看护保险制度的沿革及其思考.现代日本经济,2011(2).

[43] 骆玉婷.日本看护保险的运营机制.投资与合作,2011(5).

[44] 松本久美.日本的老年人看护保险制度及其对上海的启示.复旦大学硕士学位论文,2010.

[45] 陈秀琴,吕良勇.日本看护协会的护理赔偿保险责任制度介绍.中国实用护理杂志,2010(5).

[46] 牛黎帆.瑞典养老保障制度对中国的启示——名义账户制对养老保险个账做实的借鉴意义.劳动保障世界,2009(7).

[47] 杨植强,郭林,丁建定.瑞典名义账户养老保险制度精算要素研究.华中科技大学学报(社会科学版),2011(5).

[48] 郑则鹏,刘慧博.美国、瑞典、智利典型养老信托浅释与借鉴意义.湖北社会科学,2011(12).

[49] 谢彦,陈舒超.中国与瑞典多支柱社会养老保险制度对比研究.辽宁行政学院学报,2012(10).

[50] 张艳.社区养老服务设施建设探讨——以苏州为例.湖南财经高等专科学校学报,2010(3).

[51] 谢杨.积极老龄化理论下的城市社区养老——以苏州市金阊区石路街道乐龄之家为例.环球市场信息导报,2012(14).

[52] 何艳,张斌.苏州市人口老龄化问题及对策研究.上海商学院学报,2012(5).

[53] 丁志刚. 外来化和老龄化:社会群体视角下苏南小城镇和谐发展研究——以苏州市木渎镇为例//和谐城市规划——2007 中国城市规划年会论文集,2295 - 2305.

[54] 耿亚男,宋言奇. 城市老龄化时代社区养老的新路径——基于苏州地区的实证调研. 上海城市管理,2011 (1).

[55] 张凌晨. 人口老龄化背景下城市社区养老模式探析——以苏州市 B 社区为例. 学理论,2011(6).

[56] 程熙,罗莹. 关于城市老龄化时代完善社区养老档案工作的思考——基于苏州的实地调研. 华人时刊,2012(9).

[57] 谢杨. 积极老龄化视角下的城市社区居家养老——以苏州市金阊区石路街道乐龄之家为例. 苏州大学硕士学位论文,2012.

[58] 陈华. 人口老龄化背景下的养老模式探索——以苏州市区为例. 苏州大学硕士学位论文,2009.

[59] 刘明明. 城市社区的养老之路探析——以杭州市为例. 浙江大学硕士学位论文,2006.

[60] 陆怡婷. 人口老龄化背景下居家养老的社区服务平台建设——苏州市沧浪区虚拟养老院的运作机理及其可复制性研究. 常州工学院学报(社科版),2009(5).

[61] 陈雯,陈江龙,薛俊菲,等. 苏州城市化与城乡统筹//改革开放三十年:苏州经验. 苏州:古吴轩出版社,2008.

[62] 龙飞. 丁克家庭的养老健康规划. 大众理财顾问,2009(6).

[63] 徐怡珊,周典,玉镇珲. 基于"在宅养老"模式的城市社区老年健康保障设施规划设计研究. 建筑学报,2011(2).

[64] 韩雪梅. 社区居家养老中健康教育方法的探讨. 中国社区医师,2012(13).

[65] 杨杨. 燕达健康城的"医疗"养老模式. 中国民营科技与经济,2011(2).

[66] 张升超,周育瑾,王丽杰. 社区居家养老健康服务模式研究. 实用预防医学,2011(7).

[67] 邓虹,冯晓薇,黄晓云. 不同养老模式对老年人心理健康影响的调查研究. 岭南急诊医学杂志,2011(6).

[68] 朱凤华,赵冬梅. 健康教育在养老机构医疗服务中的作用. 社会福利,2011(12).

[69] 赵立新,柏娜. 宗教世俗化与宗教参与养老. 鲁东大学学报(哲学社会科学版),2012(3).

[70] 王春晖. 社会转型与宗教管理模式的转变——以浦东新区基督教现状为例. 复旦大学硕士学位论文,2005.

[71] 罗熹. 依托金融市场运作养老资金是我国的必然选择. 红旗文稿,2012(20).

[72] 王燕. 我国养老服务体系的建设需要财税和金融的共同推动. 城市建设理论研究,2012(24).

[73] 胡宏伟,严晏,时媛媛. 中国非政府组织参与居家养老服务的实践与政策思考. 天府新论,2011(5).

[74] 张蕊. 论中国非政府组织的政策参与及其路径分析——以宁波市海曙区政府购买居家养老服务为例. 湖南师范大学硕士学位论文,2009.

[75] 钟金玲. 非政府组织参与居家养老的优势、问题与对策. 福建行政学院学报,2012(2).

[76] 秦勃. 中国非政府组织政策参与及其正向效应分析——以宁波市海曙区政府购买居家养老服务为例. 北京邮电大学学报(社会科学版),2009(6).

[77] 王慧娟,姚萍,贾永飞. 从失地保障志向社会养老——对南京市郊区失地农民保障问题的思考. 乡镇经济,2009(5).

[78] 汪沅,汪继福. 我国社会养老保障制度的城乡统筹问题探析. 税务与经济,2008(3).

[79] 何文炯. 社会养老保障制度要增强公平性和科学性. 经济纵横,2010(9).

[80] 靳彦丽,程春钧. 养老保险全覆盖 群众满意真幸福. 中国人力资源社会保障,2012(12).

[81] 把好事办好 让群众满意——推进两项社会养老保险试点解读. 四川劳动保障,2011(6).

[82] 黄中清,等. 顺应群众需求打造全民社保——达州市城乡居民养老保险工作研究. 四川劳动保障,2012(11).

[83] 周成锡,胥宏英. 老干部的心态分析与文化养老. 晚霞,2010(21).

[84] 杨峰. 对离退休干部文化养老的几点思考. 管理学家,2013(1).

[85] 曹红. 倡导“文化养老”新理念 探索老干部工作新途径. 中国科技信息,2009(24).

[86] 赵红月,赵海林. 养老机构项目运作中老人心态及应对措施. 经济研究导刊,2012(24).

[87] 赵薇,徐吉辉. 疗养院开展“候鸟式”养老游有偿疗养服务初探. 中国疗养医学,2010(2).

[88] 李强. 医疗疗养新尝试. 商周刊,2013(1).

[89] 周扬. 江苏省政协领导指导泰州市养老工作. 社会福利,2011(7).

[90] 李花. 党的领导与老龄化背景下我国农村养老问题——以湖北省农村社会养老保险制度建设为例. 中国外资,2011(4).

[91] 姚磊. 科技惠“老”的典范——虚拟养老院“兰州模式”浅析. 甘肃科技,2013(3).

[92] 武唯. 走向全民养老. 中国人力资源社会保障,2012(11).

[93] 李珺. 基于公平角度对我国养老保障制度的思考,商场现代化,2010(13).

[94] 文太林. 当今养老保险中谁受益,谁受损——中国养老金保险公平之质疑,现代经济探讨,2009(6).

[95] 刘亚伟. 从社会公平看中国城镇居民养老保险制度建立的必要性. 金田,2011(9).

[96] 郑功成. 实现同一代人的养老待遇走向公平. 人民论坛,2012(9).
[97] 13亿人如何养老. 养老机构陷入高需求低入住怪圈. 人民日报,2010-06-10.
[98] "十一五"期间中国老龄事业发展状况. 全国老龄办网,2011-03-02.

后 记

人口老龄化与社会化养老是一个世界性的崭新课题，它是一项需要多学科知识支撑、由多元主体共同致力的系统性工程。著者基于苏州人口老龄化的现实状况与现场体验，结合自身多年来从事社会管理创新的教学和科研，仅2012年就先后获得了苏州市软科学“人口老龄化对苏州经济社会的影响及对策研究”课题立项，江苏省党校系统“苏州‘虚拟养老院’的实践逻辑与创新空间”的课题立项，该研究成果经专家评审组评审确定为重点结项项目。

近年来，著者先后在国家级期刊及《苏州日报》《苏州人大》等刊物发表相关论文多篇，其中，《在特色养老上创新突破》《推动居家养老服务体系建设》等是课题的部分研究成果，文中观点受到苏州市人大的高度关注，给我很大的鼓舞和鞭策；并受邀参与《苏州市社会化养老促进条例》等地方立法座谈和前期调研；日常生活中，与不少同行及老龄事业爱好者共同探讨养老话题，引发了我很多思考和感想。当然，也掺杂有很多不成熟的观点值得进一步探讨。

在本书付梓之际，谨向资助出版的工作单位——苏州市委党校表示由衷敬意！并向重视和支持该课题研究的市委党校领导表示衷心感谢。向提供一手资料和重要数据的苏州市人大、市民政局、市人社局、居家乐虚拟养老院、老龄委、优康养老院等单位领导及工作人员表示诚挚谢意。本书的出版得到了苏州大学出版社薛华强主任的大力支持。特别要提及的是，苏州市中级人民法院王平荣政委为本书创作提供大量资料，付出辛勤汗水，共同构思了全书结构及主要章节，在此表示深深谢意。

由于人手和时间所限，本书肯定存在疏漏和错误之处，敬请批评指正！

卜泳生

2013年8月